LA TOUR

de

TROIS CENTS MÈTRES

G. EIFFEL

Officier de la Légion d'honneur,
Ancien Président de la Société des Ingénieurs civils de France.

LA TOUR

DE

TROIS CENTS MÈTRES

PLANCHES

PARIS

SOCIÉTÉ DES IMPRIMERIES LEMERCIER

44, rue Vercingétorix

M D CCCC

TABLE DES PLANCHES

PREMIÈRE SÉRIE RELATIVE A L'EXPOSITION DE 1889

DESSIN D'ENSEMBLE

ÉLÉVATION. DIAGRAMMES. E...

ÉLÉVATION
Fig. 1
Échelle 0.001 p. m.

DIAGRAM...
donnant le repérage...

Fig. 3
Partie inférieure
jusqu'au panneau 5 inclus (Voir Fig. 2)

Montant N°2 (Est)

Montant N°3 (Sud)

Montant N°1 (Nord)

Montant N°4 (Ouest)

Centre de la Tour

Fig...
Partie...
du panneau 5 ...
(Voir...

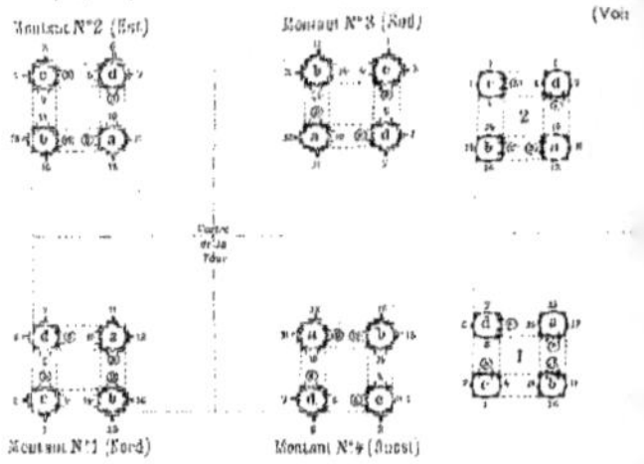

Note : Les lettres a, b, c, d, désignent les ...
ceux qui sont ...

EXPOSITION DE 1889

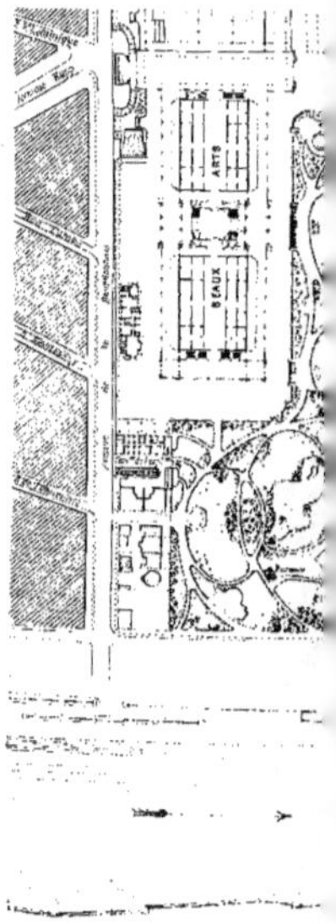

HORIZONTAUX

montants et des arbalétriers

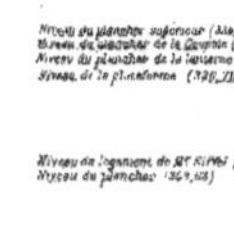

DIAGRAMME DE L'ÉLÉVATION
Fig. 2
Échelle 0.001 p. m.

de la Seine) TOUR DE 300 MÈTRES

Fig. 6. Plan

0.00025 p m.

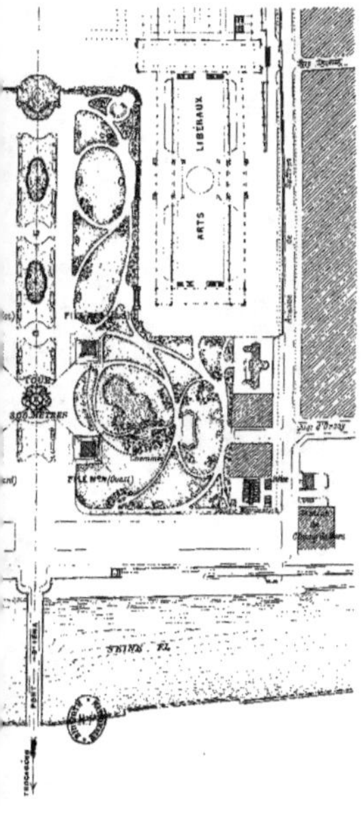

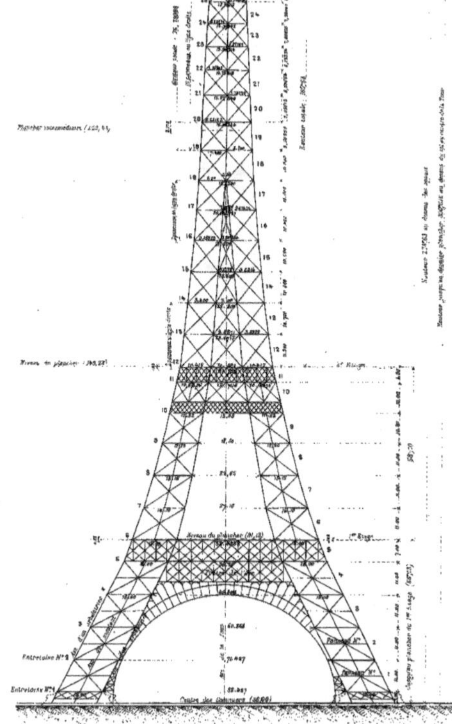

L

COUPE GÉOLOGIQUE SUIVANT L'AXE DES PILES 1, 2 (Voir Fig. 5 de la Pl. I)
Fig. 1
Échelles { Longueurs. 0.0005 p. m.
Hauteurs. 0.002 p. m.

COUPE GÉOLOGIQUE SUIVANT L'AXE DES PILES 4, 3 (Voir Fig. 5 de la Pl. I)
Fig. 2
Échelles { Longueurs. 0.0005 p. m.
Hauteurs. 0.002 p. m.

SONDAGES. PUITS
Fig. 3. Coupes
Échelle 0.01 p. m.

PILE N°1. (Nord)
PILE N°4. (Ouest)

DÉTAILS DES

Fig.

Fig. 6.

DÉTAILS DES

Fig. 11

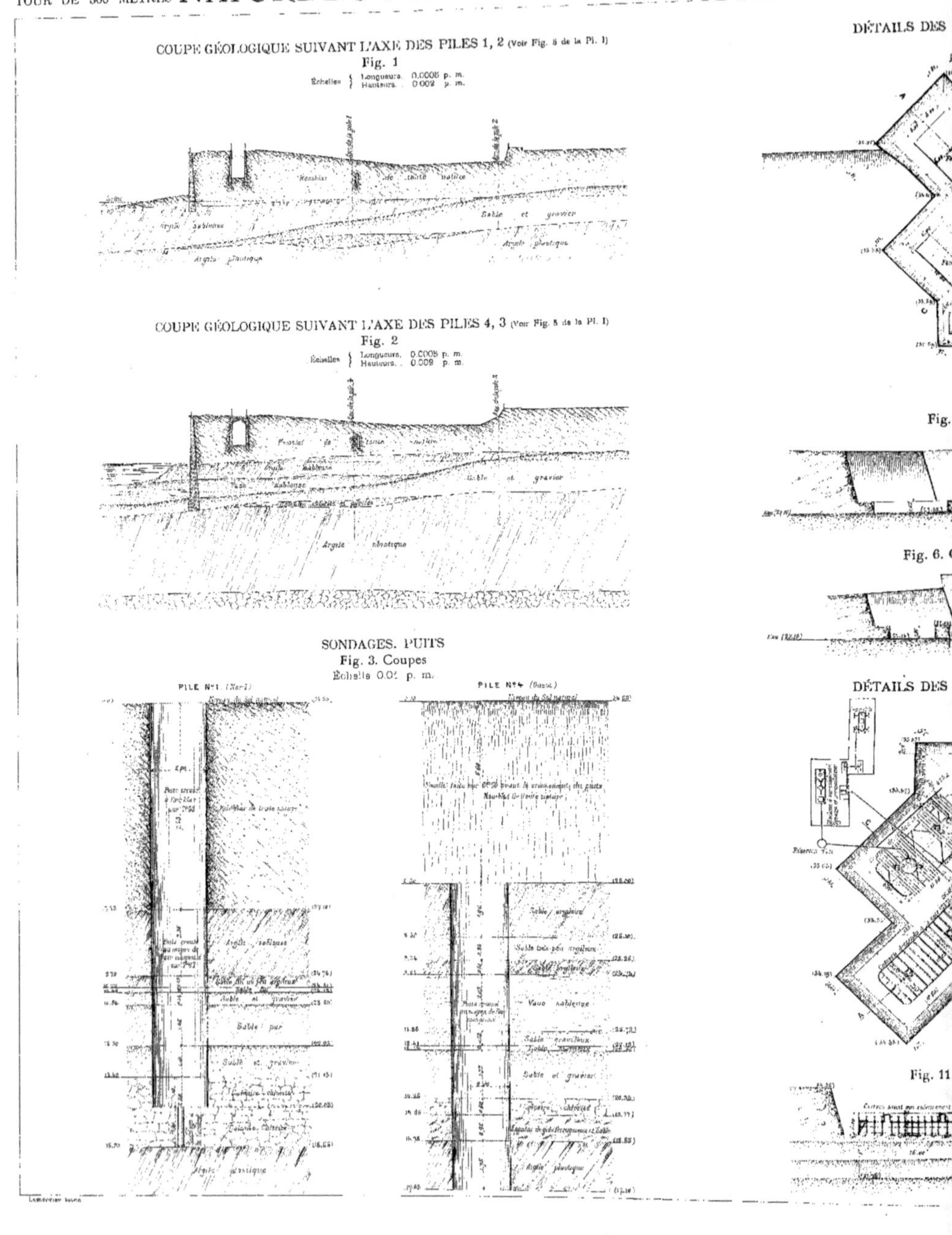

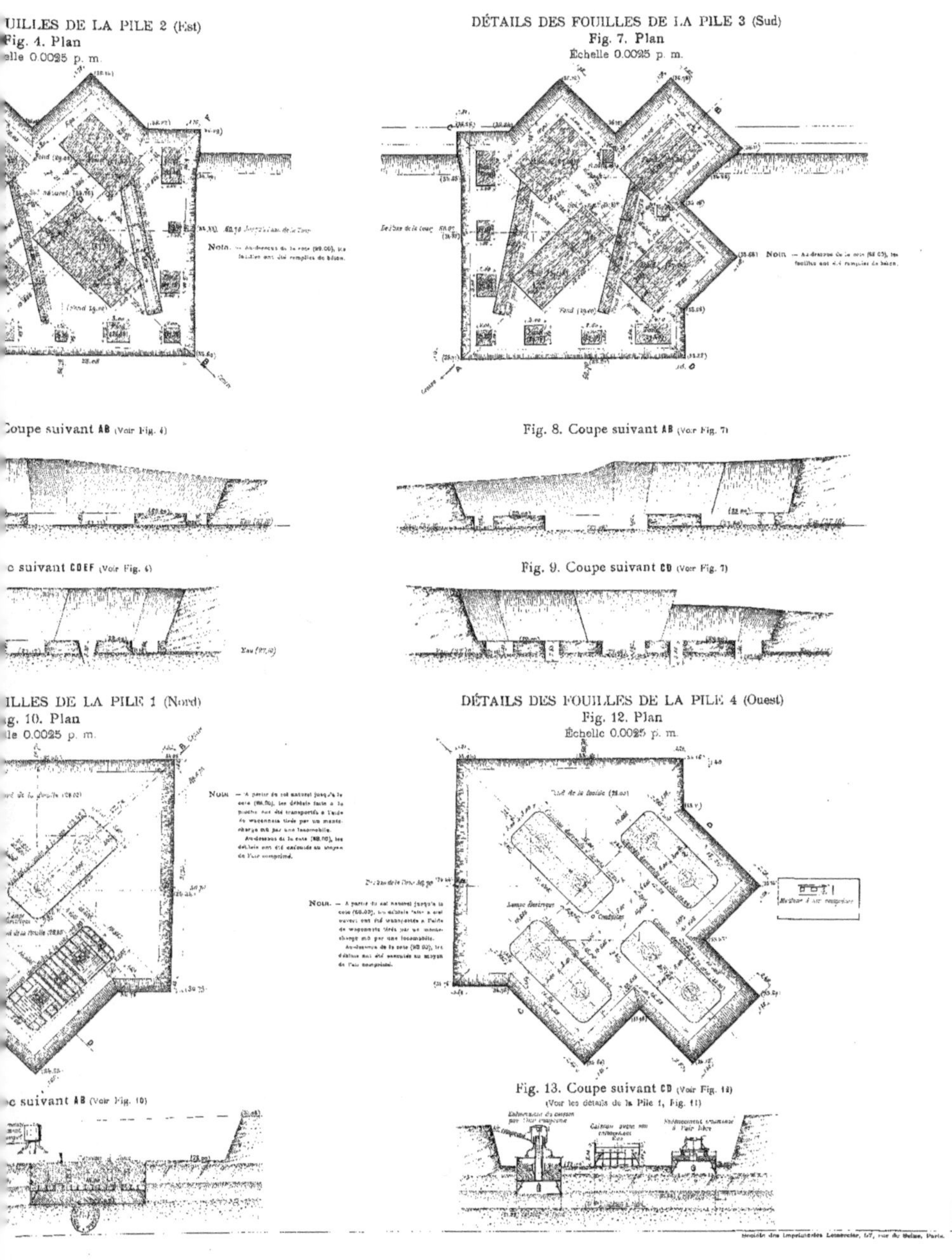

UILLES DE LA PILE 2 (Est)
Fig. 4. Plan
elle 0.0025 p. m.

DÉTAILS DES FOUILLES DE LA PILE 3 (Sud)
Fig. 7. Plan
Échelle 0.0025 p. m.

Coupe suivant AB (Voir Fig. 4)

Fig. 8. Coupe suivant AB (Voir Fig. 7)

c suivant CDEF (Voir Fig. 4)

Fig. 9. Coupe suivant CD (Voir Fig. 7)

ILLES DE LA PILE 1 (Nord)
g. 10. Plan
le 0.0025 p. m.

DÉTAILS DES FOUILLES DE LA PILE 4 (Ouest)
Fig. 12. Plan
Échelle 0.0025 p. m.

c suivant AB (Voir Fig. 10)

Fig. 13. Coupe suivant CD (Voir Fig. 12)
(Voir les détails de la Pile 1, Fig. 11)

PLAN GÉNÉRAL DES FOUILLES.

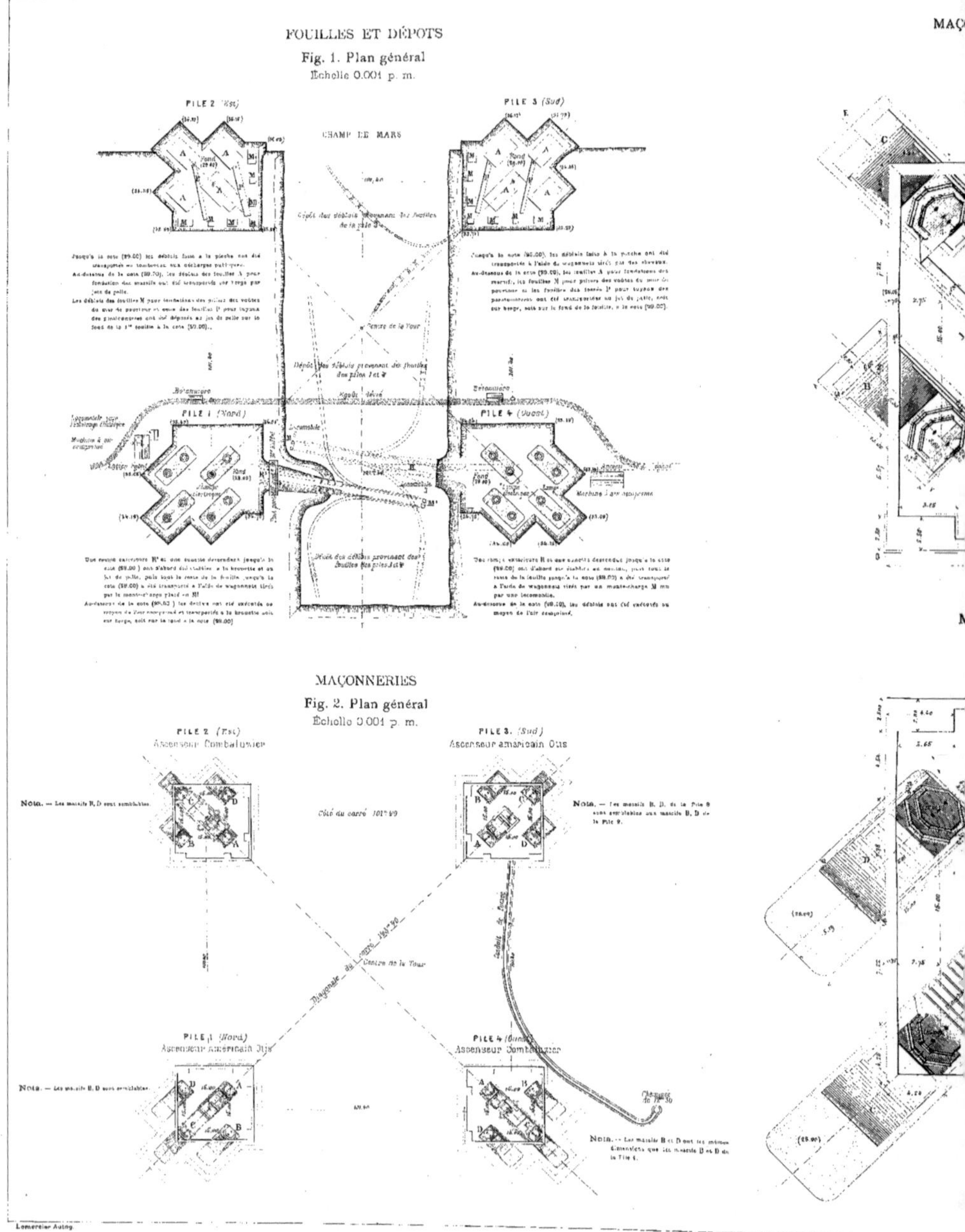

NERIES DE LA PILE 2 (Est)

Fig. 3. Plan

Échelle 0.005 p. m.

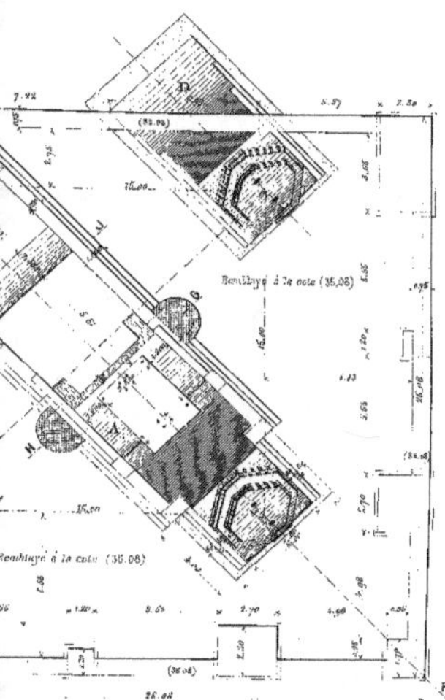

MAÇONNERIES DE LA PILE 3 (Sud)

Fig. 4. Plan

Échelle 0.005 p. m.

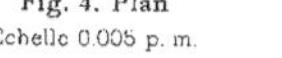

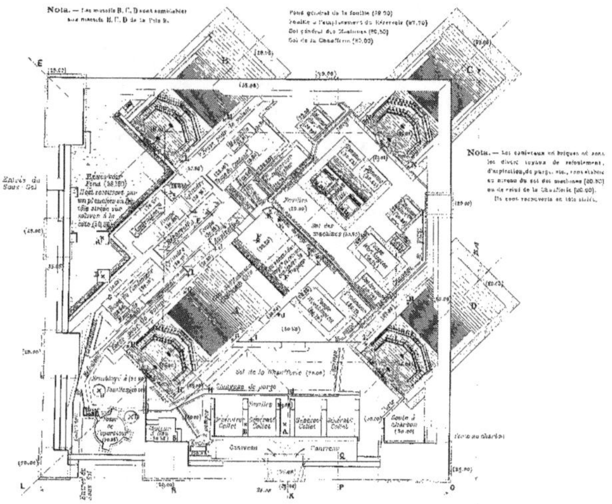

Nota. — Les massifs B, C, D sont semblables aux massifs B, C, D de la Pile 2.

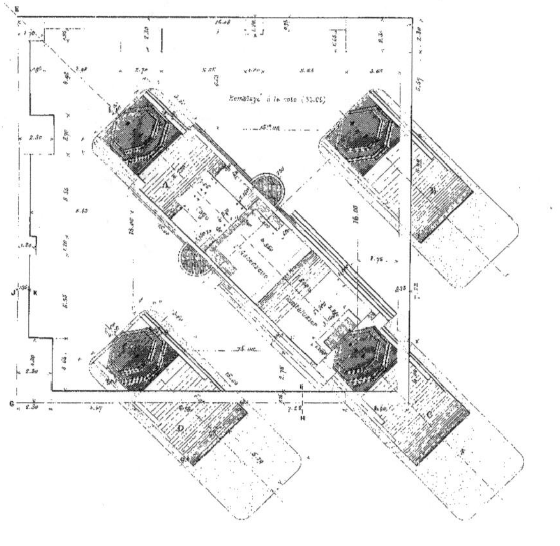

ONNERIES DE LA PILE 1 (Nord)

Fig. 5. Plan

Échelle 0.005 p. m.

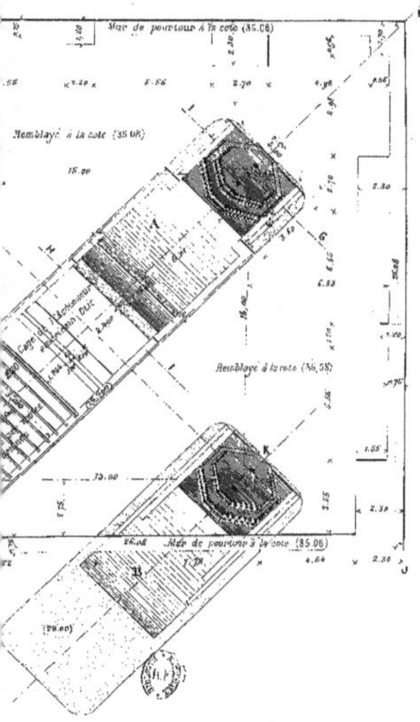

MAÇONNERIES DE LA PILE 4 (Ouest)

Fig. 6. Plan

Échelle 0.005 p. m.

MAÇONNERIES DE

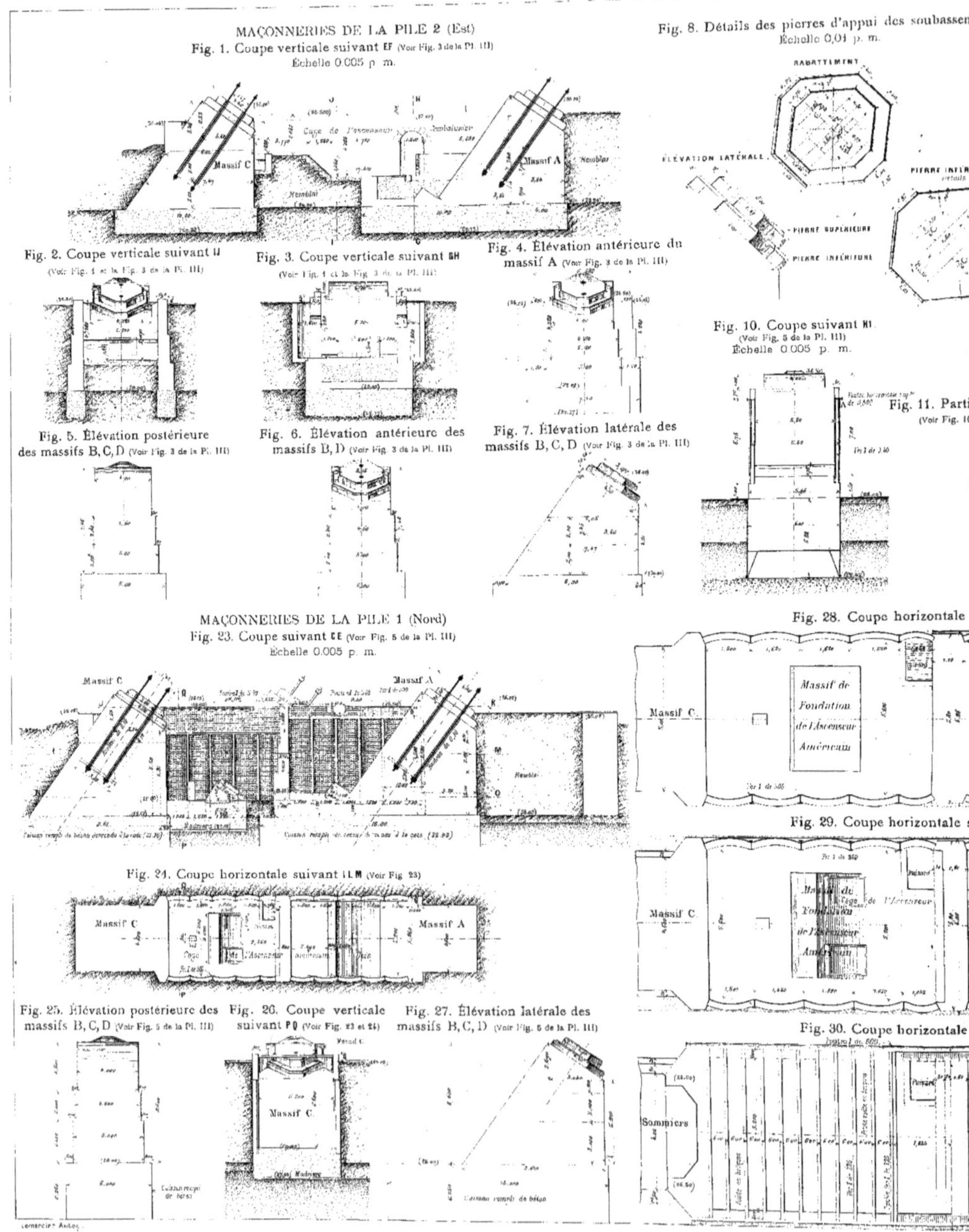

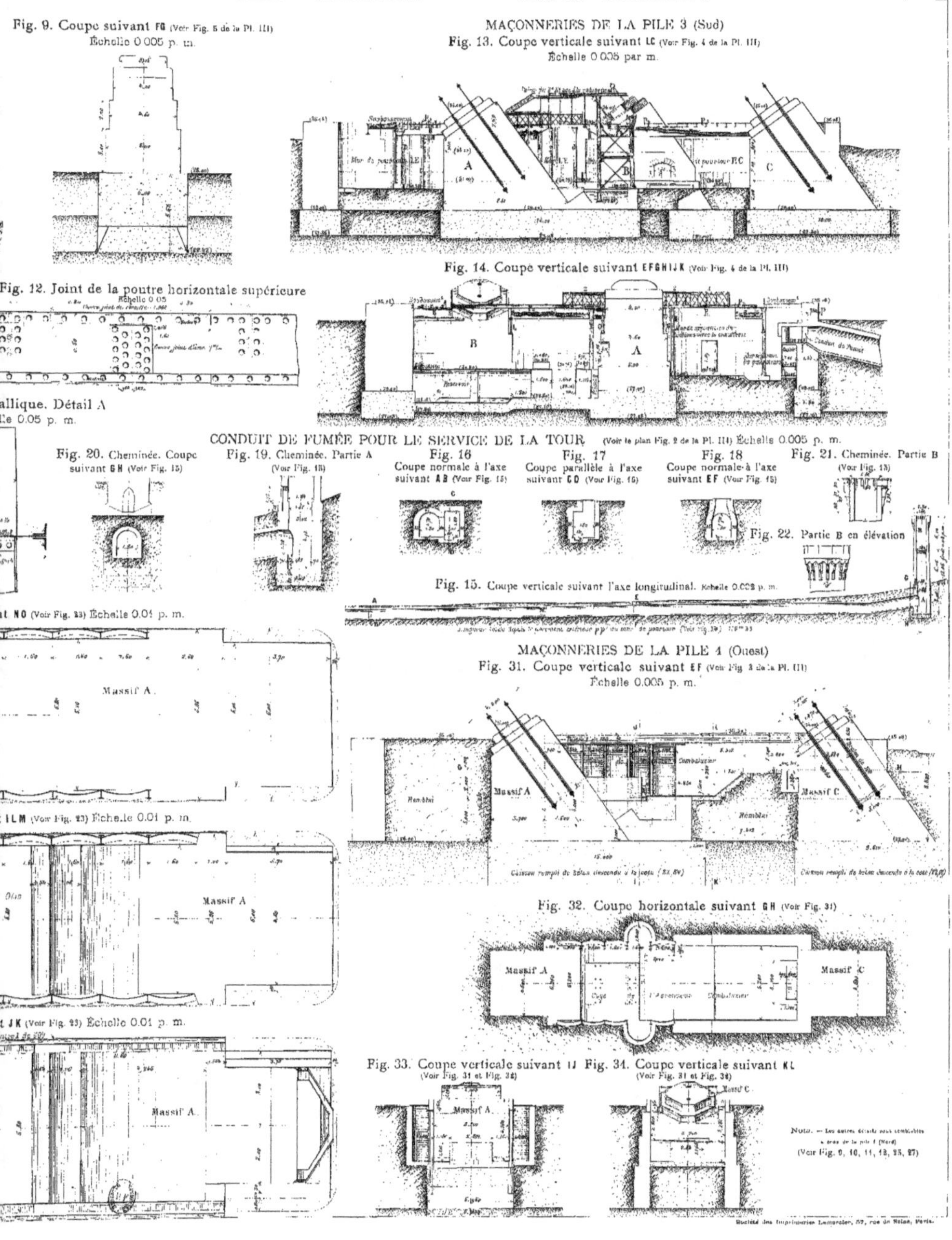

Fig. 9. Coupe suivant FG (Voir Fig. 5 de la Pl. III)
Échelle 0.005 p. m.

Fig. 12. Joint de la poutre horizontale supérieure
Échelle 0.05

...allique. Détail A
...le 0.05 p. m.

MAÇONNERIES DE LA PILE 3 (Sud)
Fig. 13. Coupe verticale suivant LC (Voir Fig. 4 de la Pl. III)
Échelle 0.005 par m.

Fig. 14. Coupe verticale suivant EFGHIJK (Voir Fig. 4 de la Pl. III)

CONDUIT DE FUMÉE POUR LE SERVICE DE LA TOUR (Voir le plan Fig. 2 de la Pl. III) Échelle 0.005 p. m.

Fig. 20. Cheminée. Coupe suivant GH (Voir Fig. 15)
Fig. 19. Cheminée. Partie A (Voir Fig. 15)
Fig. 16 Coupe normale à l'axe suivant AB (Voir Fig. 15)
Fig. 17 Coupe parallèle à l'axe suivant CD (Voir Fig. 15)
Fig. 18 Coupe normale à l'axe suivant EF (Voir Fig. 15)
Fig. 21. Cheminée. Partie B (Voir Fig. 15)
Fig. 22. Partie B en élévation

Fig. 15. Coupe verticale suivant l'axe longitudinal. Échelle 0.005 p. m.

...t NO (Voir Fig. 33) Échelle 0.01 p. m.

Massif A.

...t ILM (Voir Fig. 33) Échelle 0.01 p. m.

Massif A.

...t JK (Voir Fig. 33) Échelle 0.01 p. m.

Massif A.

MAÇONNERIES DE LA PILE 4 (Ouest)
Fig. 31. Coupe verticale suivant EF (Voir Fig. 3 de la Pl. III)
Échelle 0.005 p. m.

Fig. 32. Coupe horizontale suivant GH (Voir Fig. 31)

Fig. 33. Coupe verticale suivant IJ (Voir Fig. 31 et Fig. 34)
Fig. 34. Coupe verticale suivant KL (Voir Fig. 31 et Fig. 34)

Nota. — Les autres détails sont semblables à ceux de la pile 1 (Nord) (Voir Fig. 9, 10, 11, 12, 25, 27)

MURS DE POURTOUR DES FONDAT[IONS]

OSSATURE MÉT[ALLIQUE]

MAÇONNE[RIE]

MUR DE POURTOUR DES FONDATIONS DE LA PILE 1 (Nord)
Fig. 1. Élévation suivant CJ (Voir Fig. 5 de la Pl. III)
Échelle 0.005 p. m.

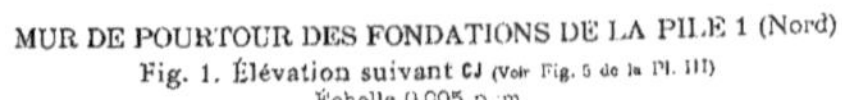

Fig. 2. Élévation suivant JE (Voir Fig. 5 de la Pl. III)

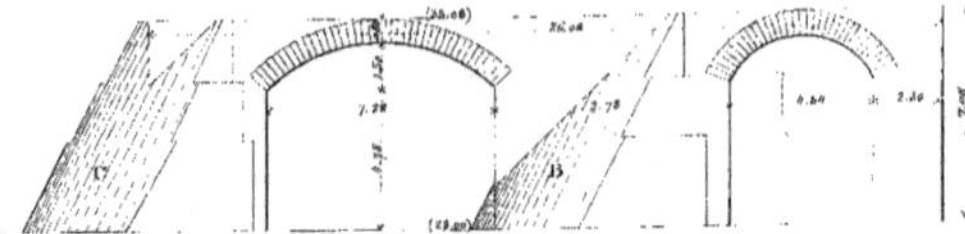

MUR DE POURTOUR DES FONDATIONS DE LA PILE 2 (Est)
Fig. 3. Coupe suivant GF (Voir Fig. 3 de la Pl. III)
Échelle 0.005 p. m.

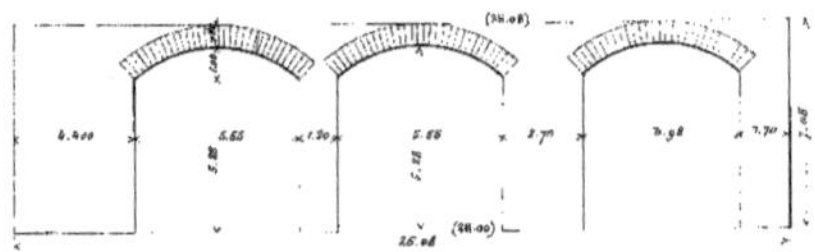

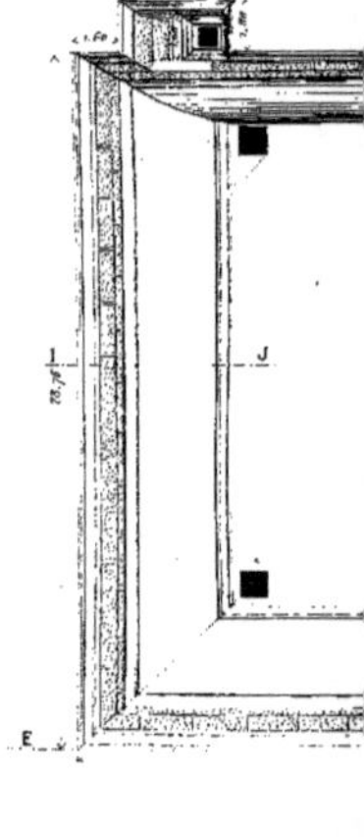

Fig. 4. Coupe suivant CG (Voir Fig. 3 de la Pl. III)

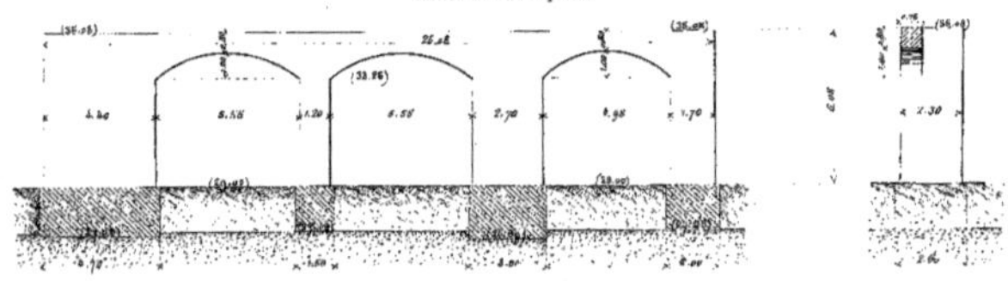

MUR DE POURTOUR DES FONDATIONS DE LA PILE 3 (Sud)
Fig. 5. Coupe suivant LO (Voir Fig. 4 de la Pl. III)
Échelle 0.005 p. m.

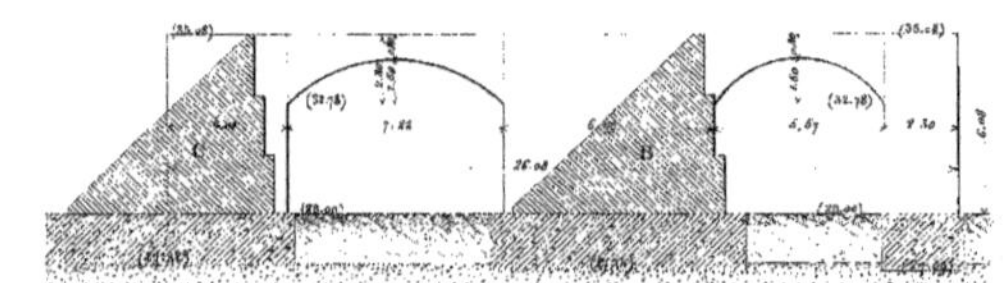

Coupe suivant PO

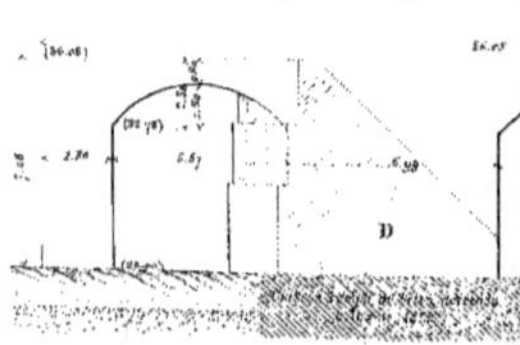

Fig. 6. Coupe suivant OG (Voir Fig. 4 de la Pl. III)

Coupe suivant RS

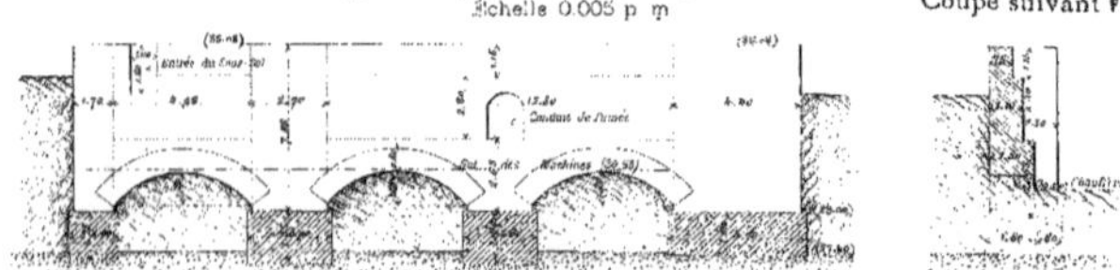

Fig. 7. Coupe suivan[t]

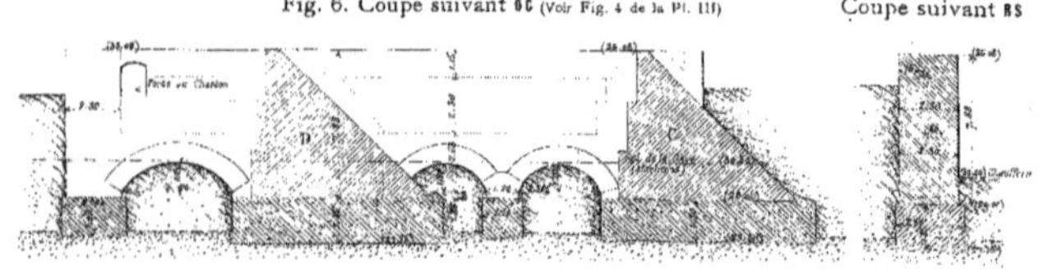

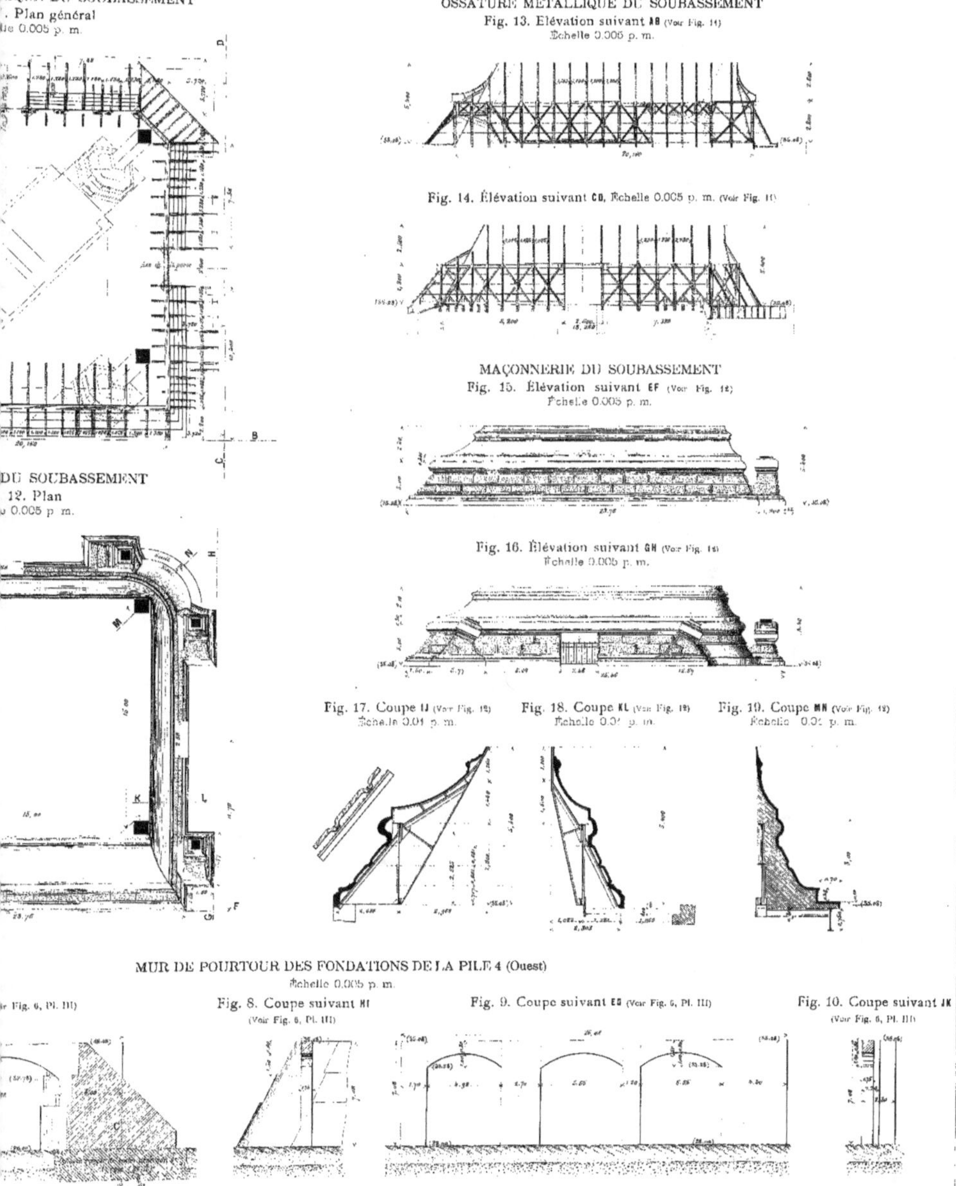
...IQUE DU SOUBASSEMENT
. Plan général
...lle 0.005 p. m.

OSSATURE MÉTALLIQUE DU SOUBASSEMENT
Fig. 13. Élévation suivant AB (Voir Fig. 14)
Échelle 0.005 p. m.

Fig. 14. Élévation suivant CD, Échelle 0.005 p. m. (Voir Fig. 10)

MAÇONNERIE DU SOUBASSEMENT
Fig. 15. Élévation suivant EF (Voir Fig. 12)
Échelle 0.005 p. m.

Fig. 16. Élévation suivant GH (Voir Fig. 12)
Échelle 0.005 p. m.

DU SOUBASSEMENT
12. Plan
0.005 p. m.

Fig. 17. Coupe IJ (Voir Fig. 12)
Échelle 0.01 p. m.

Fig. 18. Coupe KL (Voir Fig. 12)
Échelle 0.01 p. m.

Fig. 19. Coupe MN (Voir Fig. 12)
Échelle 0.01 p. m.

MUR DE POURTOUR DES FONDATIONS DE LA PILE 4 (Ouest)
Échelle 0.005 p. m.

Fig. 6, Pl. III)

Fig. 8. Coupe suivant HI
(Voir Fig. 6, Pl. III)

Fig. 9. Coupe suivant EG (Voir Fig. 6, Pl. III)

Fig. 10. Coupe suivant JK
(Voir Fig. 6, Pl. III)

APPUIS DES PILES MÉTALLIQUES SUR LES M

DISPOSITION DES ARBALÉTRIERS SUR LES MAÇONNERIES

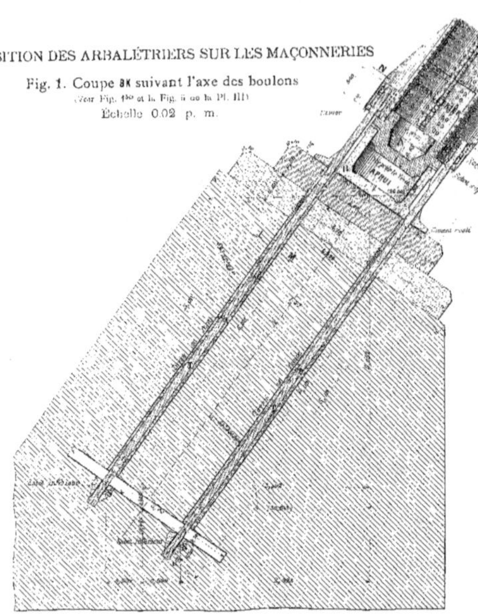

Fig. 1. Coupe BK suivant l'axe des boulons
(Voir Fig. 1bis et la Fig. 6 de la Pl. III)
Échelle 0.02 p. m.

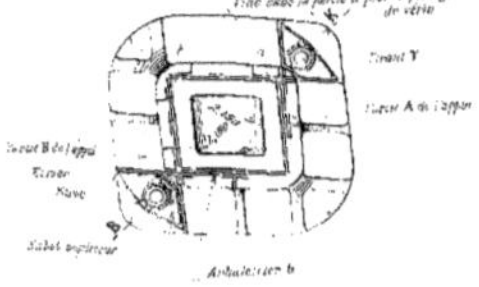

Fig. 1bis. Coupe normale NO (Voir Fig. 1)
Échelle 0.02 p. m. (1/50)

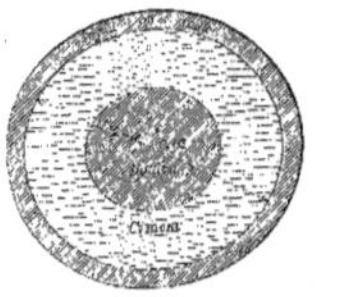

Fig. 2. Coupe suivant LM (Voir Fig. 1)
Échelle 0.20 p. m.

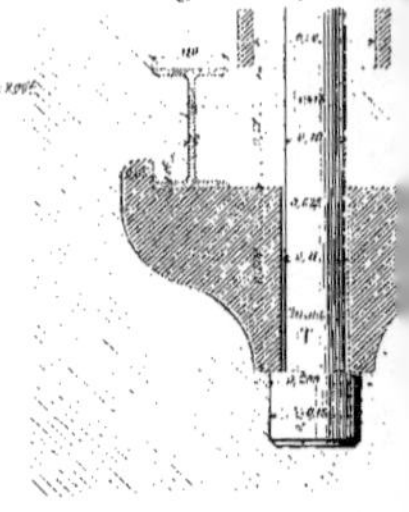

DÉTAILS DES
Fig. 3. Coupe AB

Fig. 5. Vue en de

VÉF
Fig.

Fig. 18. Coupe

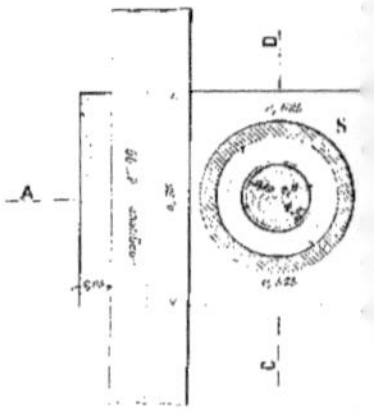

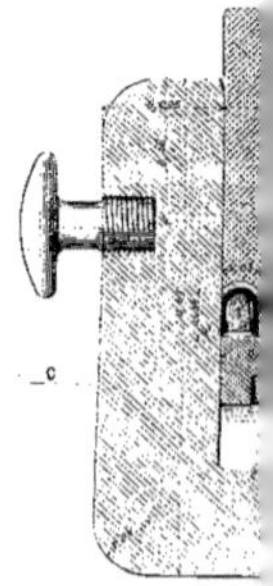

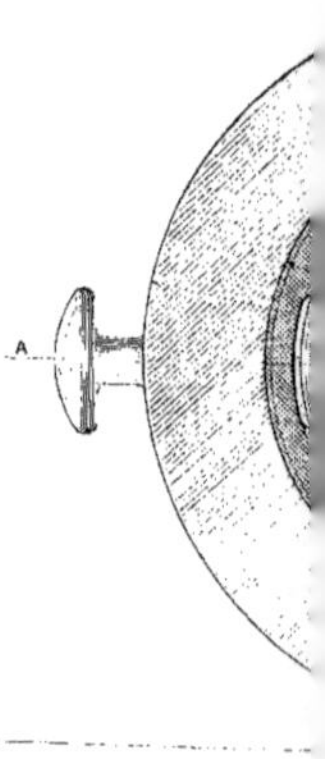

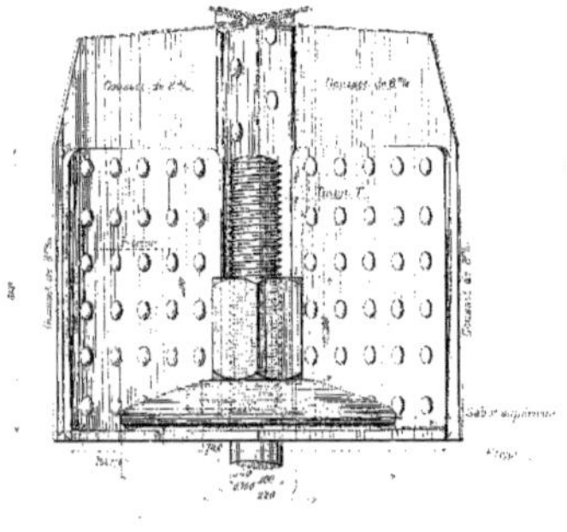

DÉTAILS DES TIRANTS

Étriers, Écrous et Sabots supérieurs
Échelle 0.10 p. m. (1/10)

Fig. 13. Vue de face
(Voir Fig. 1 et 1bis)

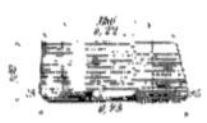

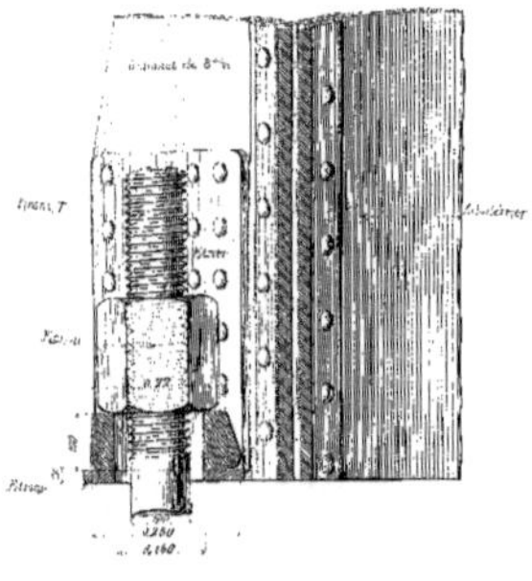

Fig. 14bis. Vue de profil du sabot supérieur
(Voir Fig. 13, 14, 15)

Fig. 14. Coupe verticale suivant AB
(Voir Fig. 15)

Fig. 15. Plan

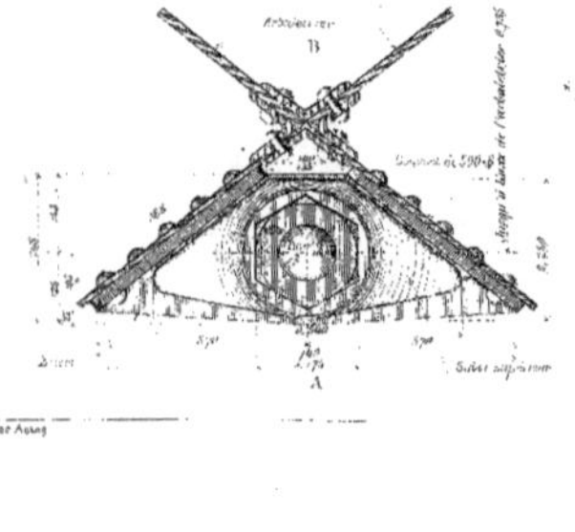

Fig. 16. Développement de l'étrier

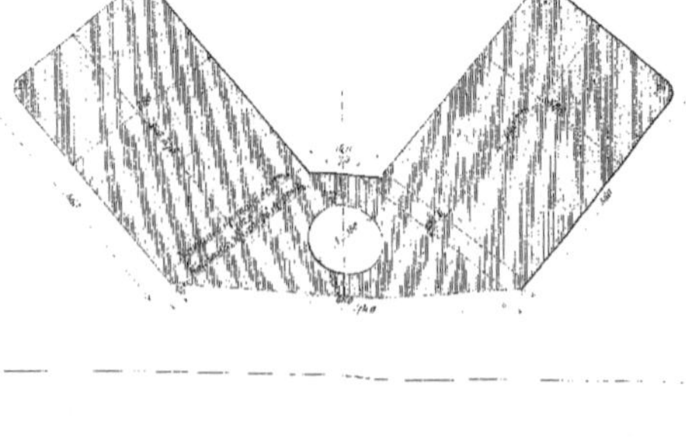

...RRAGES (Partie inférieure) (Voir Fig. 1)

...érieurs Échelle 0.10 p. m.

Fig. 4. Coupe CD (Voir Fig. 6)

APPUIS DES ARBALÉTRIERS (Voir Fig. 1 et 1bis)

Échelle 0.03 p. m.

Fig. 7. Coupe suivant CD (Voir Fig. 9)

Fig. 8. Coupe suivant EF (Voir Fig. 9)

Fig. 9. Plan de la pièce inférieure B (Voir Fig. 7)

Nota. — Les cotes de hauteur sont indiquées en supposant des cales de 110 millimètres

Fig. 10. Vue de face du côté ouvert pour le vérin

Fig. 6. Vue en dessous

Nota. — La pièce inférieure B est en fonte Épaisseur des parois, 100 m/m

Fig. 12. Plan du dessus de la pièce supérieure A (Voir Fig. 7)

Fig. 11. Plan du dessous de la pièce supérieure A (Voir Fig. 7)

Nota. — La pièce supérieure A est en fonte d'acier

...800.000 Kᵍ. Échelle 0.90 p. m. (¹/₁)

...upe verticale suivant AB (Voir Fig. 18)

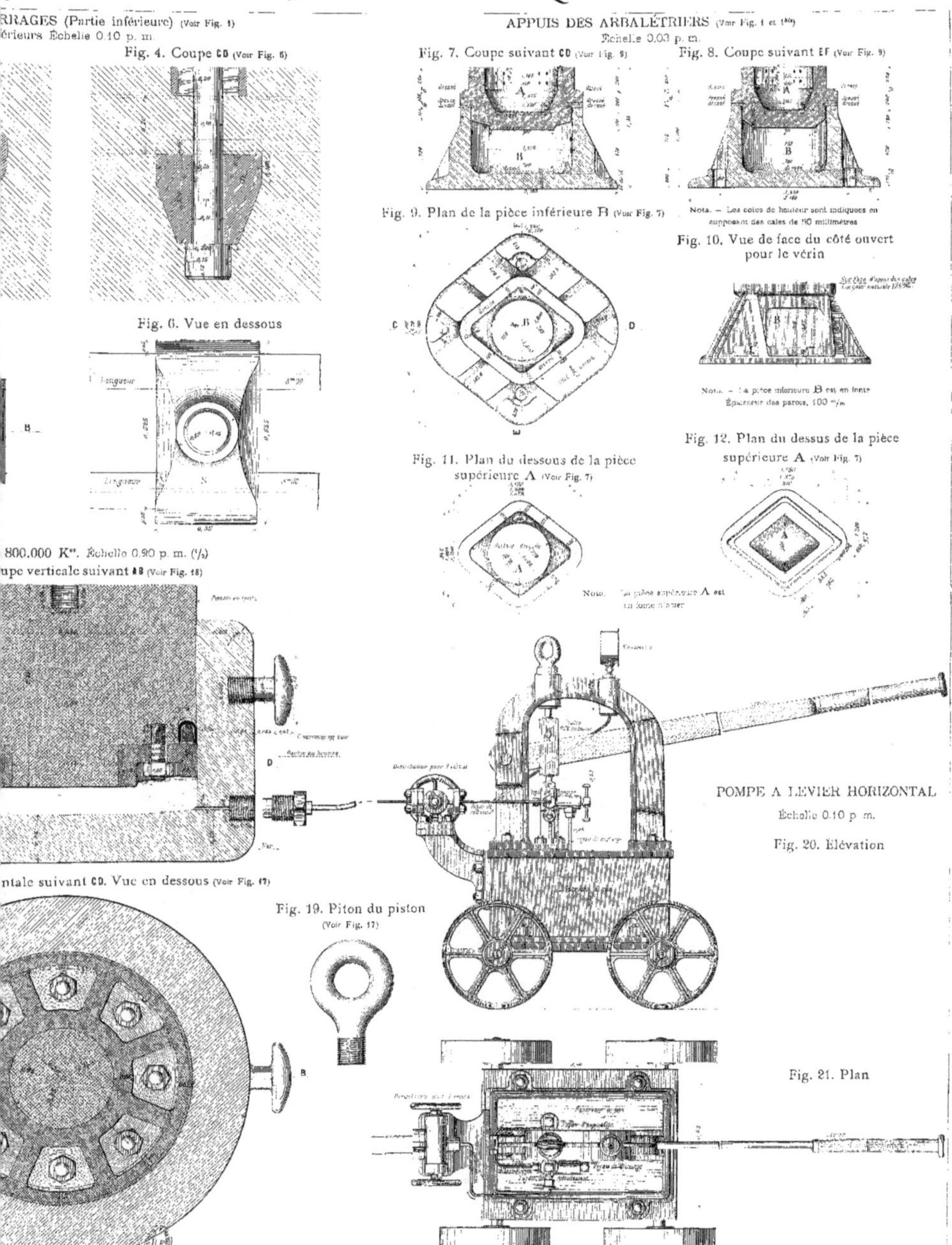

...ntale suivant CD. Vue en dessous (Voir Fig. 17)

Fig. 19. Piton du piston (Voir Fig. 17)

POMPE A LEVIER HORIZONTAL

Échelle 0.10 p. m.

Fig. 20. Élévation

Fig. 21. Plan

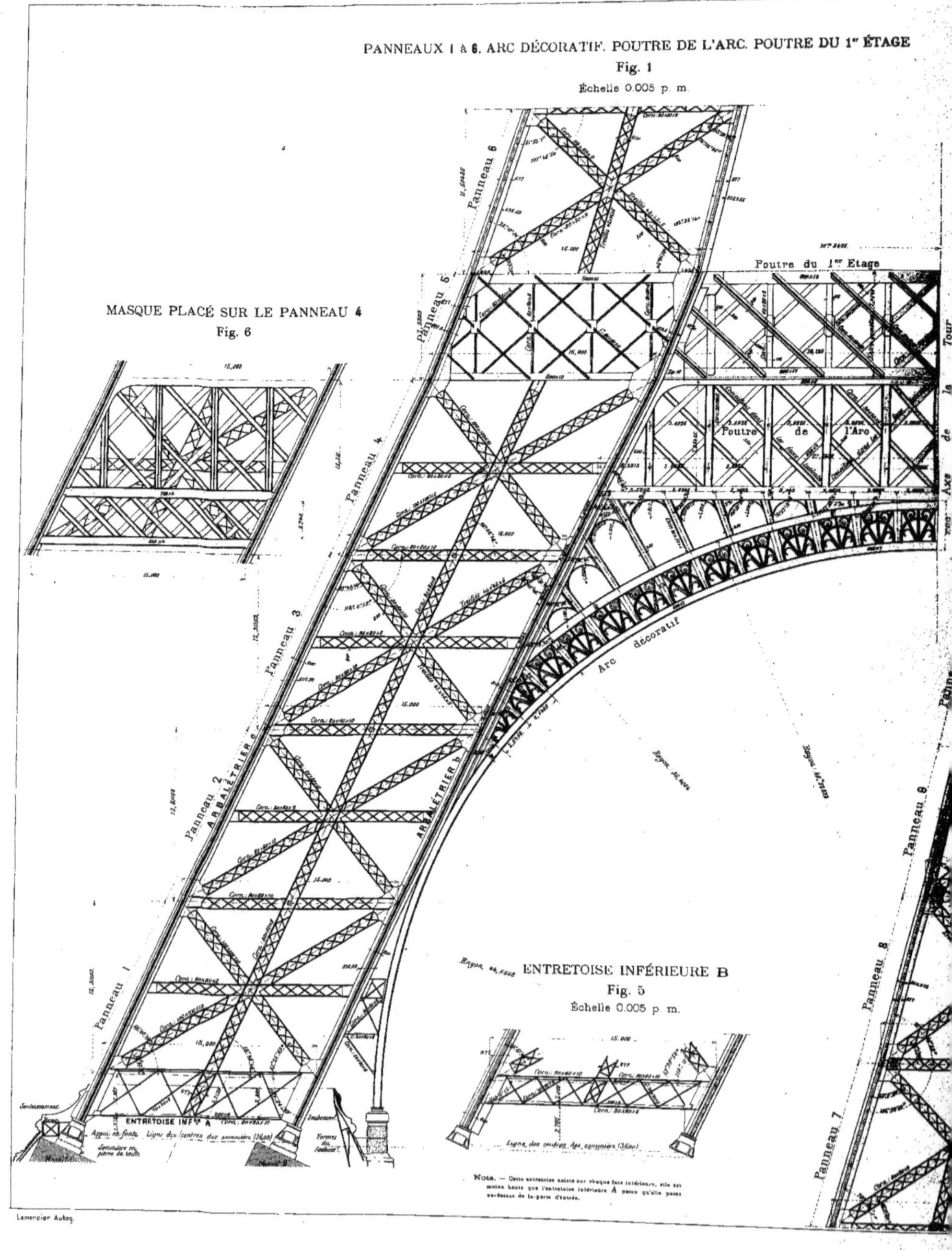
PANNEAUX 1 à 6. ARC DÉCORATIF. POUTRE DE L'ARC. POUTRE DU 1ᵉʳ ÉTAGE
Fig. 1
Échelle 0.005 p. m.

MASQUE PLACÉ SUR LE PANNEAU 4
Fig. 6

Panneau 6
Panneau 5
Panneau 4
Panneau 3
Panneau 2
Panneau 1
ARBALÉTRIER a
ARBALÉTRIER b

Poutre du 1ᵉʳ Étage
Poutre   de   l'Arc
Arc décoratif

Panneau 8
Panneau 8
Panneau 7

ENTRETOISE INFÉRIEURE B
Fig. 5
Échelle 0.005 p. m.

ENTRETOISE INF. A

E EN RABATTEMENT

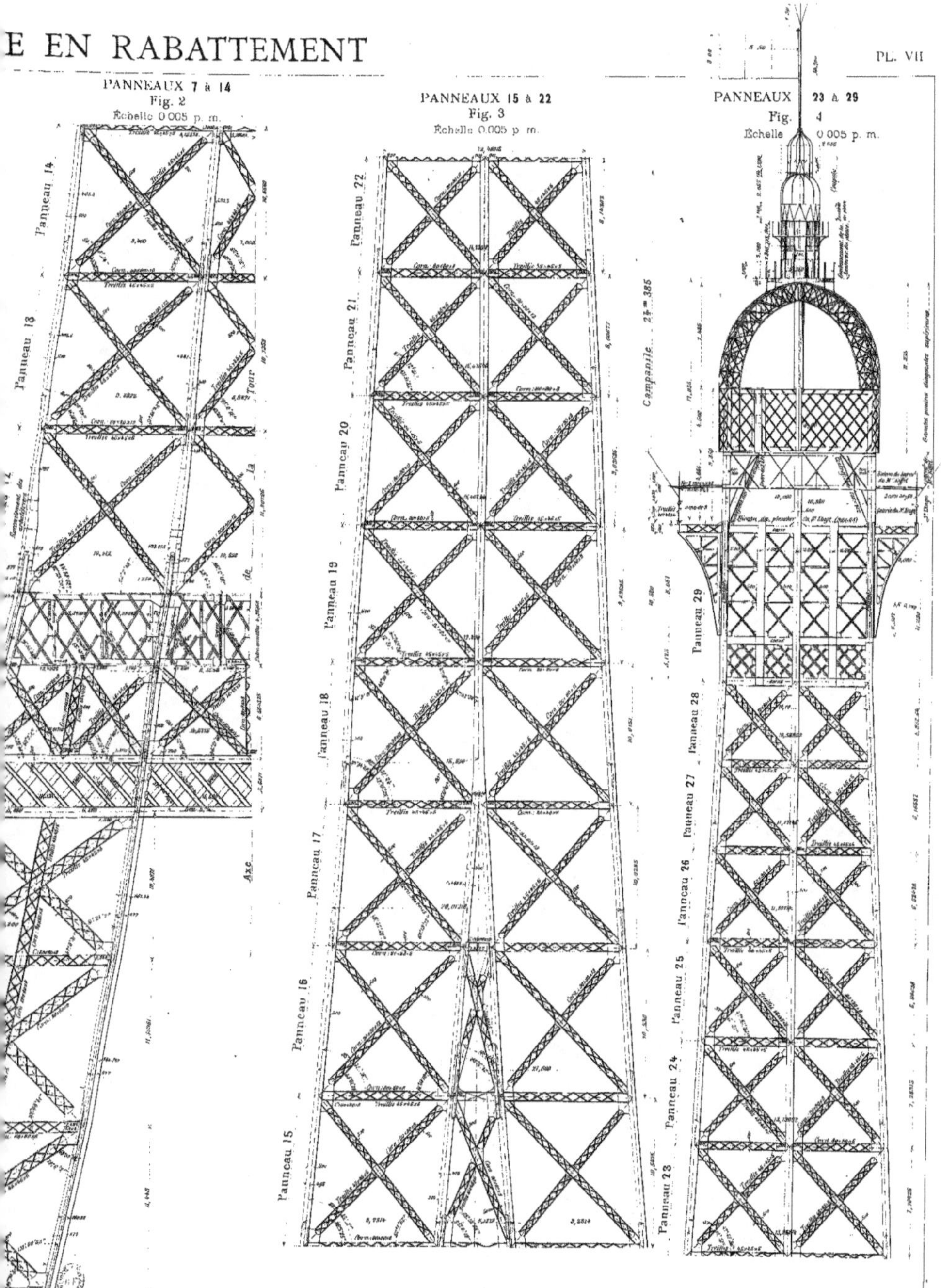
PANNEAUX 7 à 14
Fig. 2
Échelle 0.005 p. m.
Panneau 14
Panneau 13
Panneau 12
Axe de la Tour
PANNEAUX 15 à 22
Fig. 3
Échelle 0.005 p. m.
Panneau 22
Panneau 21
Panneau 20
Panneau 19
Panneau 18
Panneau 17
Panneau 16
Panneau 15
PANNEAUX 23 à 29
Fig. 4
Échelle 0.005 p. m.
Campanile 24m 385
Panneau 29
Panneau 28
Panneau 27
Panneau 26
Panneau 25
Panneau 24
Panneau 23

Société des Imprimeries Lemercier, 57, rue de Seine, Paris.

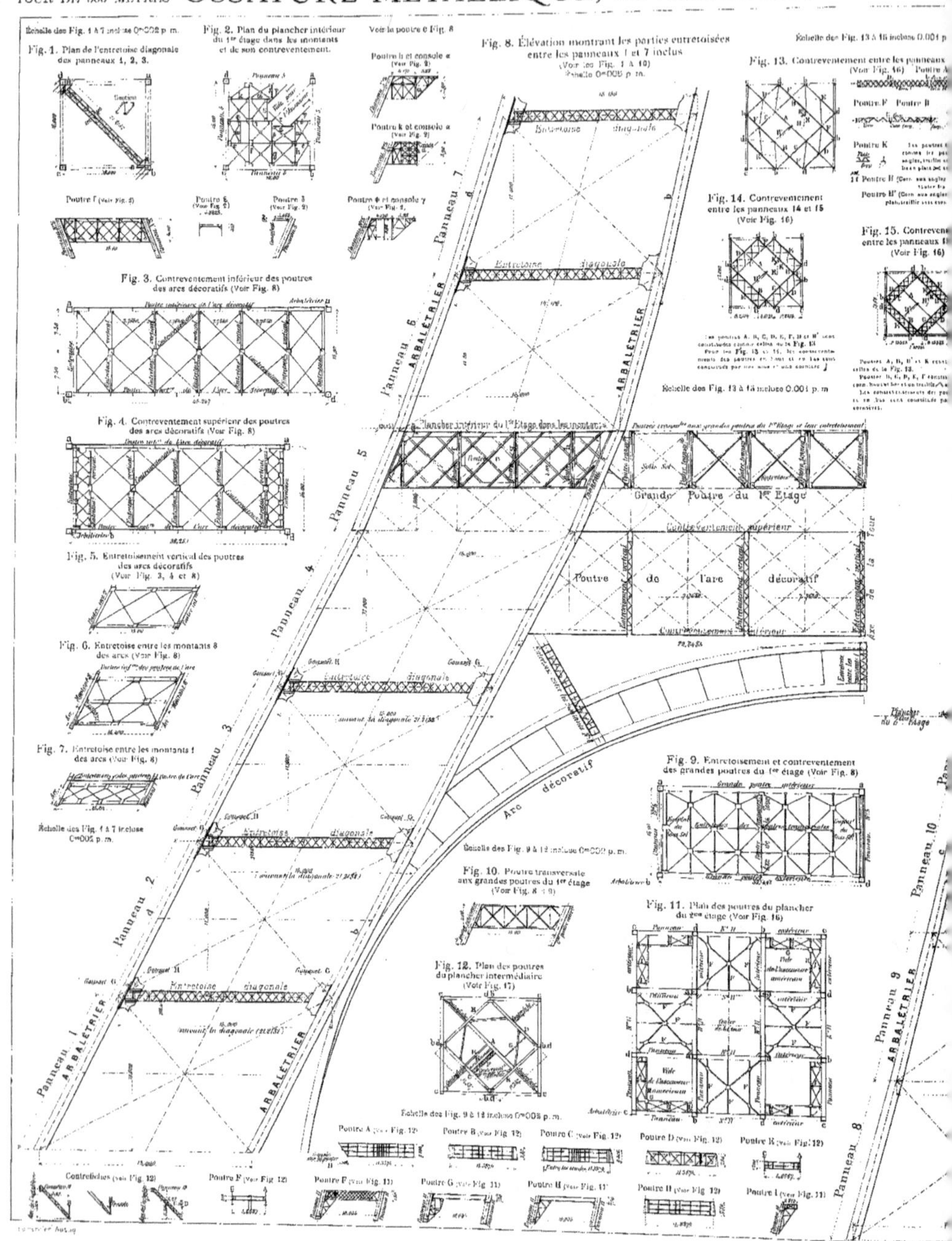

Échelle des Fig. 1 à 7 inclus 0m002 p. m.
Fig. 1. Plan de l'entretoise diagonale des panneaux 1, 2, 3.
Fig. 2. Plan du plancher intérieur du 1er étage dans les montants et de son contreventement.
Voir la poutre e Fig. 8
Poutre h et console a (Voir Fig. 9)
Poutre k et console a (Voir Fig. 9)
Poutre d et console γ (Voir Fig. 9)
Poutre f (Voir Fig. 8)
Poutre G (Voir Fig. 9)
Poutre j (Voir Fig. 9)
Fig. 8. Élévation montrant les parties entretoisées entre les panneaux 1 et 7 inclus
(Voir les Fig. 1 à 10)
Échelle 0m005 p. m.
Fig. 13. Contreventement entre les panneaux (Voir Fig. 16) Poutre A
Poutre F   Poutre B
Poutre K
Poutre H
Poutre H'
Fig. 14. Contreventement entre les panneaux 14 et 15 (Voir Fig. 16)
Fig. 15. Contreventement entre les panneaux (Voir Fig. 16)
Échelle des Fig. 13 à 16 inclus 0.004 p. m.
Entretoise diagonale
Panneau 7
Panneau 6
Panneau 5
ARBALÉTRIER
Fig. 3. Contreventement inférieur des poutres des arcs décoratifs (Voir Fig. 8)
Fig. 4. Contreventement supérieur des poutres des arcs décoratifs (Voir Fig. 8)
Fig. 5. Entretoisement vertical des poutres des arcs décoratifs (Voir Fig. 3, 4 et 8)
Fig. 6. Entretoise entre les montants 8 des arcs (Voir Fig. 8)
Fig. 7. Entretoise entre les montants 1 des arcs (Voir Fig. 8)
Échelle des Fig. 1 à 7 inclus 0m002 p. m.
Panneau 4
Panneau 3
Panneau 2
Panneau 1
ARBALÉTRIER
Plancher inférieur du 1er Étage dans les montants
Grande Poutre du 1er Étage
Contreventement supérieur
Poutre de l'arc décoratif
Contreventement inférieur
Entretoise diagonale
Gousset H
Gousset G
Arc décoratif
Échelle des Fig. 9 à 12 inclus 0m002 p. m.
Fig. 9. Entretoisement et contreventement des grandes poutres du 1er étage (Voir Fig. 8)
Fig. 10. Poutre transversale aux grandes poutres du 1er étage (Voir Fig. 8 et 9)
Fig. 11. Plan des poutres du plancher du 2me étage (Voir Fig. 16)
Fig. 12. Plan des poutres du plancher intermédiaire (Voir Fig. 17)
Échelle des Fig. 9 à 12 inclus 0m003 p. m.
Poutre A (Voir Fig. 12)   Poutre B (Voir Fig. 12)   Poutre C (Voir Fig. 12)   Poutre D (Voir Fig. 12)   Poutre E (Voir Fig. 12)
Contrefiches (voir Fig. 12)   Poutre F (Voir Fig. 12)   Poutre F (Voir Fig. 11)   Poutre G (Voir Fig. 11)   Poutre H (Voir Fig. 11)   Poutre H (Voir Fig. 12)   Poutre I (Voir Fig. 11)
Panneau 8
Panneau 9
Panneau 10
ARBALÉTRIER

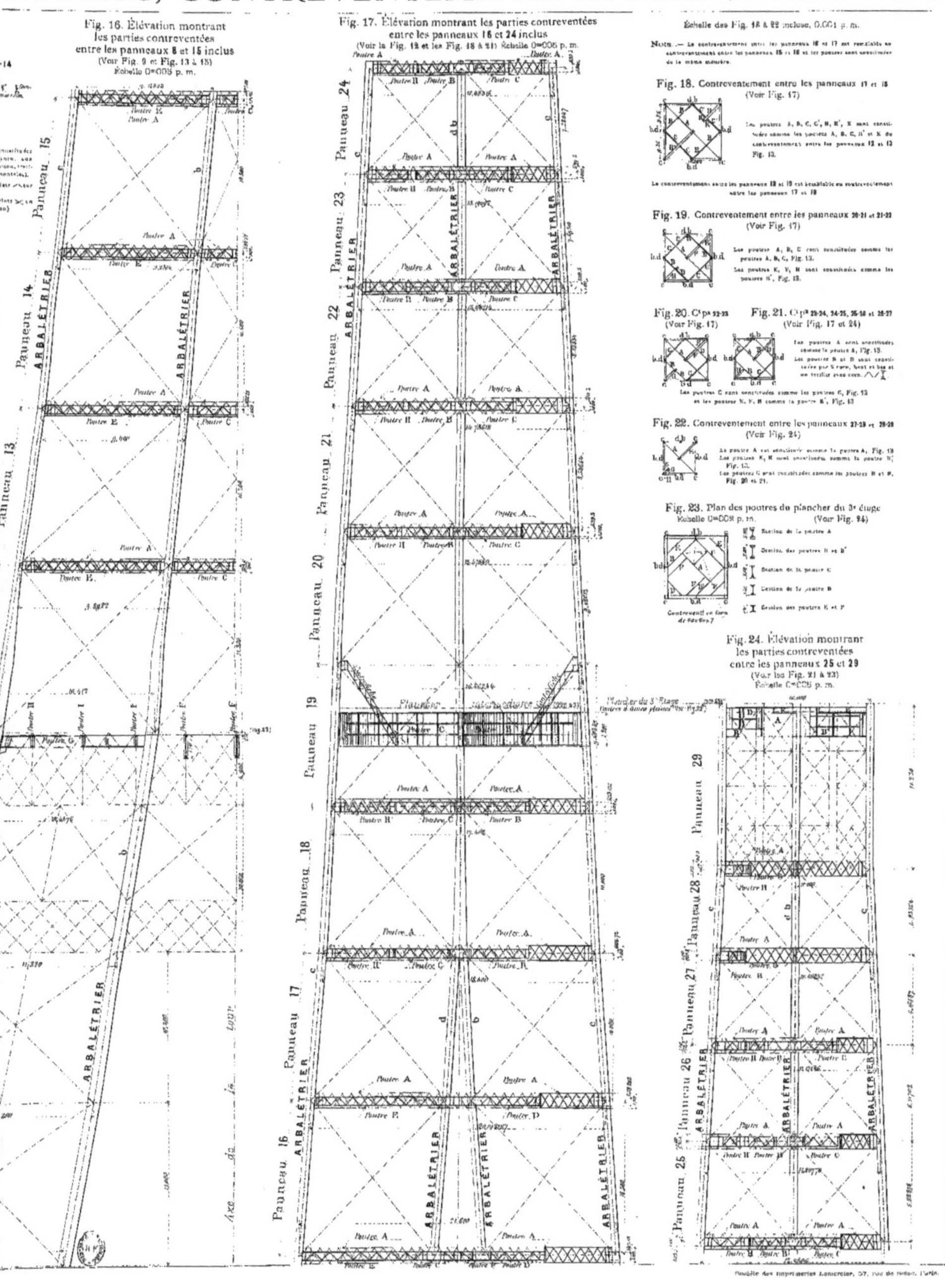
Fig. 16. Élévation montrant les parties contreventées entre les panneaux 8 et 15 inclus
(Voir Fig. 9 et Fig. 13 à 15)
Échelle 0=005 p. m.

Fig. 17. Élévation montrant les parties contreventées entre les panneaux 16 et 24 inclus
(Voir la Fig. 12 et les Fig. 18 à 21) Échelle 0=005 p. m.

Échelle des Fig. 18 à 22 incluse, 0.001 p. m.

Fig. 18. Contreventement entre les panneaux 17 et 18
(Voir Fig. 17)

Fig. 19. Contreventement entre les panneaux 20-21 et 21-22
(Voir Fig. 17)

Fig. 20. C¹ᵉ 22-23
(Voir Fig. 17)

Fig. 21. C¹ᵉ 23-24, 24-25, 25-26 et 26-27
(Voir Fig. 17 et 24)

Fig. 22. Contreventement entre les panneaux 27-28 et 28-29
(Voir Fig. 24)

Fig. 23. Plan des poutres du plancher du 3ᵉ étage
Échelle 0=008 p. m.   (Voir Fig. 24)

Fig. 24. Élévation montrant les parties contreventées entre les panneaux 25 et 29
(Voir les Fig. 21 à 23)
Échelle 0=005 p. m.

PARTIE INFÉRIEURE.

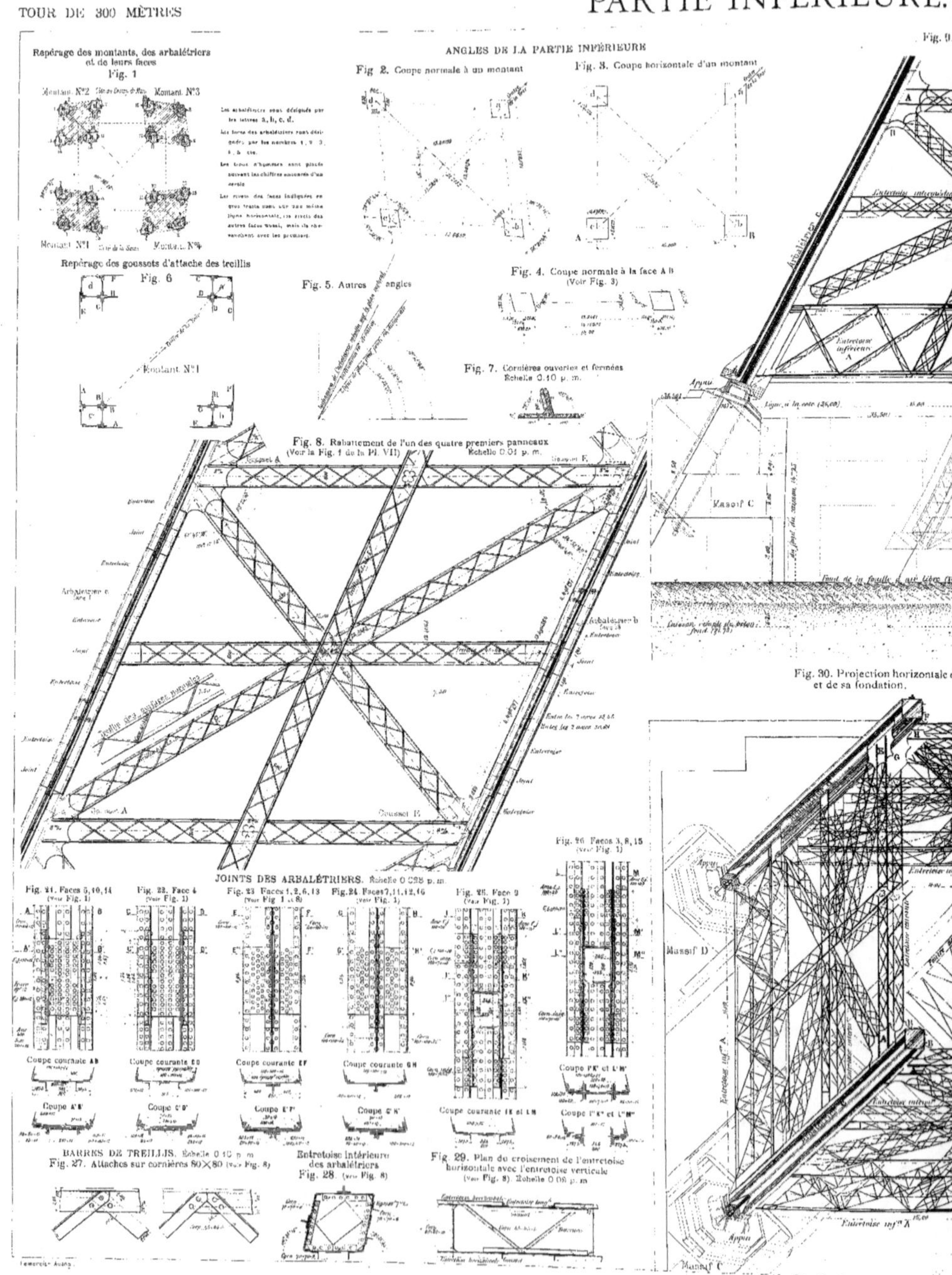

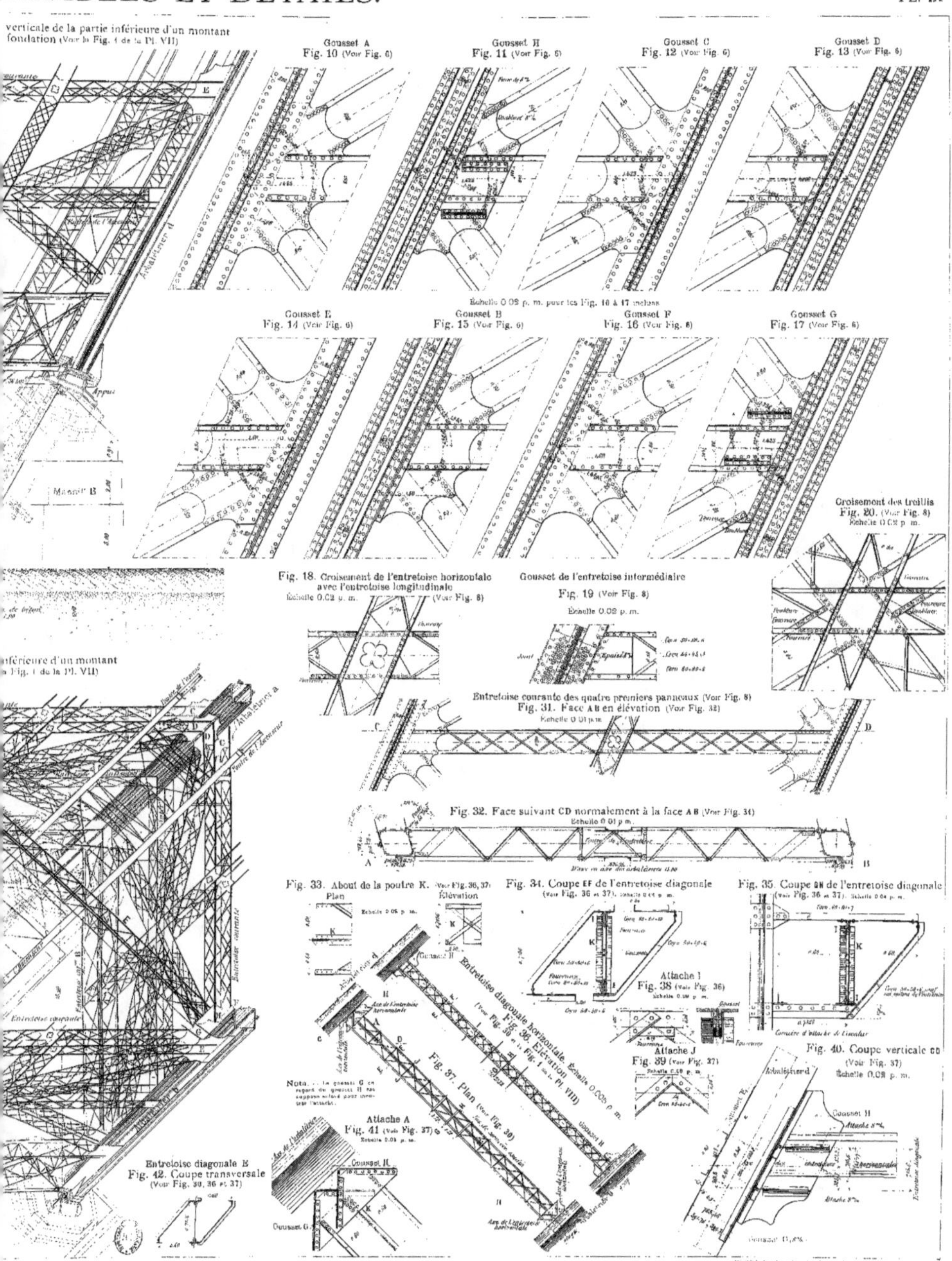

verticale de la partie inférieure d'un montant
fondation (Voir la Fig. 4 de la Pl. VII)
Gousset A — Fig. 10 (Voir Fig. 6)
Gousset H — Fig. 11 (Voir Fig. 6)
Gousset C — Fig. 12 (Voir Fig. 6)
Gousset D — Fig. 13 (Voir Fig. 6)
Échelle 0.02 p. m. pour les Fig. 10 à 17 inclus
Gousset E — Fig. 14 (Voir Fig. 6)
Gousset B — Fig. 15 (Voir Fig. 6)
Gousset F — Fig. 16 (Voir Fig. 6)
Gousset G — Fig. 17 (Voir Fig. 6)
Croisement des treillis
Fig. 20. (Voir Fig. 8)
Échelle 0.02 p. m.
Fig. 18. Croisement de l'entretoise horizontale avec l'entretoise longitudinale
Échelle 0.02 p. m.
Gousset de l'entretoise intermédiaire
Fig. 19 (Voir Fig. 8)
Échelle 0.02 p. m.
Entretoise courante des quatre premiers panneaux (Voir Fig. 8)
Fig. 31. Face AB en élévation (Voir Fig. 32)
Échelle 0.01 p. m.
Fig. 32. Face suivant CD normalement à la face AB (Voir Fig. 31)
Échelle 0.01 p. m.
Fig. 33. About de la poutre K
Plan — Élévation
Échelle 0.05 p. m.
Fig. 34. Coupe EF de l'entretoise diagonale (Voir Fig. 36 et 37)
Échelle 0.04 p. m.
Attache I — Fig. 38 (Voir Fig. 36)
Échelle 0.04 p. m.
Attache J — Fig. 39 (Voir Fig. 37)
Échelle 0.04 p. m.
Fig. 35. Coupe GH de l'entretoise diagonale (Voir Fig. 36 et 37)
Échelle 0.04 p. m.
Fig. 40. Coupe verticale CD (Voir Fig. 37)
Échelle 0.02 p. m.
Entretoise diagonale E — Fig. 42. Coupe transversale (Voir Fig. 35, 36 et 37)
Attache A — Fig. 41 (Voir Fig. 37)
Échelle 0.03 p. m.

DÉTAILS D'

ENTRETOISE INFÉRIEURE A
Fig. 1. Rabattement (Voir Fig. 8 et la Fig. 1 de la Pl. VII)
Échelle 0.020 p. m.
Panneau 1.
Fig. 4
Coupe parallèle
aux cornières e f (Fig. 1)
Fig. 3
Coupe parallèle
aux cornières a d (Fig. 1)
BARRES DE TREILLIS
Attache sur âme (Entretoise A)
Fig. 2
Échelle 0.100 p. m.
Fig. 10. Coupe faite au ras de la surface supérieure des entreto
Échelle 0.020 p. m.
Fig. 11. Coupe faite au ras de la surface supérieure de la traverse a
Échelle 0.020 p. m.
PANNEAU 5. (Échelle 0.020 p. m.) (Voir Fig. 1 de la Pl. VII)
Fig. 15. Coupe normale
dans les environs
du coude supérieur
de l'arbalétrier C
(Voir Fig. 14)
Détail de la partie gauche
Fig. 14. Rabattement
Fig. 16. Coupe suivant CD
(Voir Fig. 17)
Détail de la partie droite
Fig. 17. Rabattement

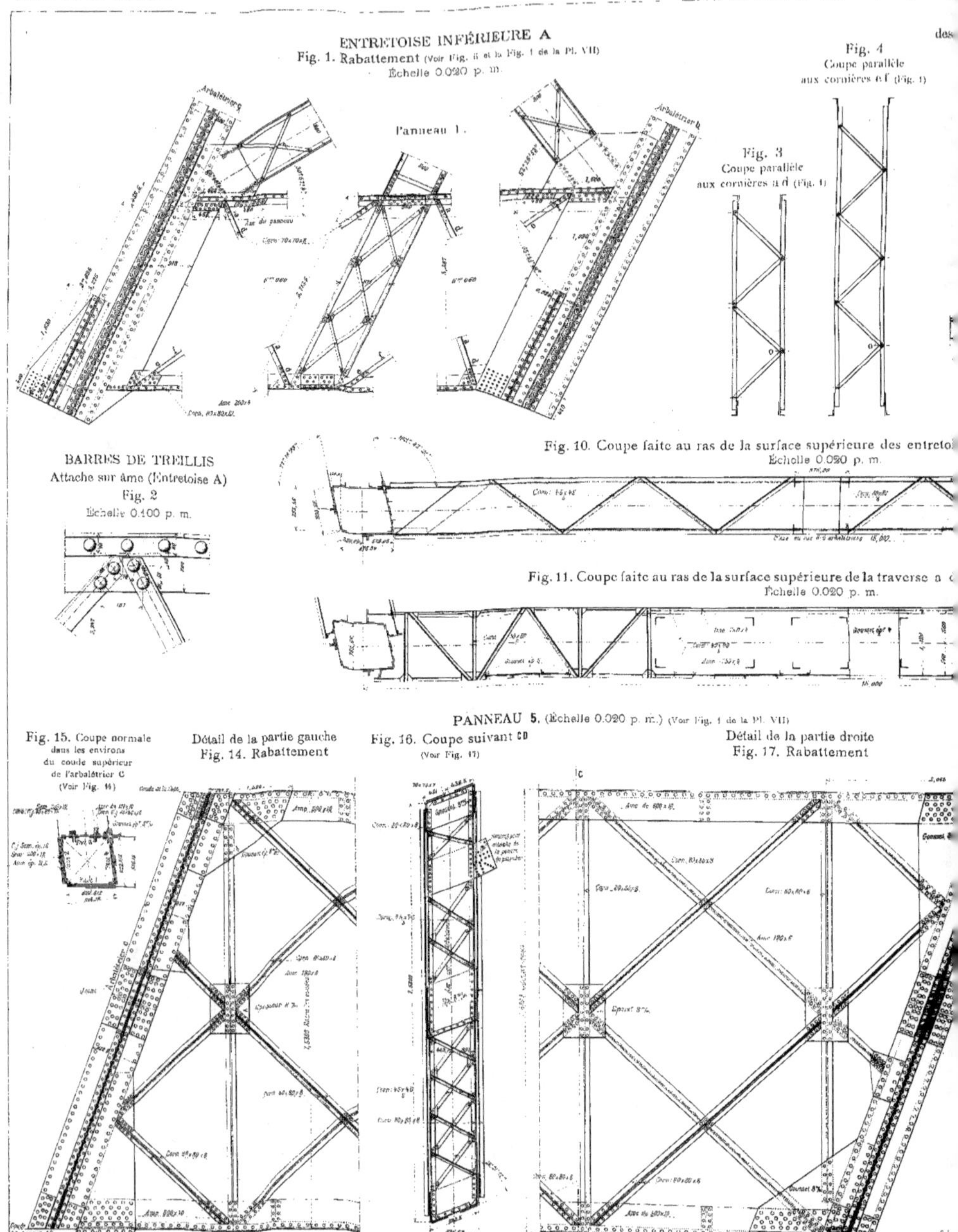

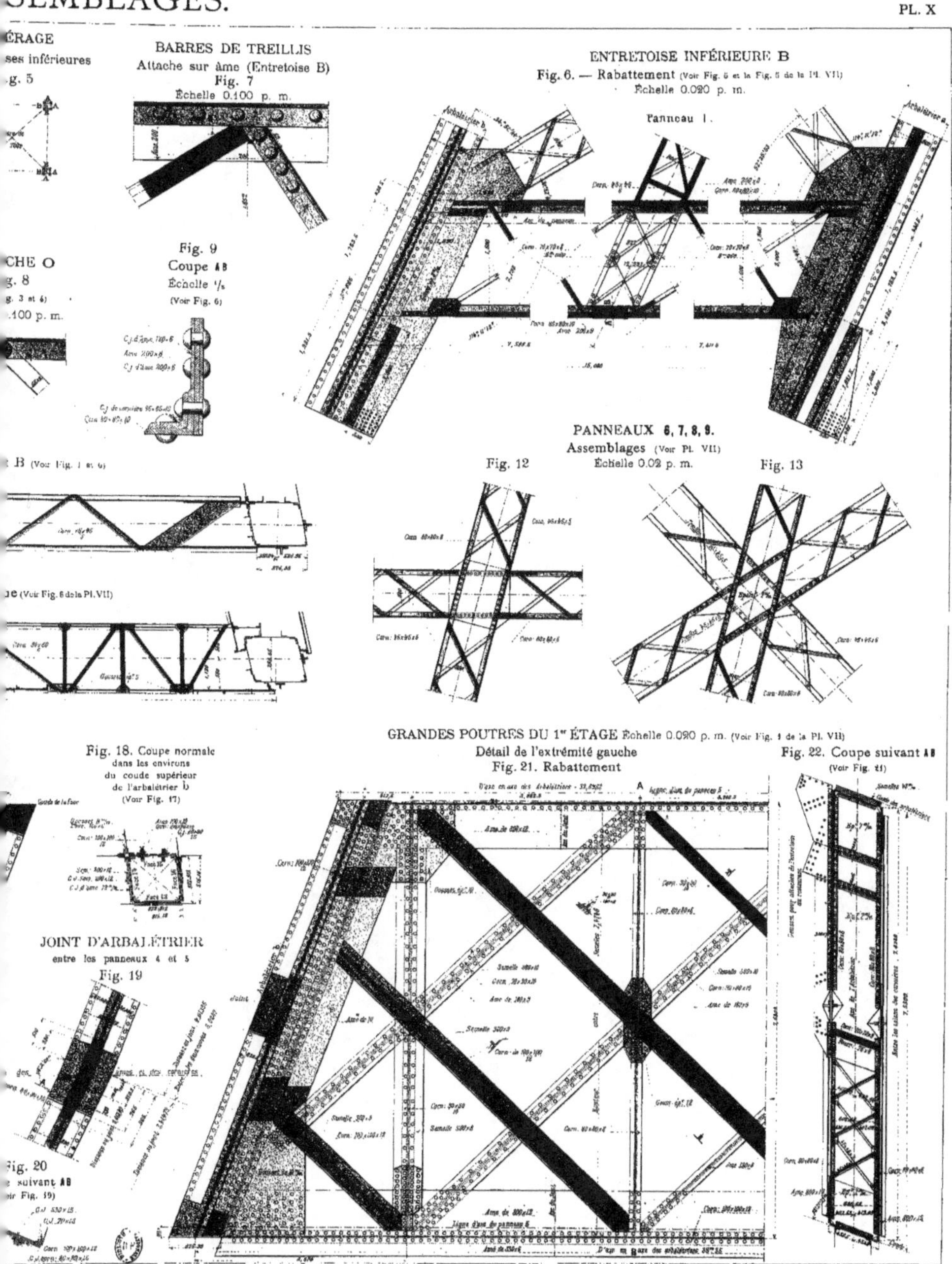

ÉTAGE
ses inférieures
g. 5

BARRES DE TREILLIS
Attache sur âme (Entretoise B)
Fig. 7
Échelle 0.100 p. m.

ENTRETOISE INFÉRIEURE B
Fig. 6. — Rabattement (Voir Fig. 5 et la Fig. 5 de la Pl. VII)
Échelle 0.020 p. m.

Panneau I.

CHE O
g. 8
(g. 3 et 4)
.100 p. m.

Fig. 9
Coupe AB
Échelle ¼
(Voir Fig. 6)

B (Voir Fig. 1 et 6)

PANNEAUX 6, 7, 8, 9.
Assemblages (Voir Pl. VII)
Échelle 0.02 p. m.

Fig. 12

Fig. 13

e (Voir Fig. 6 de la Pl. VII)

GRANDES POUTRES DU 1er ÉTAGE   Échelle 0.020 p. m. (Voir Fig. 1 de la Pl. VII)
Détail de l'extrémité gauche
Fig. 21. Rabattement

Fig. 18. Coupe normale
dans les environs
du coude supérieur
de l'arbalétrier b
(Voir Fig. 17)

Fig. 22. Coupe suivant AB
(Voir Fig. 21)

JOINT D'ARBALÉTRIER
entre les panneaux 4 et 5
Fig. 19

Fig. 20
e suivant AB
ir Fig. 19)

ENSEMBLES ET DÉTAILS DES ARCS DÉCORAT[IFS]

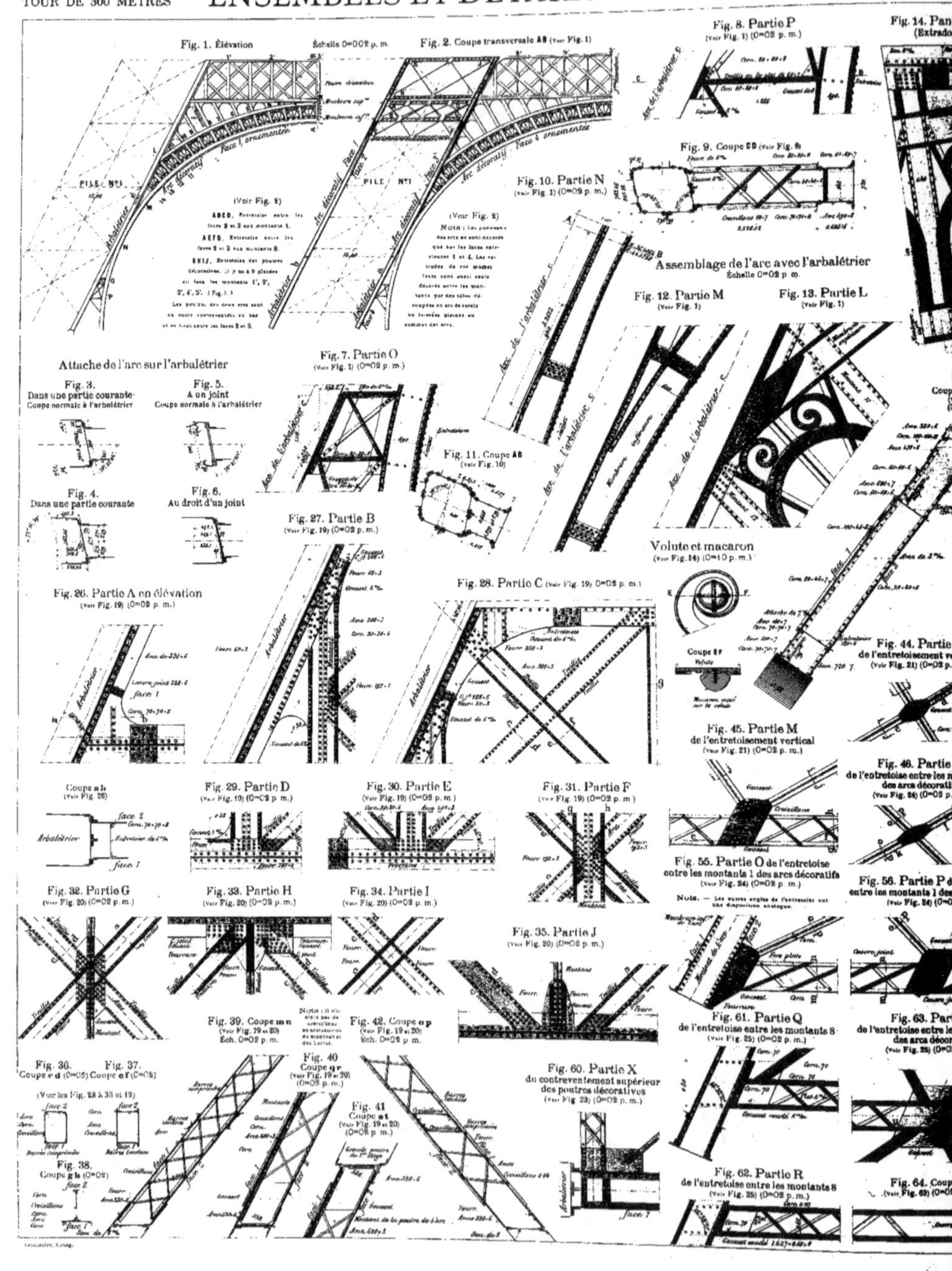

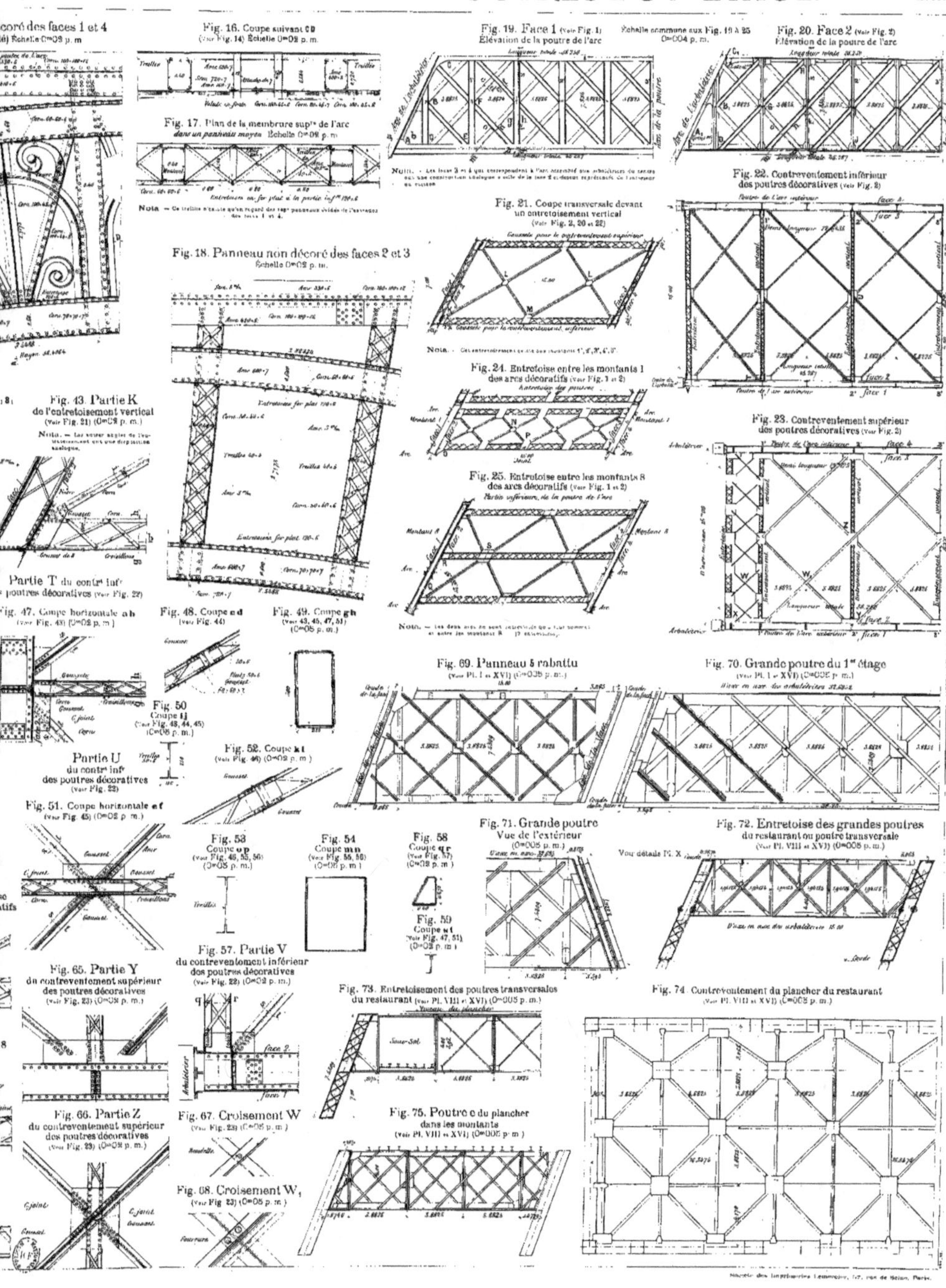

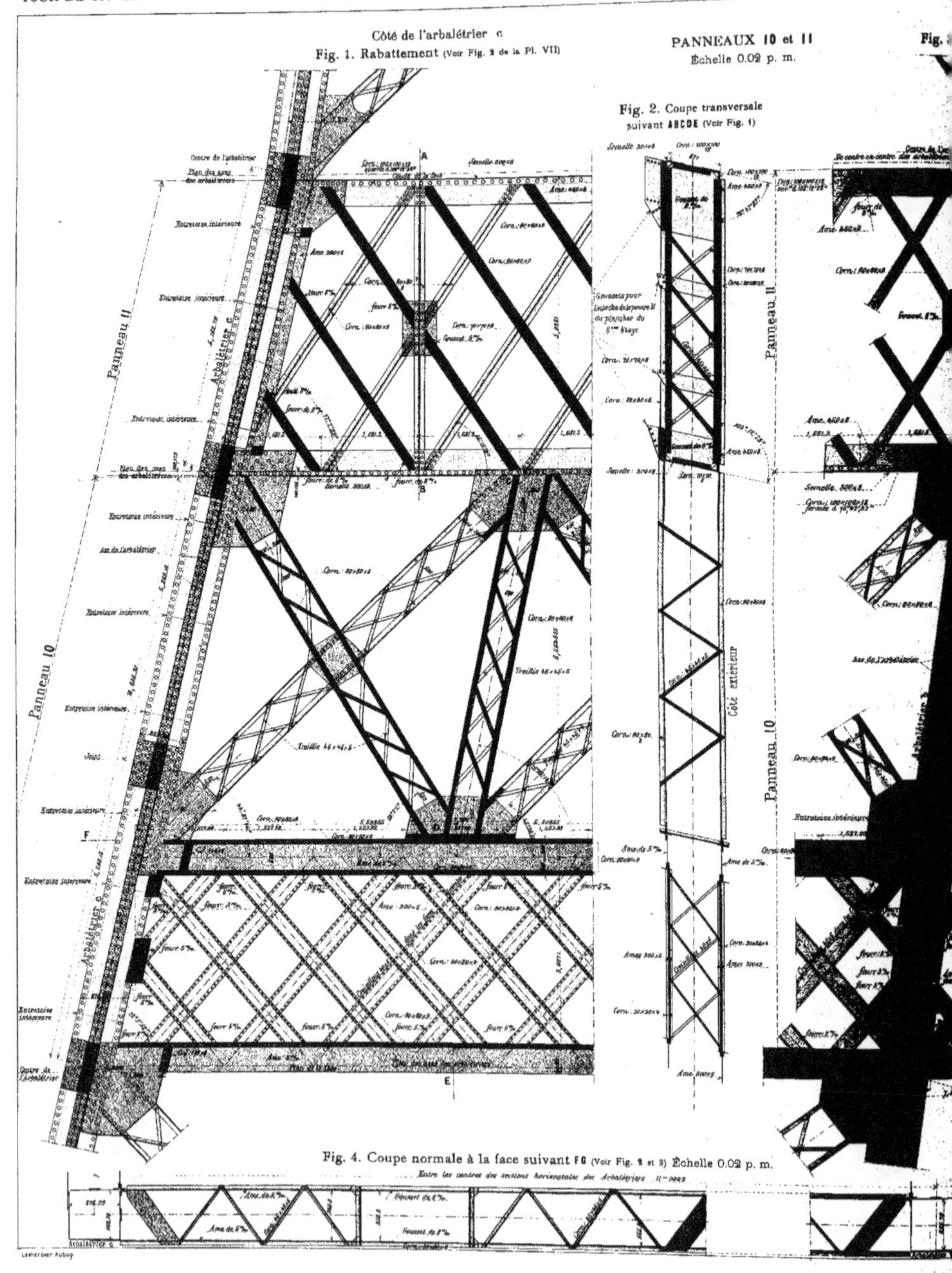
Côté de l'arbalétrier c
Fig. 1. Rabattement (Voir Fig. 2 de la Pl. VII)
PANNEAUX 10 et 11
Échelle 0.02 p. m.
Fig. 2. Coupe transversale
suivant ABCDE (Voir Fig. 1)
Panneau 11
Panneau 10
Arbalétrier c
Côté extérieur
Fig. 4. Coupe normale à la face suivant FG (Voir Fig. 2 et 3) Échelle 0.02 p. m.

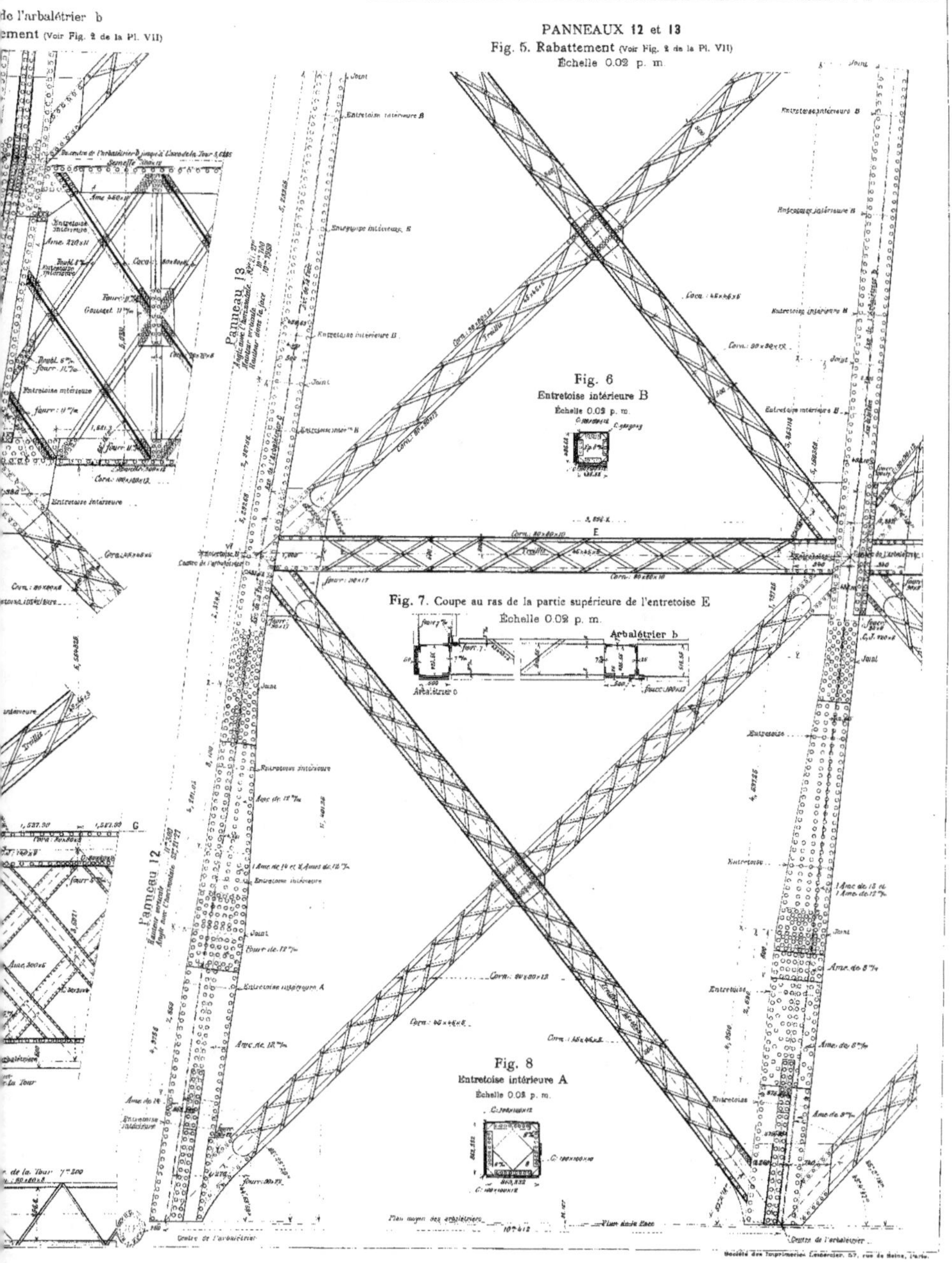

de l'arbalétrier b
ement (Voir Fig. 2 de la Pl. VII)

PANNEAUX 12 et 13
Fig. 5. Rabattement (Voir Fig. 2 de la Pl. VII)
Échelle 0.02 p. m.

Fig. 6
Entretoise intérieure B
Échelle 0.02 p. m.

Fig. 7. Coupe au ras de la partie supérieure de l'entretoise E
Échelle 0.02 p. m.

Fig. 8
Entretoise intérieure A
Échelle 0.02 p. m.

PANNEAU

ESCALIER DU 2ᵉ ÉTAGE
Partie supérieure du panneau 9
Attache de l'escalier entre les panneaux 6 et 7
Rabattement autour de la ligne cd de la fig.3
Fig.2. Echelle 0ᵐ04 p.m.
Plan
Fig.3. (Voir Fig.2)
Echelle 0ᵐ04 p.m.
Joint des arbalétriers
de la partie supérieure
Fig.16. Echelle 0ᵐ04 p.m.
Elévation. Ensemble
Fig.1. Echelle 0ᵐ016 p.m.
Coupe M N
Fig.7. (Voir Fig.6)
Echelle 0ᵐ04 p.m.
Coupe a b dans le joint
Fig.12. Echelle 0ᵐ04 p.m.
Coupe KL
Fig.6. (Voir Fig.8)
Echelle 0.04 p.m.
Poteau B
Plan_Ensemble
Fig.4. Echelle 0ᵐ016 p.m.
Poutre K
Coupe EF
Fig.11 (Voir Fig.8) Echelle 0.04 p.m.
Coupe horizontale entre les panneaux 17 et 18
Fig.8. Echelle 0ᵐ008 p.m.
Coupe IJ
Fig.5. (Voir Fig.8)
Echelle 0.04 p.m.
Poutre A
Poutre B
Poutre C
Poteau B
Poteau A
Escalier tournant
Passage de la cabine
de l'ascenseur Edoux
Passage du cylindre
Poutre H'
Poteau A
Coupe GH
Fig.12. (Voir Fig.11)
Echelle 0ᵐ04 p.m.
Coupe A'B
Fig.9. (Voir Fig.8) Echelle 0ᵐ04 p.m.
Coupe CD
Fig.10. (Voir Fig.9) Echelle 0ᵐ04 p.m.
Poutre A
Fig.13
Coupes au ras de la partie supérieure de l'entretoise
Echelle 0ᵐ04 p.m.
Fig.14
Fig.15
Poutre H
Poutre C
Poutre B
Poutre A

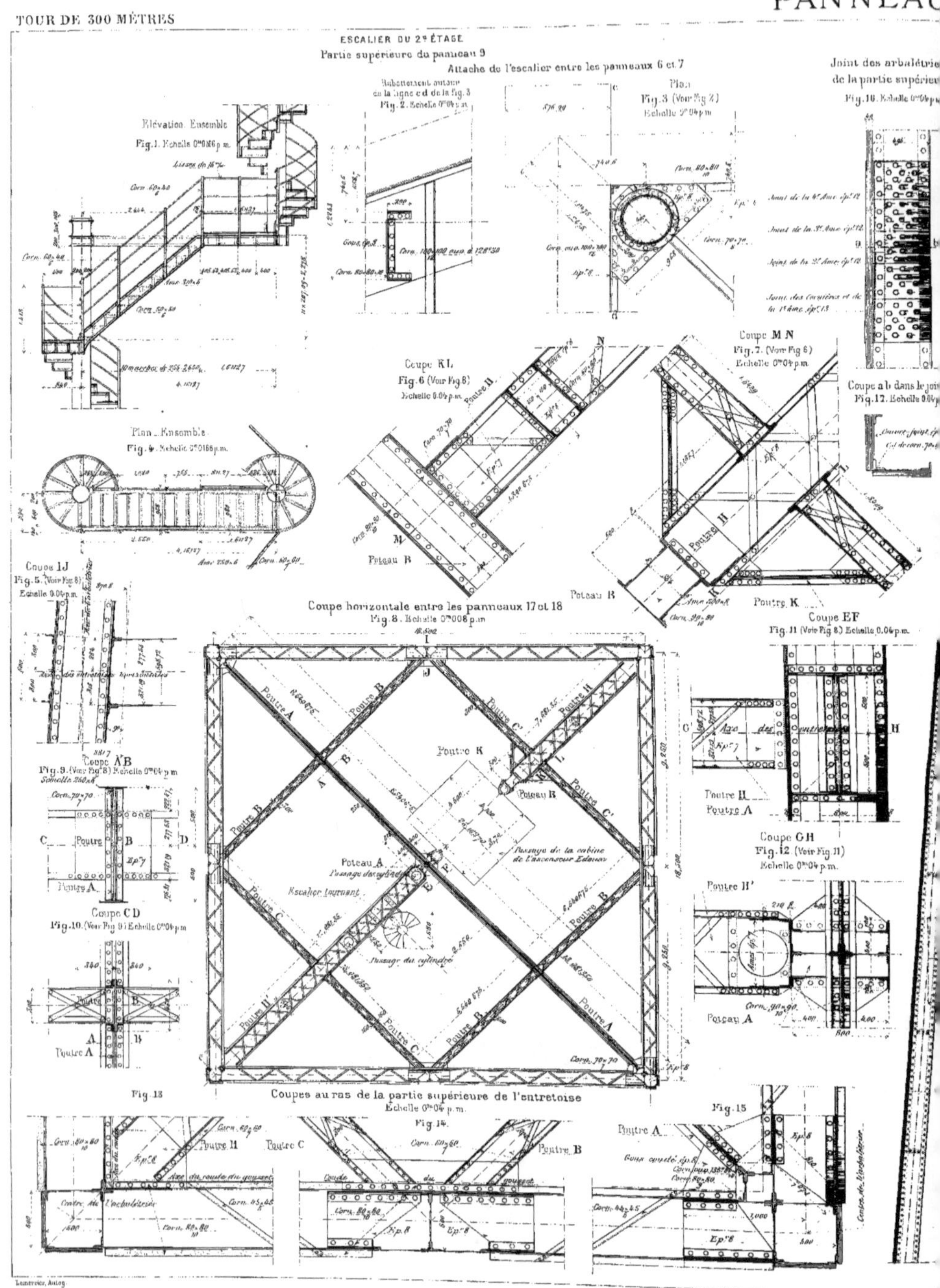

ENSEMBLE ET DÉTAILS DU PANNEAU 17
Partie supérieure
Fig.19. Echelle de 0m.018 p.m.

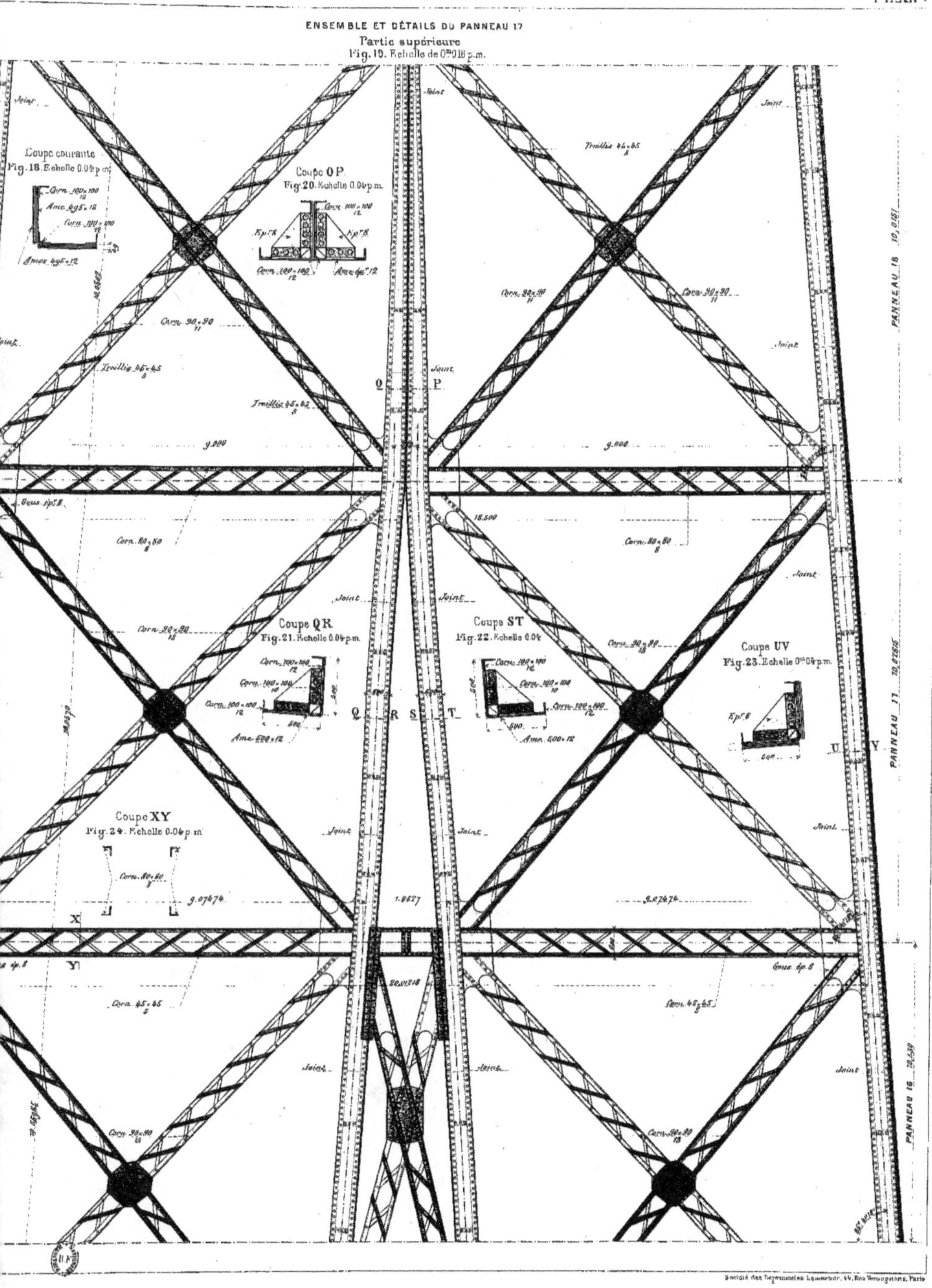

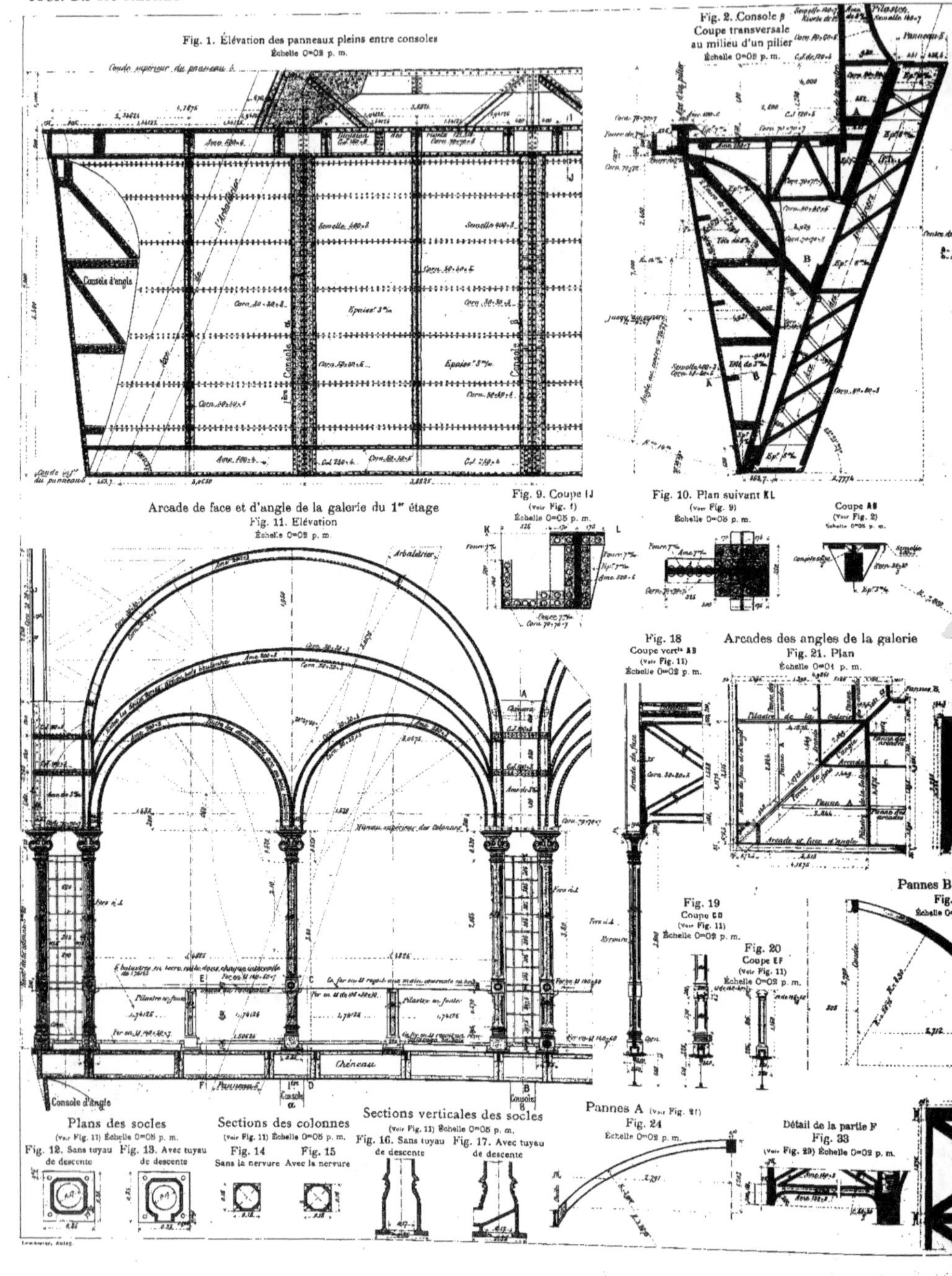

Fig. 1. Élévation des panneaux pleins entre consoles
Échelle 0ᵐ02 p. m.
Fig. 2. Console β
Coupe transversale
au milieu d'un pilier
Échelle 0ᵐ02 p. m.
Arcade de face et d'angle de la galerie du 1ᵉʳ étage
Fig. 11. Élévation
Échelle 0ᵐ02 p. m.
Fig. 9. Coupe IJ
(voir Fig. 1)
Échelle 0ᵐ05 p. m.
Fig. 10. Plan suivant KL
(voir Fig. 9)
Échelle 0ᵐ05 p. m.
Coupe AB
(voir Fig. 2)
Échelle 0ᵐ05 p. m.
Fig. 18
Coupe vertᵉ AB
(voir Fig. 11)
Échelle 0ᵐ02 p. m.
Arcades des angles de la galerie
Fig. 21. Plan
Échelle 0ᵐ04 p. m.
Fig. 19
Coupe CD
(voir Fig. 11)
Échelle 0ᵐ02 p. m.
Fig. 20
Coupe EF
(voir Fig. 11)
Échelle 0ᵐ02 p. m.
Pannes B
Pannes A (voir Fig. 21)
Fig. 24
Échelle 0ᵐ02 p. m.
Plans des socles
(voir Fig. 11) Échelle 0ᵐ05 p. m.
Fig. 12. Sans tuyau Fig. 13. Avec tuyau
de descente   de descente
Sections des colonnes
(voir Fig. 11) Échelle 0ᵐ05 p. m.
Fig. 14   Fig. 15
Sans la nervure Avec la nervure
Sections verticales des socles
(voir Fig. 11) Échelle 0ᵐ05 p. m.
Fig. 16. Sans tuyau Fig. 17. Avec tuyau
de descente   de descente
Détail de la partie F
Fig. 33
(voir Fig. 29) Échelle 0ᵐ02 p. m.
Console d'angle
Console d'angle
Chéneau
Arbalétrier

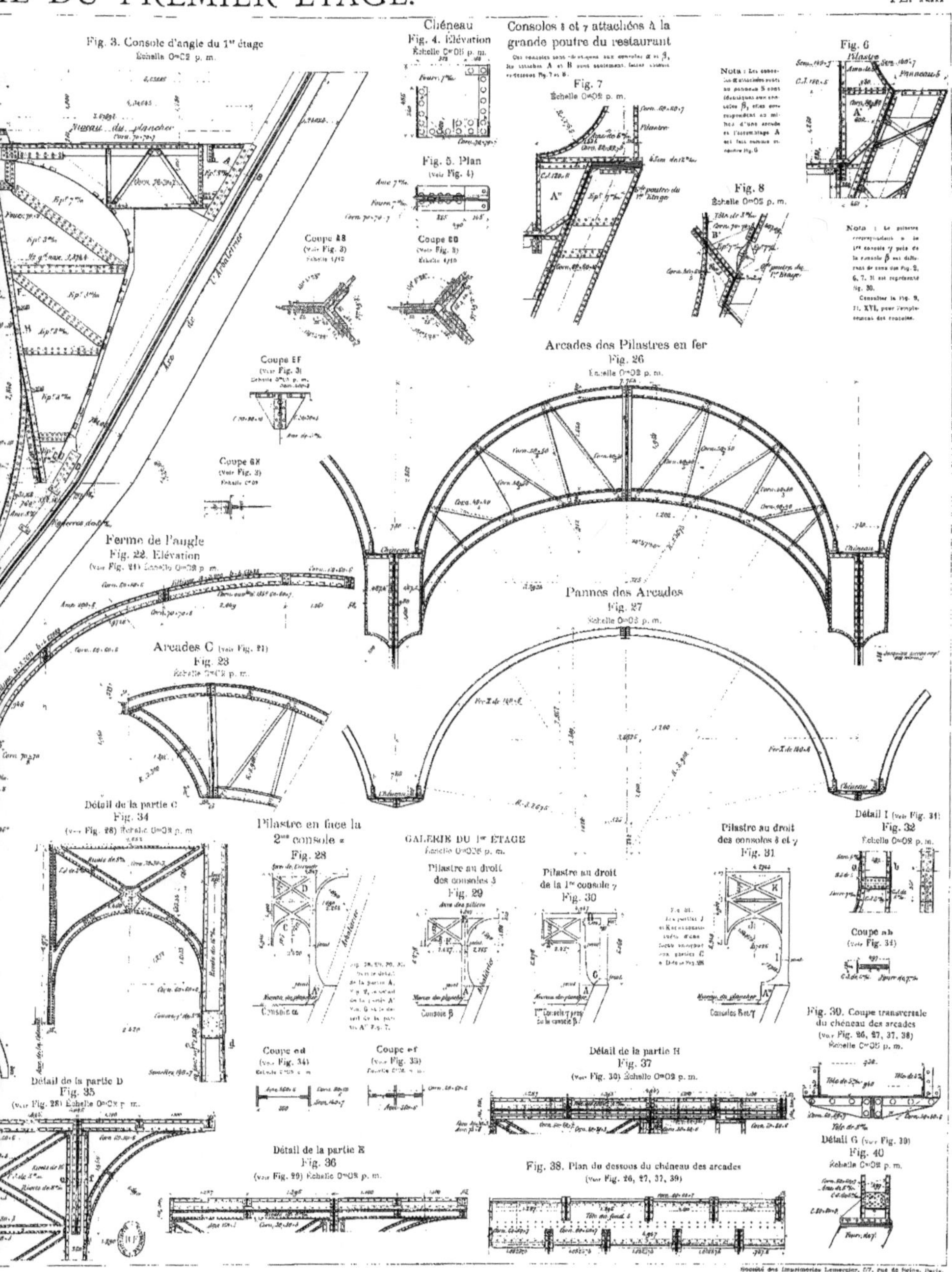

Fig. 3. Console d'angle du 1er étage
Échelle 0m02 p. m.
Niveau du plancher
Ferme de l'angle
Fig. 22. Élévation
(voir Fig. 21) Échelle 0m02 p. m.
Arcades C (voir Fig. 21)
Fig. 23
Échelle 0m02 p. m.
Détail de la partie C
Fig. 34
(v. Fig. 23) Échelle 0m02 p. m.
Détail de la partie D
Fig. 35
(voir Fig. 23) Échelle 0m02 p. m.
Détail de la partie E
Fig. 36
(voir Fig. 29) Échelle 0m02 p. m.
Chéneau
Fig. 4. Élévation
Échelle 0m05 p. m.
Fig. 5. Plan
(voir Fig. 4)
Coupe 48
(voir Fig. 3)
Échelle 1/12
Coupe 60
(voir Fig. 3)
Échelle 1/10
Coupe EF
(voir Fig. 3)
Échelle 0m04 p. m.
Coupe GH
(voir Fig. 3)
Échelle 0m04
Pilastre en face la
2me console
Fig. 28
Pilastre au droit
des consoles 3
Fig. 29
Coupe cd
(voir Fig. 34)
Coupe ef
(voir Fig. 35)
Console α
Console β
Consolos 5 et 7 attachées à la
grande poutre du restaurant
Fig. 7
Échelle 0m02 p. m.
Fig. 8
Échelle 0m05 p. m.
GALERIE DU 1er ÉTAGE
Échelle 0m05 p. m.
Pilastre au droit
de la 1re console γ
Fig. 30
Détail de la partie H
Fig. 37
(voir Fig. 30) Échelle 0m02 p. m.
Fig. 38. Plan du dessous du chéneau des arcades
(voir Fig. 26, 27, 37, 39)
1re Console γ
Console β
Fig. 6
Pilastre
Nota
Nota
Arcades des Pilastres en fer
Fig. 26
Échelle 0m02 p. m.
Pannes des Arcades
Fig. 27
Échelle 0m02 p. m.
Chéneau
Pilastre au droit
des consoles 8 et γ
Fig. 31
Consoles 8 et γ
Détail I (voir Fig. 31)
Fig. 32
Échelle 0m02 p. m.
Coupe ab
(voir Fig. 31)
Fig. 39. Coupe transversale
du chéneau des arcades
(voir Fig. 26, 27, 37, 38)
Échelle 0m05 p. m.
Détail G (voir Fig. 39)
Fig. 40
Échelle 0m02 p. m.

OSSATURE MÉTALLIQUE.

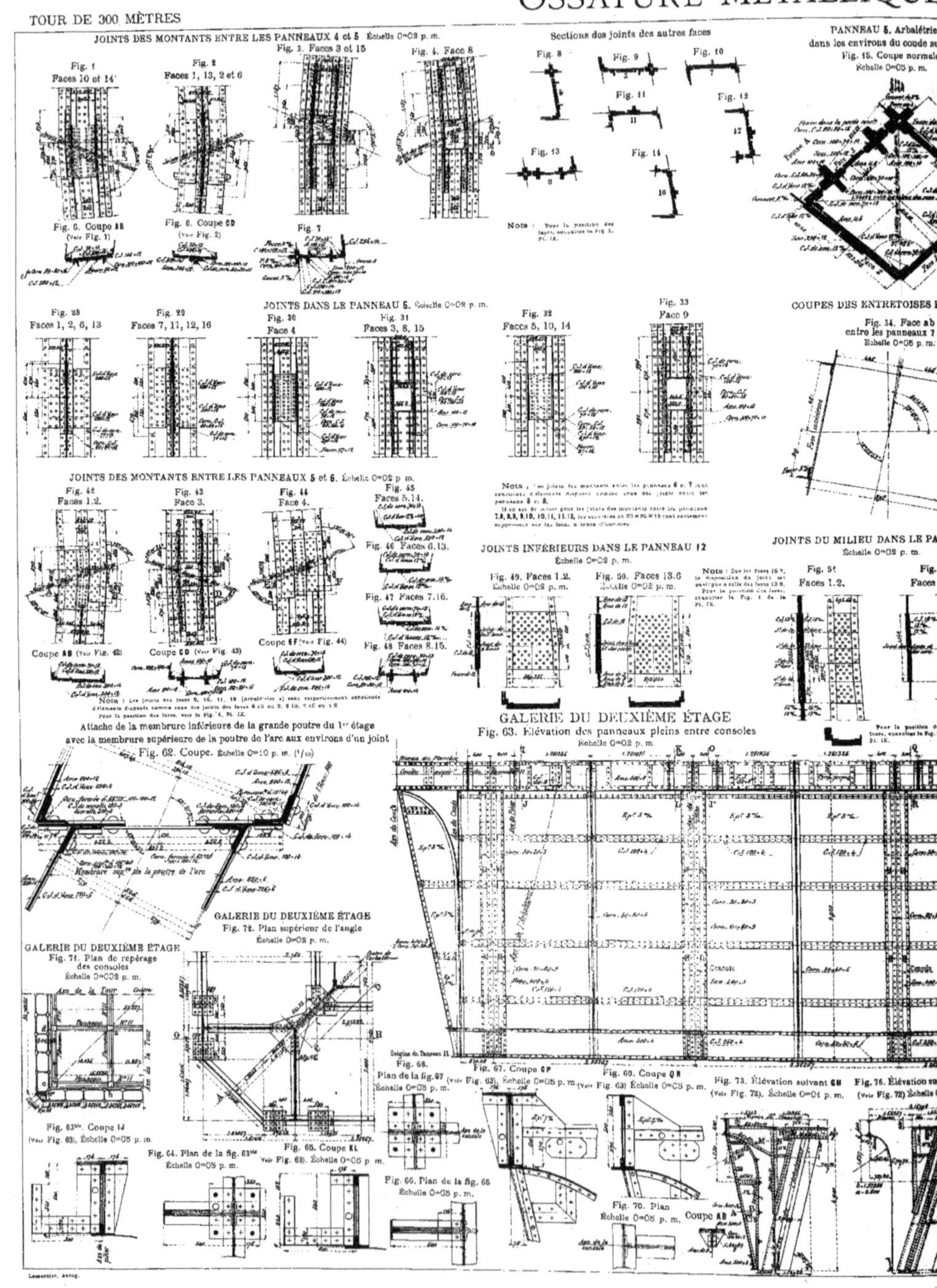

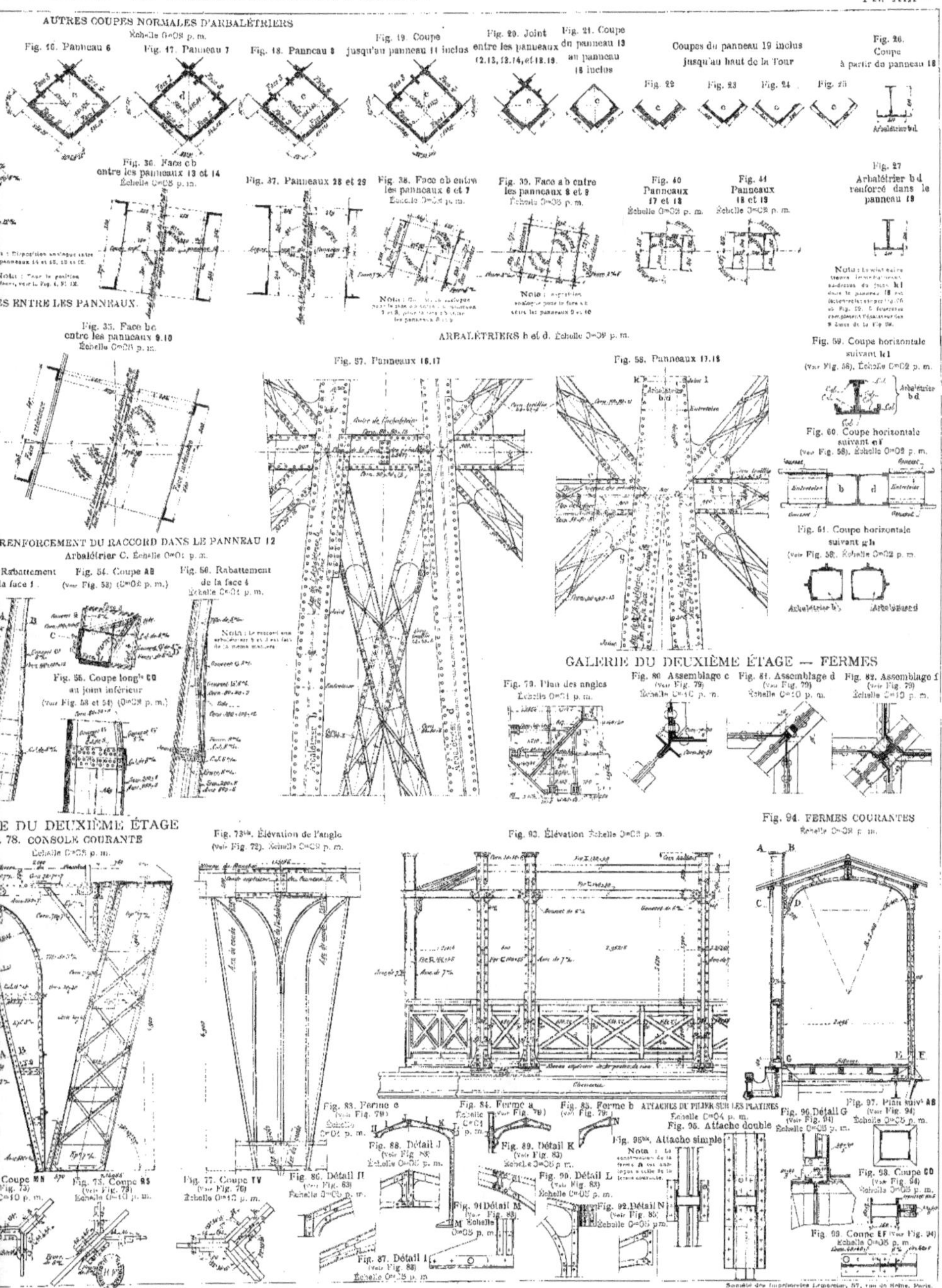

DÉTAILS D'

PANNEAU 29 — 3ᵐᵉ ÉTAGE — LOGEMENT DE Mᵣ EIFFEL. — GRAN

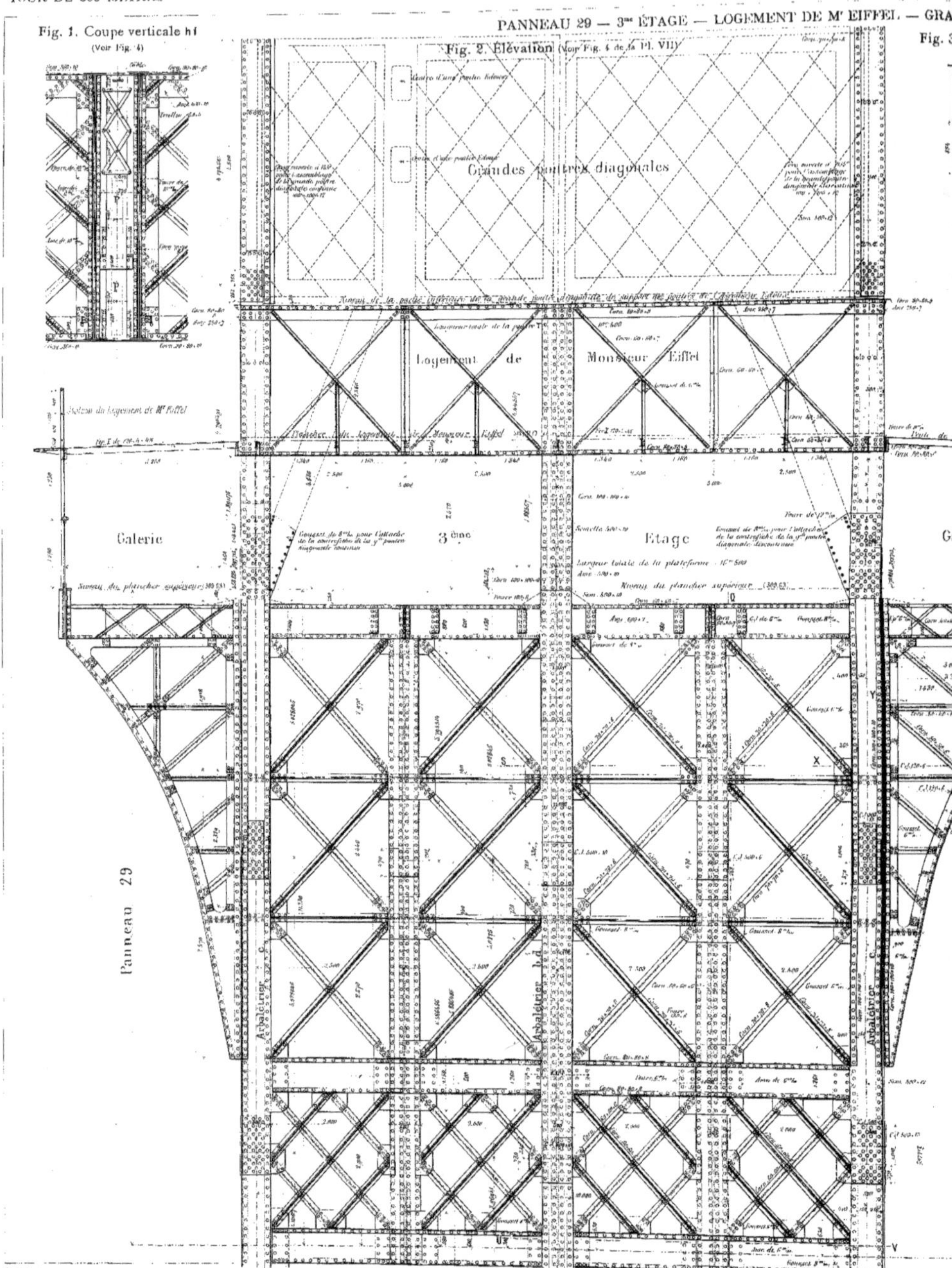

POUTRES DIAGONALES (Échelle commune à toutes les figures, 0.09 p. m. (¹/₁₁))

Fig. 4. Élévation de la poutre diagonale continue supportant les poulies de transmission de l'Ascenseur Edoux

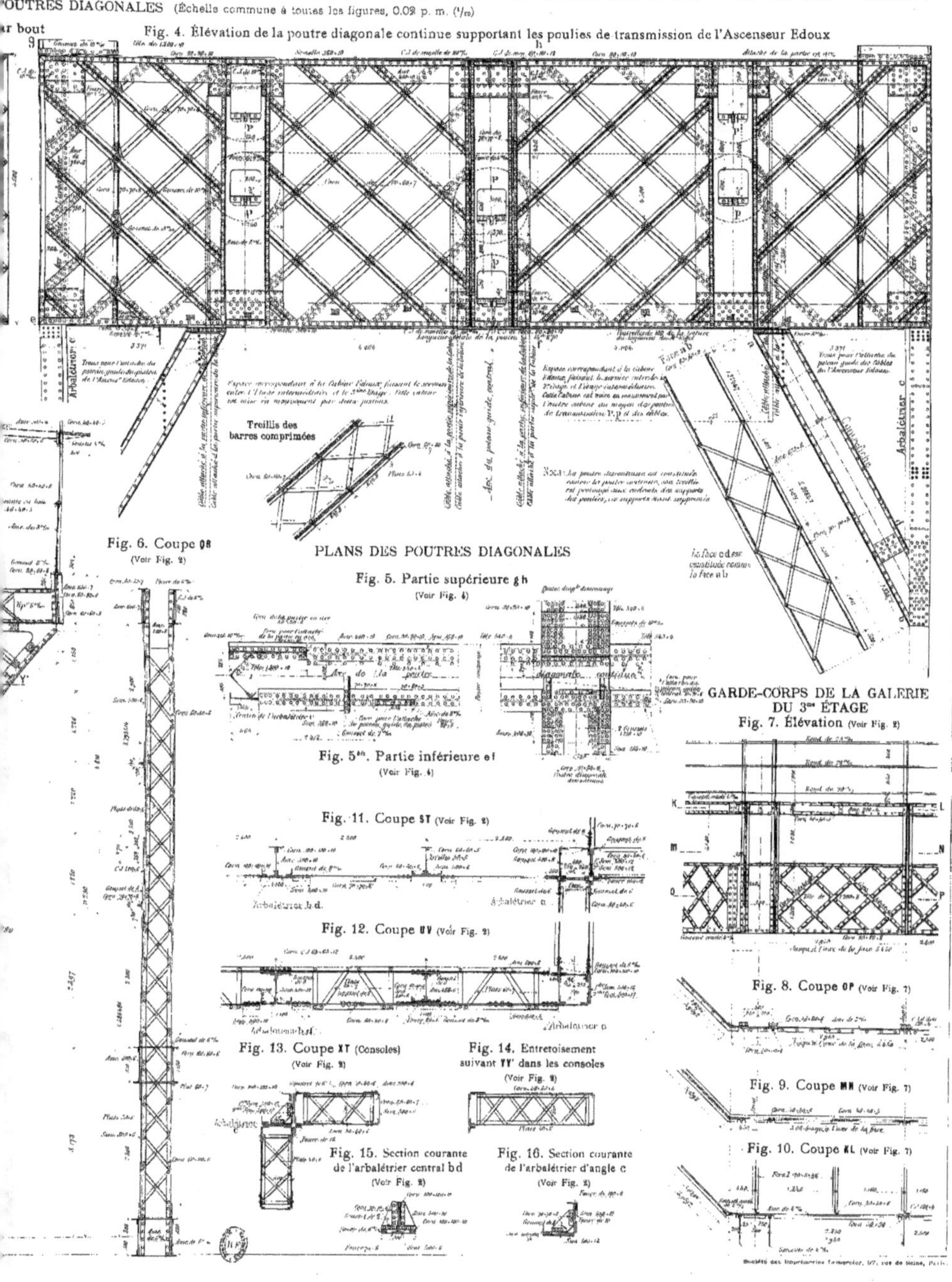

Fig. 6. Coupe O B
(Voir Fig. 2)

Fig. 11. Coupe S T (Voir Fig. 2)

Fig. 12. Coupe U V (Voir Fig. 2)

Fig. 13. Coupe X T (Consoles)
(Voir Fig. 2)

Fig. 14. Entretoisement
suivant Y Y' dans les consoles
(Voir Fig. 2)

Fig. 15. Section courante
de l'arbalétrier central b d
(Voir Fig. 2)

Fig. 16. Section courante
de l'arbalétrier d'angle c
(Voir Fig. 2)

Fig. 8. Coupe O P (Voir Fig. 7)

Fig. 9. Coupe M N (Voir Fig. 7)

Fig. 10. Coupe K L (Voir Fig. 7)

PARTIE SUPÉRIEURE.

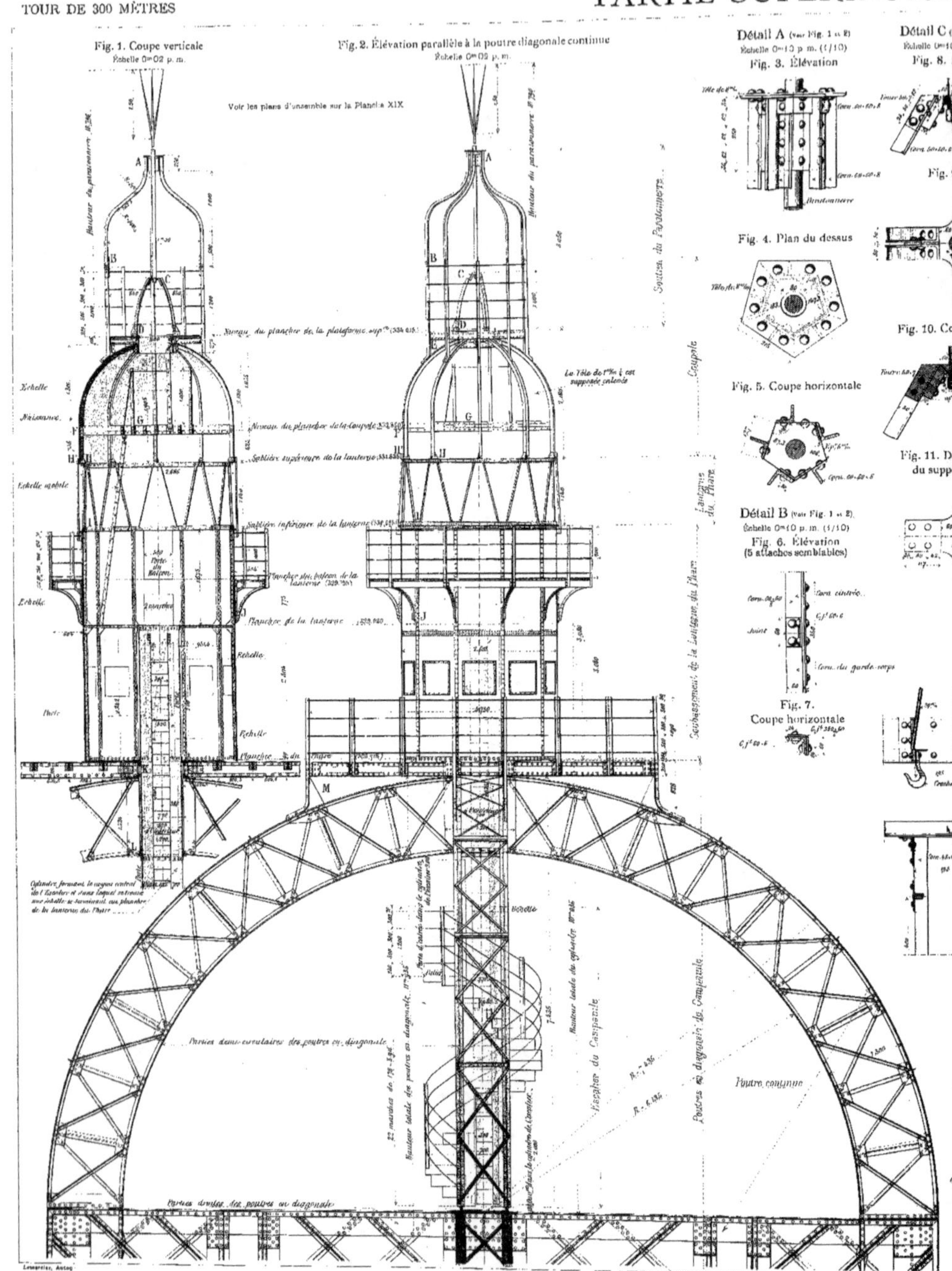

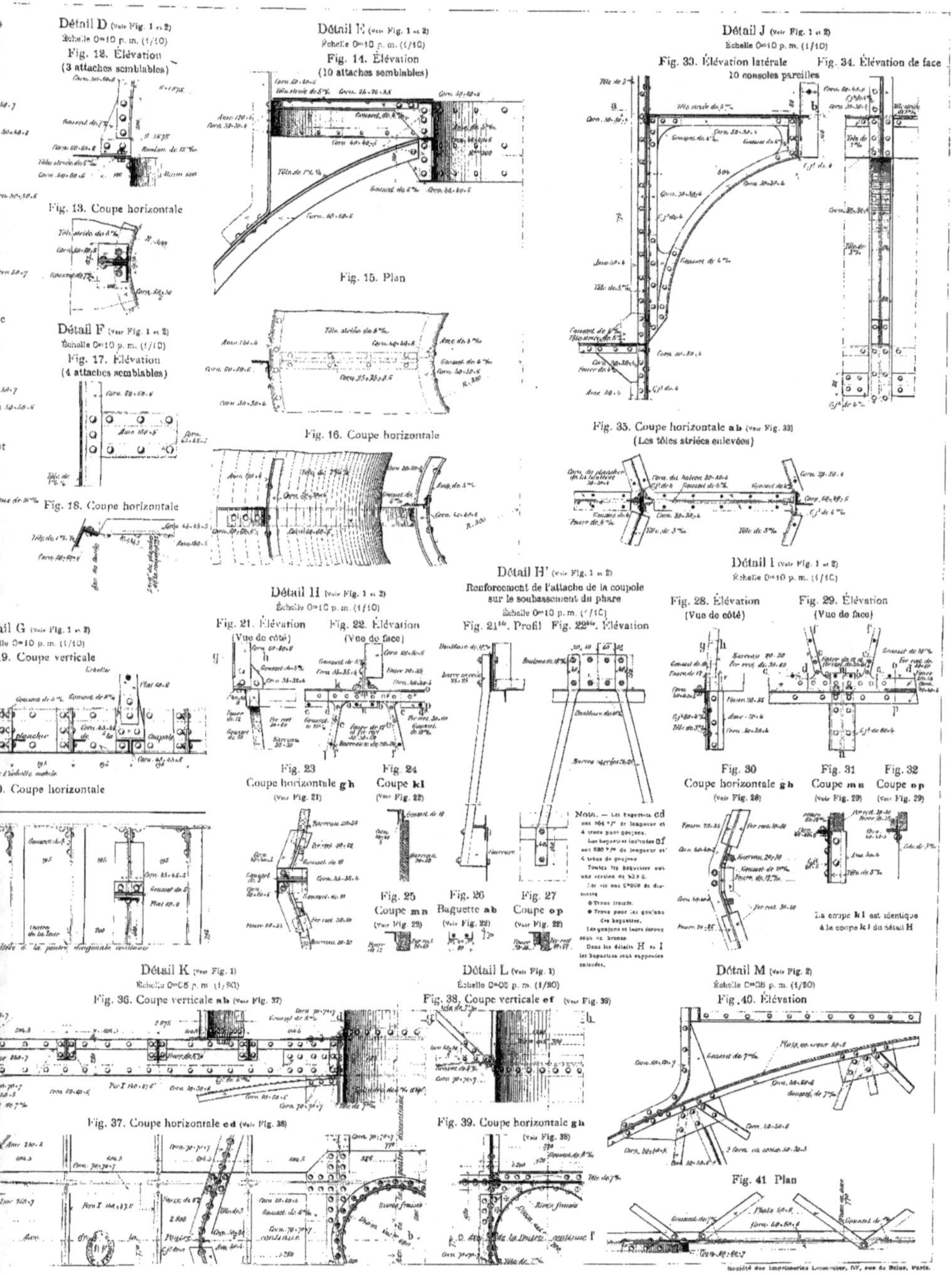
Détail D (Voir Fig. 1 et 2)
Échelle 0ᵐ10 p. m. (1/10)
Fig. 12. Élévation
(3 attaches semblables)
Fig. 13. Coupe horizontale
Détail F (Voir Fig. 1 et 2)
Échelle 0ᵐ10 p. m. (1/10)
Fig. 17. Élévation
(4 attaches semblables)
Fig. 18. Coupe horizontale
Détail G (Voir Fig. 1 et 2)
Échelle 0ᵐ10 p. m. (1/10)
Fig. 19. Coupe verticale
Coupe horizontale
Détail E (Voir Fig. 1 et 2)
Échelle 0ᵐ10 p. m. (1/10)
Fig. 14. Élévation
(10 attaches semblables)
Fig. 15. Plan
Fig. 16. Coupe horizontale
Détail H (Voir Fig. 1 et 2)
Échelle 0ᵐ10 p. m. (1/10)
Fig. 21. Élévation
(Vue de côté)
Fig. 22. Élévation
(Vue de face)
Fig. 23
Coupe horizontale g h
(Voir Fig. 21)
Fig. 24
Coupe k l
(Voir Fig. 22)
Fig. 25
Coupe m n
(Voir Fig. 21)
Fig. 26
Baguette a b
(Voir Fig. 22)
Fig. 27
Coupe o p
(Voir Fig. 22)
Détail H' (Voir Fig. 1 et 2)
Renforcement de l'attache de la coupole
sur le soubassement du phare
Échelle 0ᵐ10 p. m. (1/10)
Fig. 21bis. Profil   Fig. 22bis. Élévation
Détail J (Voir Fig. 1 et 2)
Échelle 0ᵐ10 p. m. (1/10)
Fig. 33. Élévation latérale   Fig. 34. Élévation de face
10 consoles pareilles
Fig. 35. Coupe horizontale a b (Voir Fig. 33)
(Les tôles striées enlevées)
Détail I (Voir Fig. 1 et 2)
Échelle 0ᵐ10 p. m. (1/10)
Fig. 28. Élévation
(Vue de côté)
Fig. 29. Élévation
(Vue de face)
Fig. 30
Coupe horizontale g h
(Voir Fig. 28)
Fig. 31
Coupe m n
(Voir Fig. 29)
Fig. 32
Coupe o p
(Voir Fig. 29)
La coupe k l est identique
à la coupe k l du détail H
Détail K (Voir Fig. 1)
Échelle 0ᵐ05 p. m. (1/20)
Fig. 36. Coupe verticale a b (Voir Fig. 37)
Fig. 37. Coupe horizontale c d (Voir Fig. 36)
Détail L (Voir Fig. 1)
Échelle 0ᵐ05 p. m. (1/20)
Fig. 38. Coupe verticale e f (Voir Fig. 39)
Fig. 39. Coupe horizontale g h (Voir Fig. 38)
Détail M (Voir Fig. 2)
Échelle 0ᵐ05 p. m. (1/20)
Fig. 40. Élévation
Fig. 41. Plan

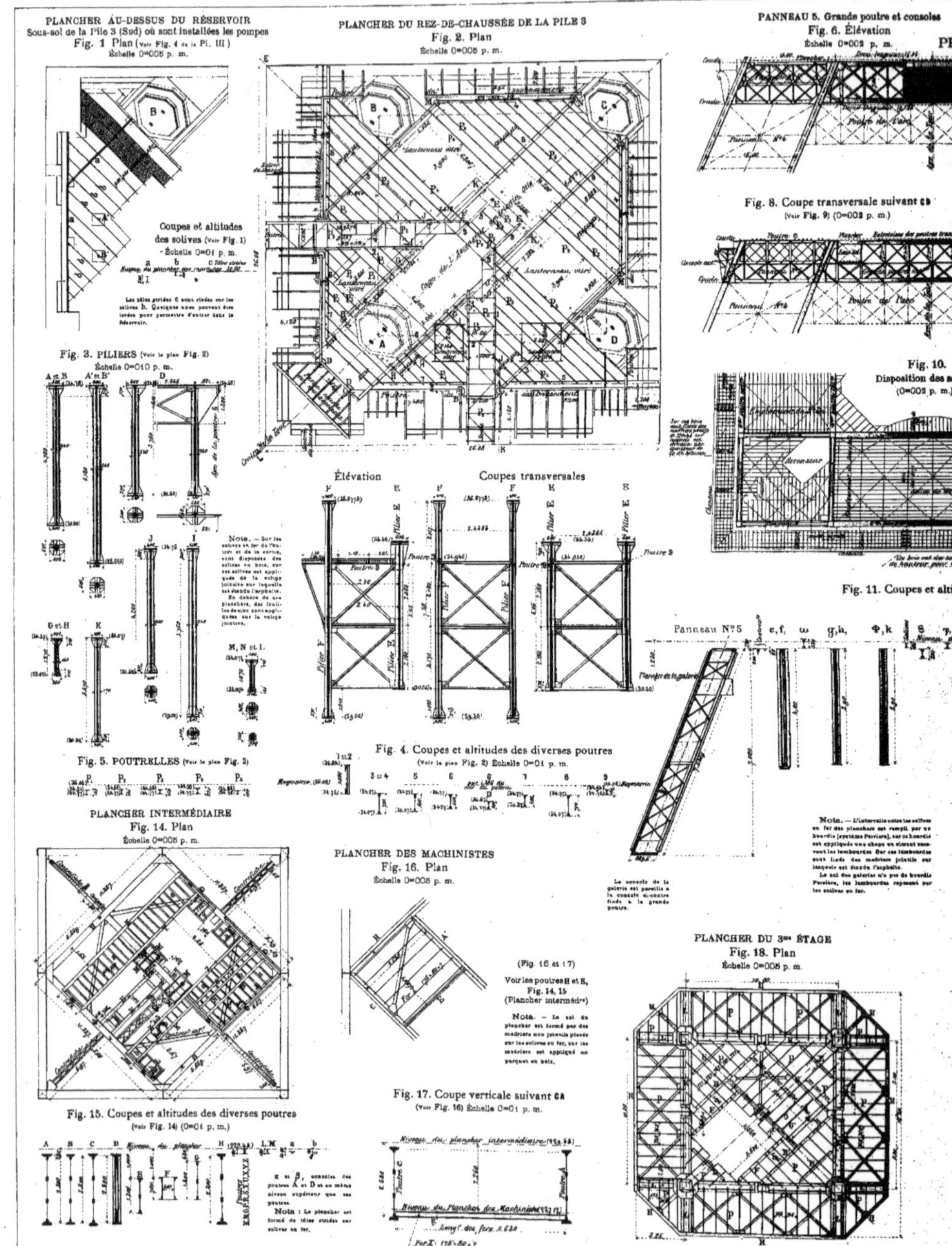

PLANCHER AU-DESSUS DU RÉSERVOIR
Sous-sol de la Pile 3 (Sud) où sont installées les pompes
Fig. 1 Plan (voir Fig. 4 de la Pl. III)
Échelle 0=005 p. m.

PLANCHER DU REZ-DE-CHAUSSÉE DE LA PILE 3
Fig. 2. Plan
Échelle 0=005 p. m.

PANNEAU 5. Grande poutre et consoles
Fig. 6. Élévation
Échelle 0=002 p. m.
PR

Coupes et altitudes
des solives (voir Fig. 1)
Échelle 0=01 p. m.

Fig. 8. Coupe transversale suivant CD
(voir Fig. 9) (0=002 p. m.)

Fig. 3. PILIERS (voir le plan Fig. 2)
Échelle 0=010 p. m.

Fig. 10.
Disposition des sol
(0=002 p. m.)

Élévation

Coupes transversales

Fig. 11. Coupes et altit

Panneau N°5

Fig. 4. Coupes et altitudes des diverses poutres
(voir le plan Fig. 2) Échelle 0=01 p. m.

Fig. 5. POUTRELLES (voir le plan Fig. 2)

PLANCHER INTERMÉDIAIRE
Fig. 14. Plan
Échelle 0=005 p. m.

PLANCHER DES MACHINISTES
Fig. 16. Plan
Échelle 0=005 p. m.

PLANCHER DU 3me ÉTAGE
Fig. 18. Plan
Échelle 0=005 p. m.

(Fig. 16 et 17)
Voir les poutres H et E,
Fig. 14, 15
(Plancher intermédre)

Fig. 15. Coupes et altitudes des diverses poutres
(voir Fig. 14) (0=01 p. m.)

Fig. 17. Coupe verticale suivant CA
(voir Fig. 16) Échelle 0=01 p. m.

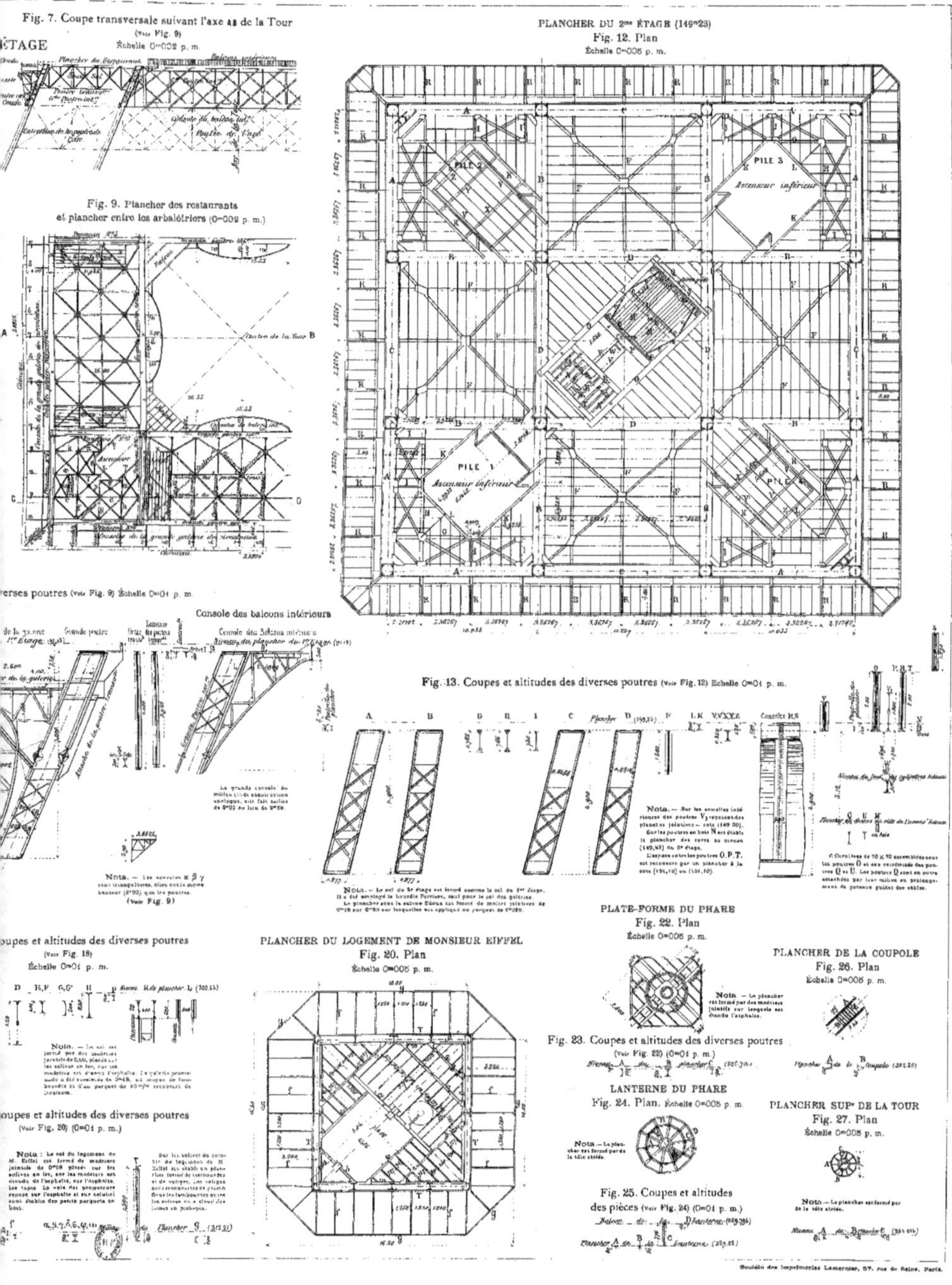

Fig. 7. Coupe transversale suivant l'axe aB de la Tour
(voir Fig. 9)
Échelle 0m002 p. m.
Fig. 9. Plancher des restaurants
et plancher entre les arbalétriers (0m002 p. m.)
Console des balcons intérieurs
PLANCHER DU 2me ÉTAGE (149m23)
Fig. 12. Plan
Échelle 0m005 p. m.
PILE 2
PILE 3
Ascenseur inférieur
PILE 1
Ascenseur inférieur
PILE 4
Fig. 13. Coupes et altitudes des diverses poutres (voir Fig. 12) Échelle 0m01 p. m.
PLANCHER DU LOGEMENT DE MONSIEUR EIFFEL
Fig. 20. Plan
Échelle 0m005 p. m.
PLATE-FORME DU PHARE
Fig. 22. Plan
Échelle 0m005 p. m.
PLANCHER DE LA COUPOLE
Fig. 26. Plan
Échelle 0m005 p. m.
Fig. 23. Coupes et altitudes des diverses poutres
(voir Fig. 22) (0m01 p. m.)
LANTERNE DU PHARE
Fig. 24. Plan. Échelle 0m005 p. m.
PLANCHER SUPr DE LA TOUR
Fig. 27. Plan
Échelle 0m005 p. m.
Fig. 25. Coupes et altitudes
des pièces (voir Fig. 24) (0m01 p. m.)

PLANCHERS DES DIVERS ÉTAG[ES]

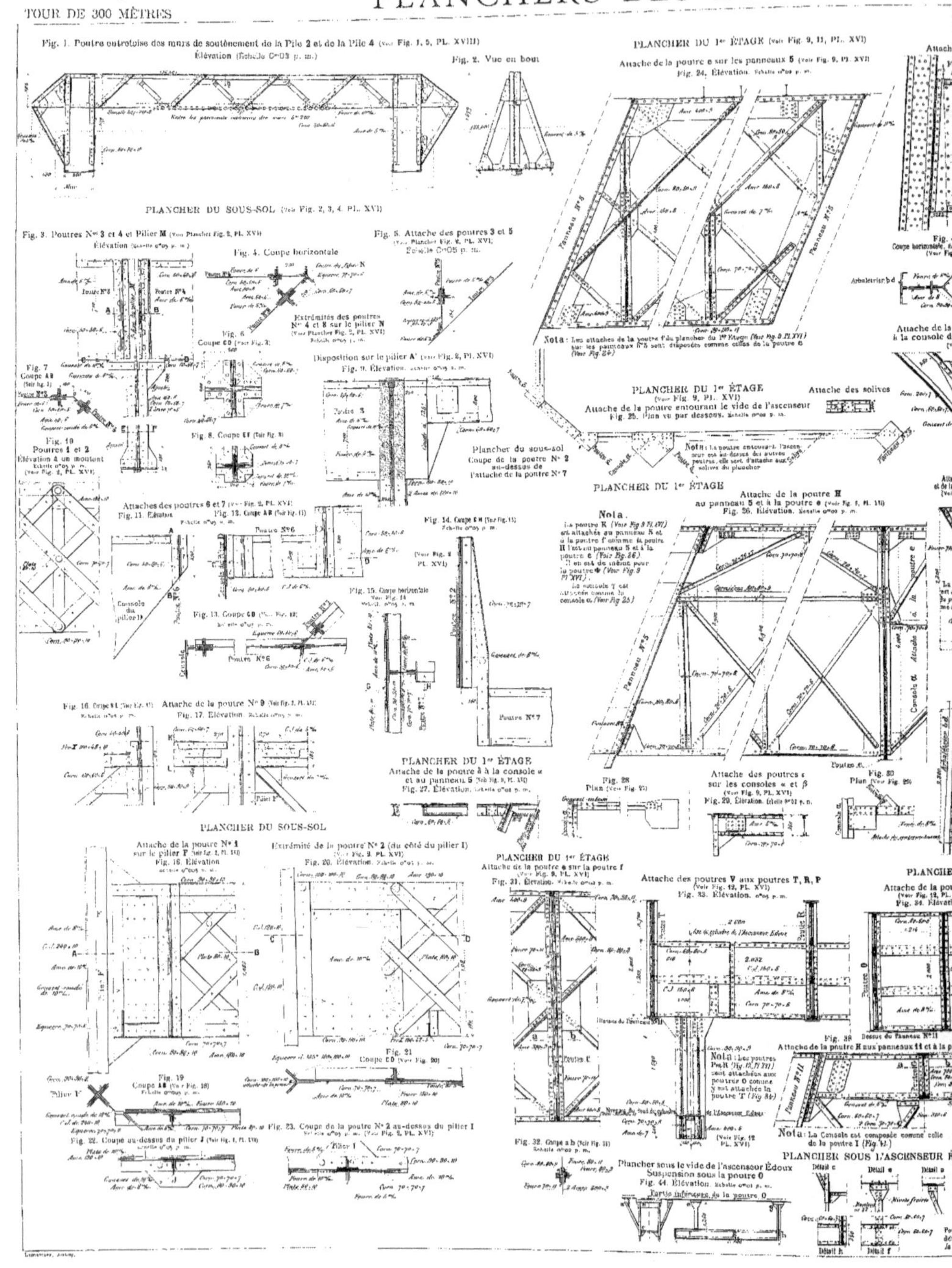

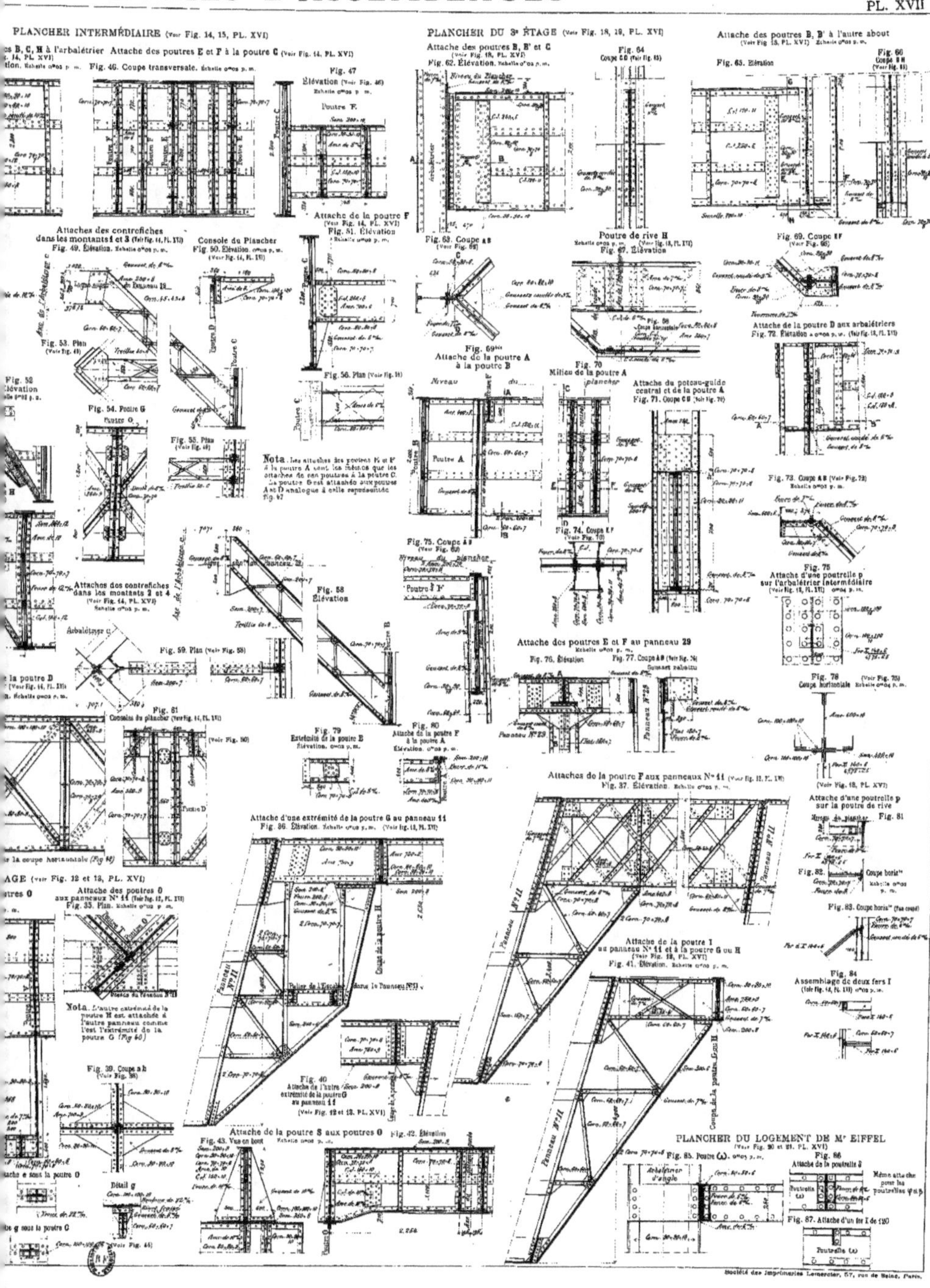

AMÉNAGEMENT DU REZ-DE-CHAUSSÉE DE LA PILE 2 (Est)
Fig. 1. Coupe horizontale
Échelle 0m005 p. m.

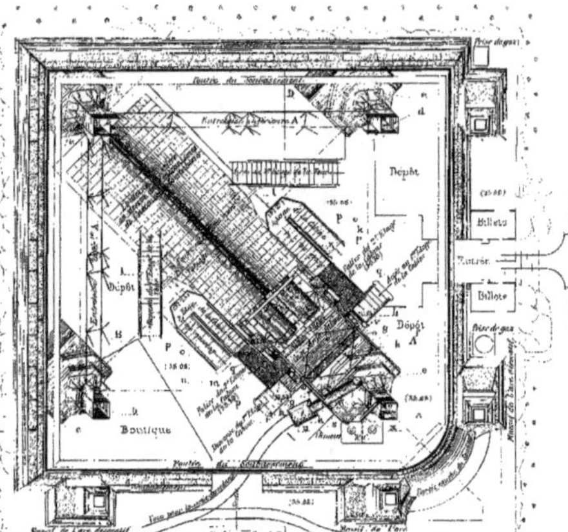

AMÉNAGEMENT DU REZ-DE-CHAUSSÉE DE LA PILE 3
Fig. 2. Coupe horizontale
Échelle 0m005 p. m.

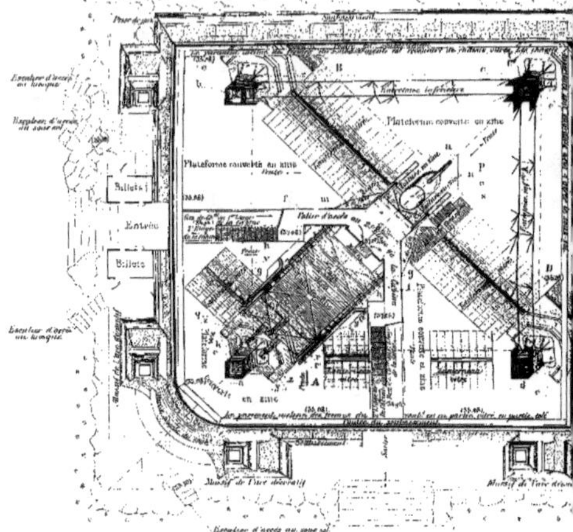

AMÉNAGEMENT DU REZ-DE-CHAUSSÉE DE LA PILE 1 (Nord)
Fig. 4. Coupe horizontale
Échelle 0m005 p. m.

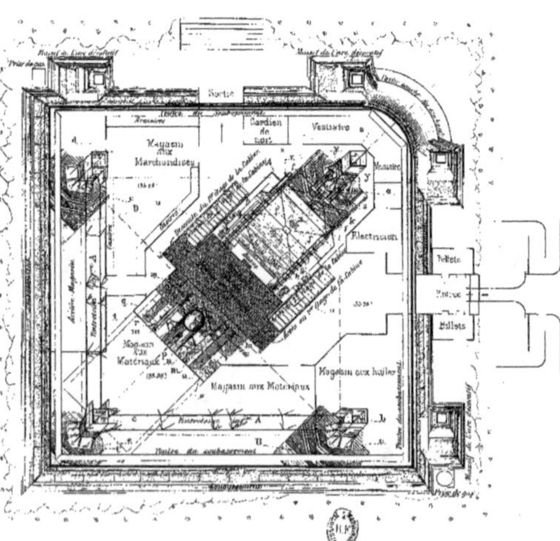

AMÉNAGEMENT DU REZ-DE-CHAUSSÉE DE LA PILE 4
Fig. 5. Coupe horizontale
Échelle 0m005 p. m.

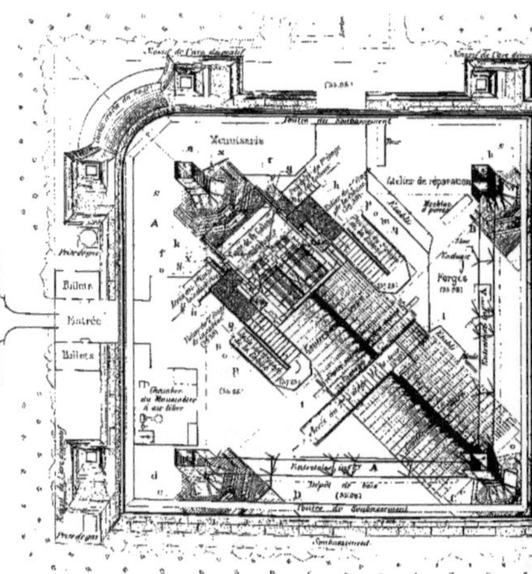

Légende

PILE 1 (Nord) — Fig. 4

A, B, C, D, Massifs en maçonneries sur lesquels reposent les arbalétriers a, b, c, d, par l'intermédiaire des appuis e. — f, f, Poutres de l'ascenseur auxquelles sont fixés les rails h au moyen des coussinets g. — k, Contreventement des poutres de l'ascenseur. — m, m, Poutres supportant le cylindre de l'ascenseur américain Otis. — n, Contreventement des poutres du cylindre de l'ascenseur. — o, cylindre moteur de l'ascenseur américain Otis. — p, Tuyau de communication entre les deux extrémités du cylindre o. — q, Petit tuyau du cervo-moteur. — r, Petit tuyau de purge du cylindre o. — s, Escalier de service pour la visite du chariot mobile de l'ascenseur; il part du sous-sol. — t, Échelle pour la visite du sous-sol. — u, u, Paliers pour l'accrochage de la benne à la cabine. Cette benne sert aux transports de matériaux, approvisionnements, etc.. — v, Tuyau d'alimentation du cylindre o. — x, Échelle montant jusqu'au 2me étage servant à la visite de l'ascenseur. — y, y, Poutrelles du contrepoids sur lesquelles sont fixés les rails z.

PILE 2 (Est) — Fig. 1

Les lettres A, B, C, D - a, b, c. d - e - f, f, - h - k - t, représentent les mêmes parties qu'à la pile 1. — g, Longrines fixées sur les poutres d'ascenseur. — m, m, Cylindres moteurs de l'ascenseur Combaluzier. — n, Parties fixes des chaînes de Galles. — o, o, Gaines des pistons articulés. — p, Entretoisements. — q, q, Taquets d'arrêt de la cabine. — r, Escalier de service jusqu'au 1er étage. — s, Gros tuyau pour la descente des ordures du 1er étage au rez-de-chaussée. — u, Petit wagonnet recevant les ordures. — v, Tuyau amenant l'eau des réservoirs du 2me étage dans les cylindres m. — x, Tuyau pour l'évacuation des eaux des étages.

PILE 3 (Sud) — Fig. 2

Les lettres A, B, C, D, - a, b, c, d, - e - f, f - h - g - k [...] s - v - x - y, y - z, représentent les mêmes parties q[u'à...] [...] d'alimentation des réservoirs du 2me étage. — r, Tuyau [...] censeur Edoux (2me étage au 3me étage). — r', Tuyau de [...] pes après son action sur les pistons de l'ascenseur E[doux...] [...] se trouve le petit tuyau par lequel la pompe Worthin[gton...] [...] source à tous les étages.

PILE 4 (Ouest) — Fig. 5

Les lettres A, B, C, D - a, b, c, d - e - f, f - g - h - k - t [...] - q, q - y - v - x, représentent les mêmes parties q[u'à...]

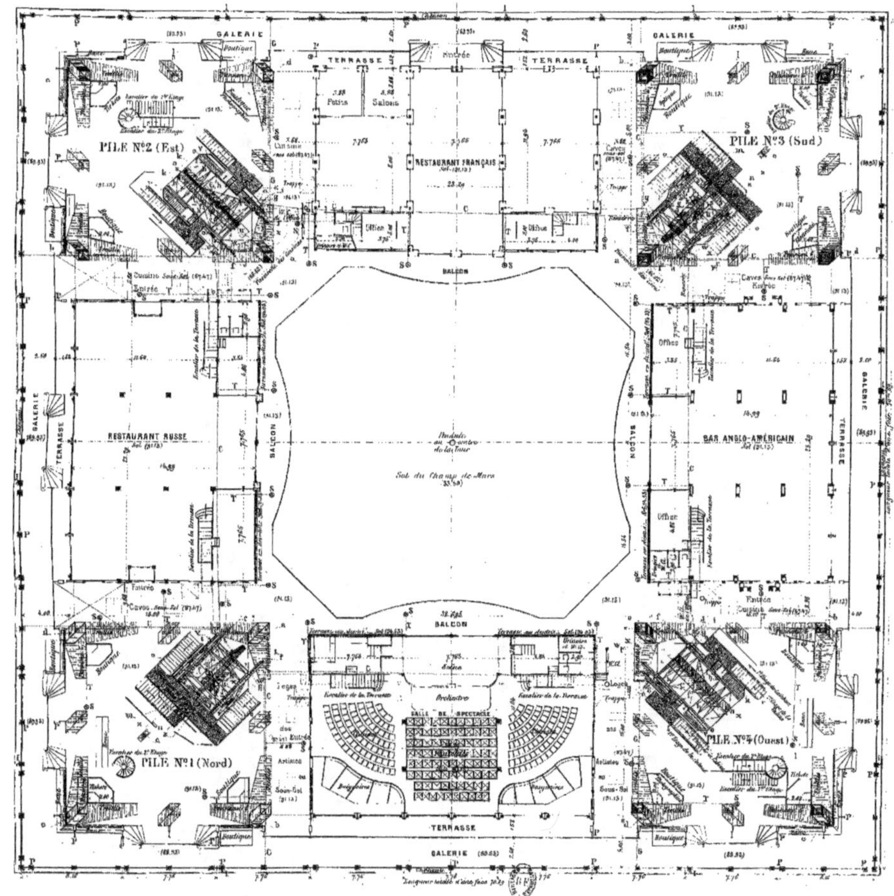

Légende de la Fig. 3

Parties communes aux quatre piles

a, b, c, d, Arbalétriers. — f, f, Poutres de l'ascenseur. — h, Rails sur lesquels roulent les cabines. — k, Contreventement des poutres de l'ascenseur. — w, Plancher pour le graissage.

Parties communes aux deux piles 1 et 3

g, Coussinets fixant les rails aux poutres d'ascenseur. — v, Tuyau d'alimentation du cylindre moteur de l'ascenseur américain. — x, Échelle montant jusqu'au 2ᵐᵉ étage et servant à la visite de l'ascenseur. — y, y, Poutrelles du contrepoids sur lesquels sont fixés les rails z. — e, Coffre enveloppant les câbles principaux fixée d'une part à la cabine et d'autre part au chariot mobile du contrepoids. — m, Téléphone. — n, Deux poulies sur lesquelles passent deux câbles de manœuvre du distributeur. — o, Poulies automatiques de guidage des câbles principaux de manœuvre de la cabine. — p, Poulie fixe du contrepoids. — s, Entretoise fixée aux poutres de l'ascenseur et servant de support à la poulie fixe p. — t, t, Poulies de renvoi des câbles du contrepoids.

Parties spéciales à la pile 3

q, Tuyau d'alimentation des réservoirs du 2ᵐᵉ étage. — r, Tuyau de refoulement pour l'ascenseur Edoux (2ᵐᵉ étage au 3ᵐᵉ étage). — r', Tuyau de retour de l'eau aux pompes après son action sur les pistons Edoux. — Sous le tuyau r' se trouve le petit tuyau par lequel la pompe Worthington distribua l'eau de source à tous les étages.

Parties communes aux piles 2 et 4

g, Longrines fixées sur les poutres d'ascenseur pour recevoir les rails. — u, u, Gaines des pistons articulés. — r, Escalier de service. — v, Tuyau amenant l'eau des réservoirs du 2ᵐᵉ étage dans les cylindres moteurs de sous-sol. — x, Tuyau pour l'évacuation de toutes les eaux. i, Supports des roues supérieures de l'ascenseur Combaluzier. — j, Fontaine. — E, Échelle pour le graissage des roues supérieures.

Parties spéciales à la pile 2

S, Gros tuyau pour la descente des ordures du 1ᵉʳ étage au rez-de-chaussée. — n, Trappe fermant l'ouverture du tuyau S.

Partie spéciale à la pile 4

l, Passage du tube manométrique.

Plan général

P, Piliers des arcades de la galerie du 1ᵉʳ étage. — S, Siphon recueillant les eaux pluviales de la plate-forme du 1ᵉʳ étage. — T, Tuyaux conduisant les eaux des siphons S dans les conduites principales C. — C, Conduites principales conduisant toutes les eaux du 1ᵉʳ étage dans les tuyaux x fixés le long de l'arête des arbalétriers a, des piles 2 et 4. Ces tuyaux se recourbent dans les caves des piles 1 et 3 pour aboutir aux chéneaux dont ils recueillent les eaux. — G, Tuyaux partant des chéneaux et conduisant les eaux dans les conduites principales C. — l, Tuyau de descente des eaux, de la toiture des arcades, dans les chéneaux.

Nota. — Les parties en teinte foncée indiquent les surfaces couvertes. — Après l'Exposition de 1889, le restaurant Flamand a été transformé en Salle de Fêtes, en Théâtre.

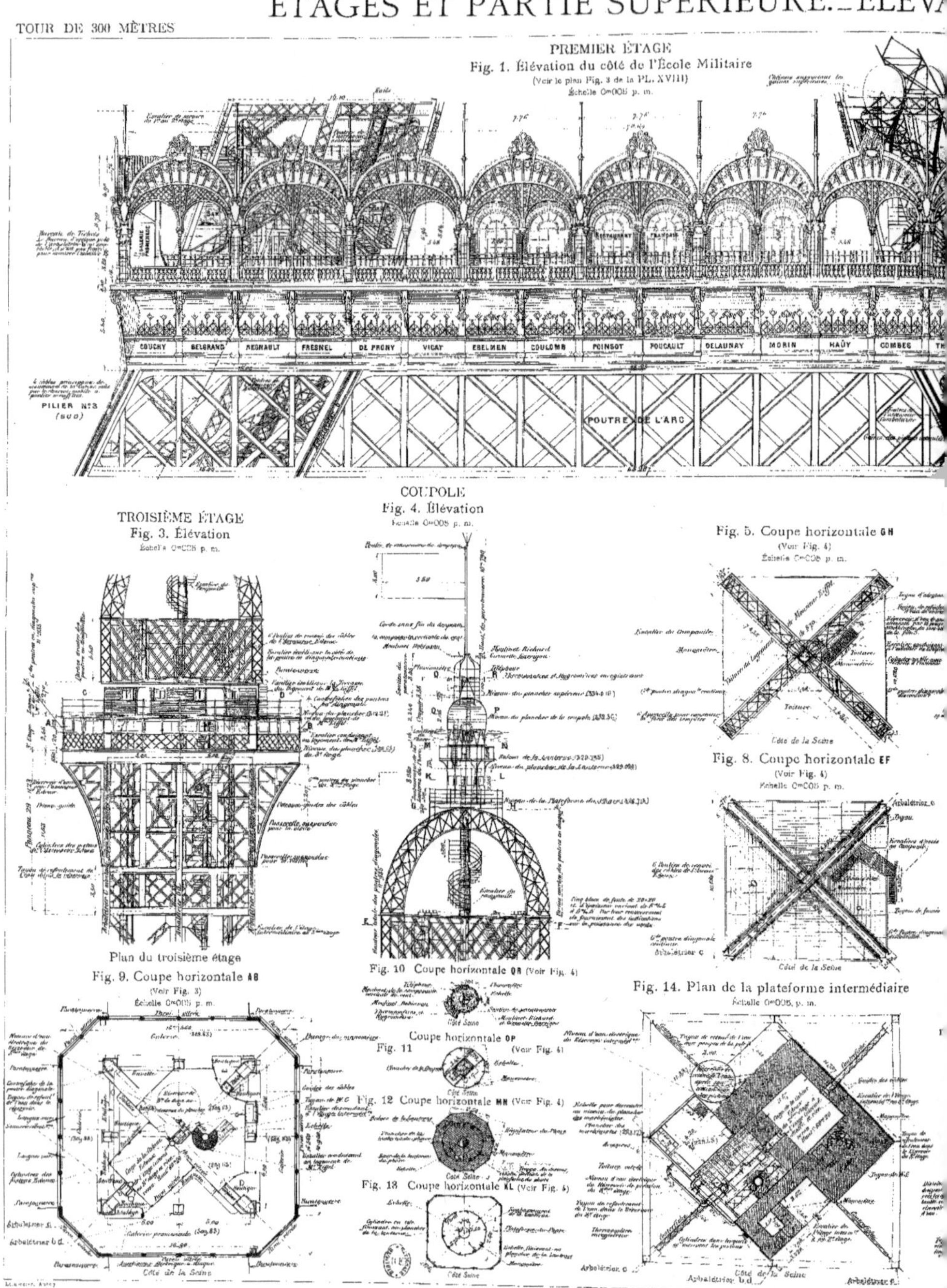
TOUR DE 300 MÈTRES
PREMIER ÉTAGE
Fig. 1. Élévation du côté de l'École Militaire
(Voir le plan Fig. 3 de la PL. XVIII)
Échelle 0m005 p. m.
COUCHY
BELGRAND
REGNAULT
FRESNEL
DE PRONY
VICAT
EBELMEN
COULOMB
POINSOT
FOUCAULT
DELAUNAY
MORIN
HAÜY
COMBES
RESTAURANT FRANÇAIS
PILIER N°3
(SUD)
POUTRE DE L'ARC
TROISIÈME ÉTAGE
Fig. 3. Élévation
Échelle 0m005 p. m.
Plan du troisième étage
COUPOLE
Fig. 4. Élévation
Échelle 0m005 p. m.
Fig. 5. Coupe horizontale GH
(Voir Fig. 4)
Échelle 0m005 p. m.
Côté de la Seine
Fig. 8. Coupe horizontale EF
(Voir Fig. 4)
Échelle 0m005 p. m.
Côté de la Seine
Fig. 9. Coupe horizontale AB
(Voir Fig. 3)
Échelle 0m005 p. m.
Côté de la Seine
Fig. 10. Coupe horizontale OR (Voir Fig. 4)
Coupe horizontale OP
Fig. 11 (Voir Fig. 4)
Côté Seine
Fig. 12. Coupe horizontale MN (Voir Fig. 4)
Côté Seine
Fig. 13. Coupe horizontale KL (Voir Fig. 4)
Côté Seine
Fig. 14. Plan de la plateforme intermédiaire
Échelle 0m005 p. m.
Côté de la Seine

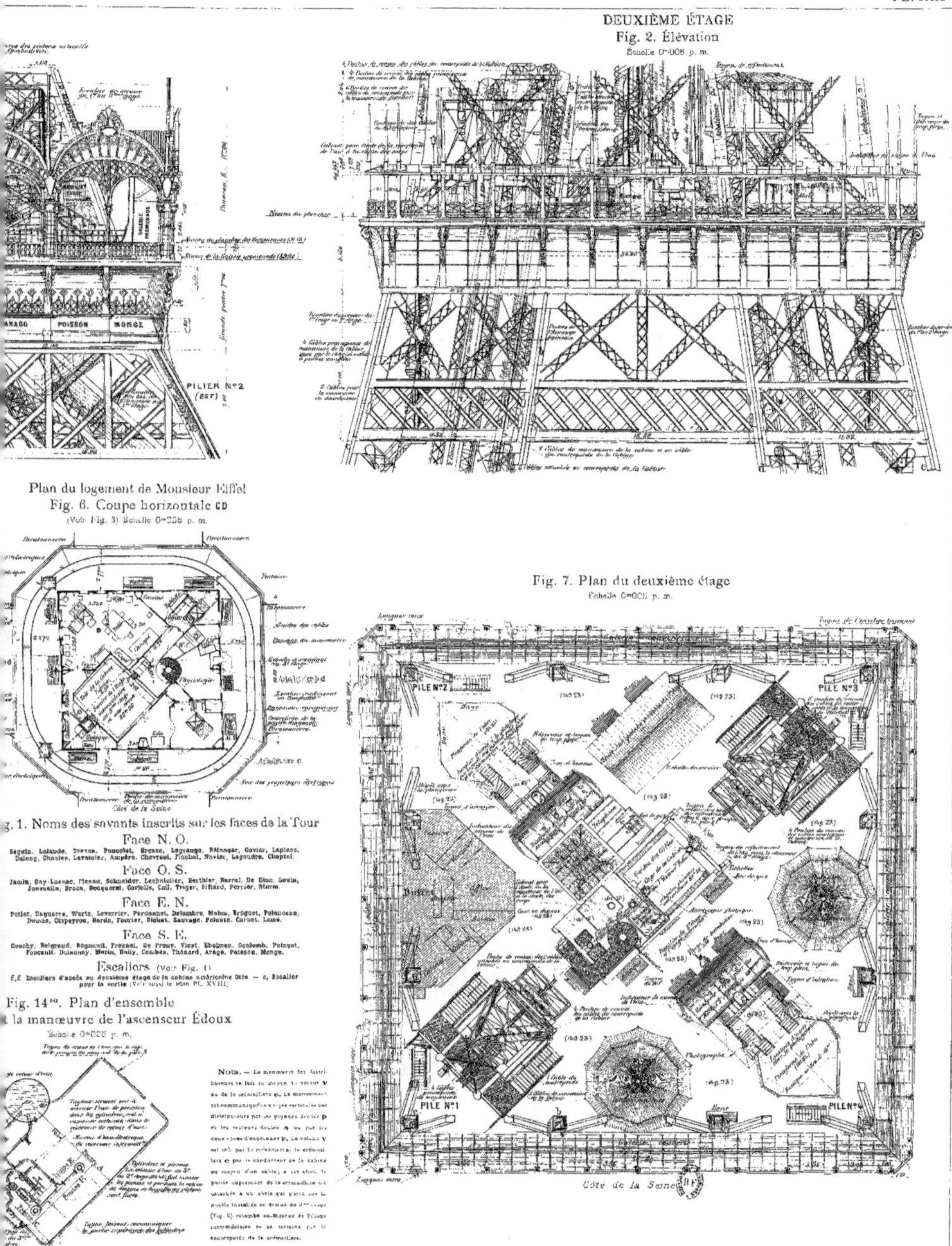

DEUXIÈME ÉTAGE

Fig. 2. Élévation

Échelle 0ᵐ005 p. m.

Plan du logement de Monsieur Eiffel

Fig. 6. Coupe horizontale CD

(Voir Fig. 3) Échelle 0ᵐ008 p. m.

Côté de la Seine

Fig. 7. Plan du deuxième étage

Échelle 0ᵐ008 p. m.

Côté de la Seine

Fig. 1. Noms des savants inscrits sur les faces de la Tour

Face N. O.

Seguin, Lalande, Tresca, Poncelet, Bresse, Lagrange, Bélanger, Cuvier, Laplace, Dulong, Chasles, Lavoisier, Ampère, Chevreul, Flachat, Navier, Legendre, Chaptal.

Face O. S.

Jamin, Gay-Lussac, Fizeau, Schneider, Lechatelier, Berthier, Barral, De Dion, Goüin, Jousselin, Broca, Becquerel, Coriolis, Cail, Triger, Giffard, Perrier, Sturm.

Face E. N.

Petiet, Daguerre, Wurtz, Leverrier, Perdonnet, Delambre, Malus, Bréguet, Polonceau, Dumas, Clapeyron, Borda, Fourier, Bichat, Sauvage, Pelouze, Carnot, Lamé.

Face S. E.

Cauchy, Belgrand, Regnault, Fresnel, De Prony, Vicat, Ebelmen, Coulomb, Poinsot, Foucault, Delaunay, Morin, Haüy, Combes, Thénard, Arago, Poisson, Monge.

Escaliers (Voir Fig. 1)

E,E Escaliers d'accès au deuxième étage de la cabine américaine Otis. — a, Escalier pour la sortie (Voir aussi le Plan Pl. XVIII)

Fig. 14ᵇⁱˢ. Plan d'ensemble de la manœuvre de l'ascenseur Édoux

Échelle 0ᵐ005 p. m.

(A.ED) ASCENSEUR ÉDOUX (Voir le plan Pl. XXI et les 2 planches de détails XXIIbis et XXIII')

Échelle 0m005 p. m.

(A.O) A...

Fig. 1. Partie comprise entre le panneau 21 et la partie supérieure des poutres diagonales

Fig. 2. Partie comprise entre le panneau 14 et le panneau 21

Fig. 3. Partie comprise entre le panneau 7 inclus et la partie inférieure du panneau 14

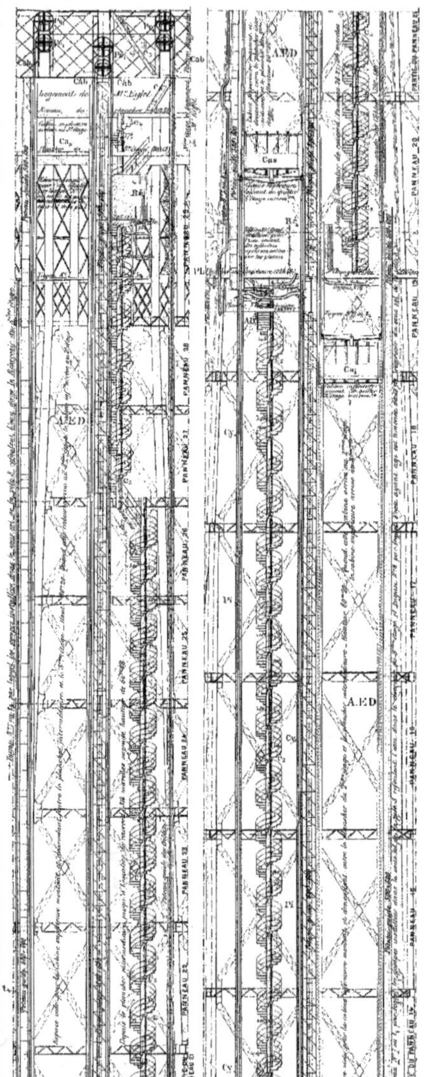

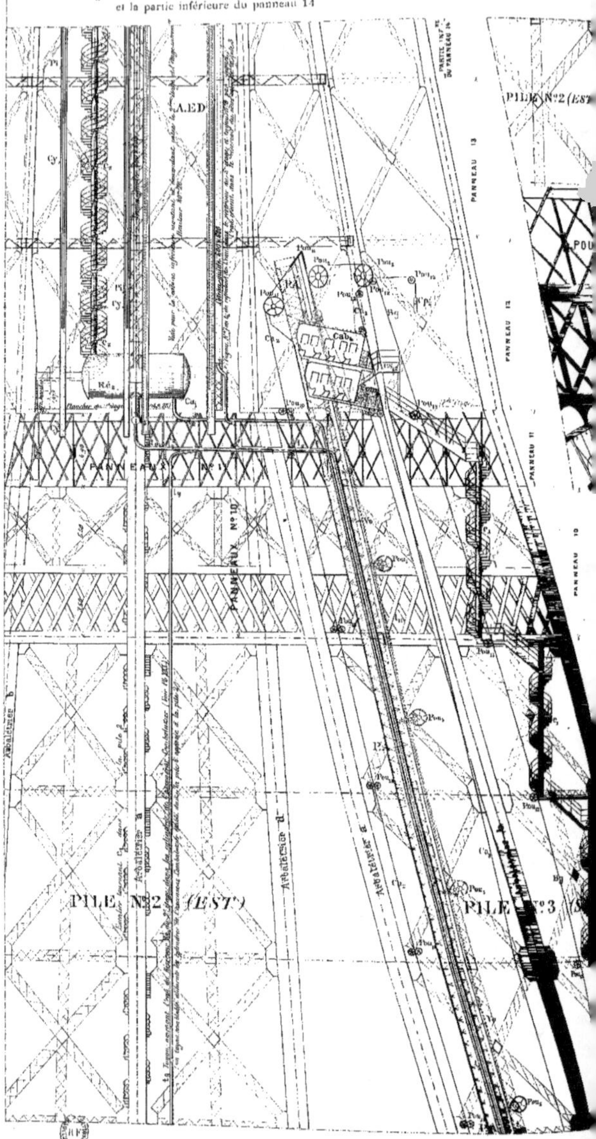

DESCRIPTION DE L'ASCENSEUR ÉDOUX (Voir aussi la Planche XXI et les Planches de détails XXIIIbis et XXIIbis)

Cy. Deux cylindres verticaux entre le 2e étage (149m23) et l'étage intermédiaire (229m45, soit 80m20). — Ca₂. Cabine supérieure montant et descendant entre l'étage intermédiaire et le 3e étage (hauteur 80m20); elle est soulevée... meuvent dans les cylindres Cy — Ca₁. Cabine inférieure faisant contrepoids à la cabine Ca₂; elle monte et descend entre le 2e étage et l'étage intermédiaire. — Câb. Quatre câbles reliant les deux cabines au moyen de poulies de... supérieure de la Tour. Po₁. Poulies de renvoi des câbles. — Pl. Plancher de l'étage intermédiaire où se fait l'échange des visiteurs d'une cabine à l'autre. — A.D. Appareil de distribution d'eau installé sous le plancher intermé... descend des pistons de la cabine supérieure Ca₂ dans les cylindres Cy. — Ré₂. Réservoir d'alimentation des cylindres Cy établi sous le plancher du 3e étage. — t₄. Tuyau de refoulement de l'eau des pompes Worthington... Ré₁. Réservoir intermédiaire dans lequel l'eau des cylindres Cy retourne, quand la cabine supérieure Ca₂ descend du 3e étage. Ce retour d'eau a lieu par les tuyaux t₄ et t₁ (Voir aussi Pl. XXI) de l'appareil de distribution. — t... servir Ré₄ aux pompes P₁ du sous-sol de la pile 3 (Pl. XXI). — Voir le fonctionnement de l'ascenseur. Pl. XXI.

Cyl. Cylindre hydraulique avec pistes à deux... mobiles Pou₁ pour former un immense palan... principaux sont renvoyés d'un côté de la voie de... cabine constitué par un long truc muni de roues... contrepoids. — Pou₂. Poulies-guides des câbles... l'autre côté: ces câbles passent sur les autres... établie vers l'origine de la courbe de la voie de... de distribution intercalé sur le tuyau Te. — Cyl... t₁₂. Tuyau d'évacuation ramenant au réservoir...

...UR AMÉRICAIN OTIS (Voir le plan PL. XXI et les 4 planches de détails XXII à XXII⁴)

Échelle 0ᵐ005 p. m.

... Partie inférieure comprise entre le sous-sol et le panneau 6 inclus

DESCRIPTION GÉNÉRALE (Voir aussi PL. XXI)

P.A. Poutres des ascenseurs du rez-de-chaussée au 2ᵉ étage. — Vo. Voie de la cabine. — A.O. Ascenseur américain système Otis établi dans la pile 3 (sud) et montant les visiteurs du rez-de-chaussée au 2ᵉ étage, soit à 114ᵐ15 avec arrêt facultatif au 1ᵉʳ étage. — (Nota : Un ascenseur semblable est établi dans la pile 1 (nord). A BD. Ascenseur vertical, système Édoux, établi au centre de la Tour et montant les visiteurs du 2ᵉ étage au 3ᵉ étage, soit sur une hauteur de 100ᵐ. — P₁. Pompes de Quillacq établies dans le sous-sol de la pile 3 (sud) pour le refoulement de l'eau du réservoir Ré₁ (sous-sol) dans les réservoirs Ré₂ établis au 2ᵉ étage.

DONNÉES NUMÉRIQUES
Relatives aux Trois Systèmes d'Ascenseurs

SYSTÈME D'ASCENSEUR COMBALUZIER (PL. XXI, XXIII, XXIII bis)

SYSTÈME D'ASCENSEUR OTIS

SYSTÈME D'ASCENSEUR ÉDOUX

DESCRIPTION DE L'ASCENSEUR OTIS (Voir aussi la PL. XXI et les quatre Planches de détails XXII à XXII⁴)

EST

ASCENSEUR ROUX, COMBALUZIER ET LEPAPE

(Voir les Planches détaillées XXIII et XXIIIbis)

DESCRIPTION GÉNÉRALE

Ga. Gaines doubles dans lesquelles circule un double cours de bielles ou pistons articulés. — Pi₁. Double cours de pistons articulés circulant dans les gaines Ga au moyen de galets. — Pi₂. Pistons articulés formant contrepoids à la cabine. — Po₁. Poulies de renvoi sur lesquelles passent les pistons articulés Pi qui forment ainsi un circuit complet. — Cab. Cabine à l'arrêt au 1er étage ; elle est reliée de chaque côté en cours inférieur des pistons articulés Pi (à cet effet, les gaines inférieures portent une fente longitudinale pour le passage de l'attache). — Cab₁. Cabine à l'arrêt au rez-de-chaussée. — R. Roues motrices sur lesquelles viennent s'appliquer les pistons articulés Pi ; elles portent des dents qui actionnent les pistons. — Pg. Pistons ou plongeurs actionnant les roues motrices R. — Cyl. Cylindres hydrauliques horizontaux dans lesquels se meuvent les plongeurs Pg. — Po₃. Poulies des plongeurs sur lesquelles s'enroulent les chaînes de Galle Ch. — Ch. Chaînes de Galle à triple cours de mailles (une des extrémités est fixée invariablement au bâti des cylindres, l'autre passant sur le plongeur vient s'engrener autour d'un pignon calé sur l'arbre des roues motrices R et se rend pendant la descente de la cabine dans la fosse F en passant dans la gaine ga. — Dis. Distributions d'eau pour la montée ou la descente de la cabine. — t₉. Tuyaux amenant l'eau des réservoirs Ré₄ du deuxième étage dans les cylindres Cyl par l'intermédiaire des distributeurs Dis. — Cb. Câble de manœuvre de la distribution Dis. Ce câble sans fin est manœuvré par le conducteur de la cabine placé dans un compartiment Com. — Te. Tendeur du câble de manœuvre Cb. — t₁₀. Tuyau d'évacuation ramenant au réservoir Ré₅ de la pile 3 l'eau qui a passé dans les cylindres. — es₁. Escalier d'accès au 1er étage de la cabine (rez-de-chaussée). — es₂. Escalier de sortie du 1er étage de la cabine (rez-de-chaussée). — es₃. Escalier d'accès au 2e étage de la cabine (rez-de-chaussée). — es₄. Escalier de sortie du 2e étage de la cabine (rez-de-chaussée). — es₅. Escalier d'accès au 2e étage de la cabine (1er étage). — es₆. Escalier de sortie du 2e étage de la cabine (1er étage). — Vo. Voie de la cabine. — es.s. Escalier de service.

FONCTIONNEMENT GÉNÉRAL

Le remplissage de l'ascenseur s'effectue quand la cabine est au rez-de-chaussée en Cab₁, le tuyau d'évacuation t₁₀ est fermé, les pistons ou plongeurs Pg sont complètement rentrés dans les cylindres ; toutes les parties de l'ascenseur : distributions et cylindres sont en communication avec le tuyau t₉ qui descend des réservoirs Ré₄ du 2e étage. — On ouvre le robinet purgeur Rp₁, puis légèrement Rp₂. L'eau tombe alors lentement, tandis que l'air contenu dans le système s'échappe par le robinet purgeur ; lorsque l'ascenseur est plein, on ferme le robinet purgeur Rp, et l'on met la distribution au point mort. L'on est alors prêt à fonctionner. — Pour monter les visiteurs, le conducteur de la cabine agit au moyen d'un volant sur le câble de manœuvre Cb, dans le sens de la montée ; le mouvement du câble se transmet aux cames de distribution de manière à établir la pression dans le cylindre, le tuyau d'évacuation t₁₀ restant fermé ; les plongeurs sortent donc du cylindre et font tourner les pignons fixés sur l'axe des roues motrices R par l'intermédiaire des chaînes de Galle ; les dents des roues motrices R appuient sur les têtes des pistons articulés et les poussent en avant ; ces pistons des gaines inférieures, montent donc en entraînant la cabine qui est attachée à leur circuit ; les pistons contrepoids Pi₂ de la cabine descendent par les gaines supérieures. — Quand le conducteur de la cabine veut arrêter, il agit sur le câble de manœuvre Cb au moyen du volant, de manière à mettre les soupapes au point mort. — Pour descendre, le conducteur tourne le volant dans le sens de la descente, le câble de manœuvre fait tourner les cames et celles-ci ferment les soupapes d'arrivée d'eau et ouvrent celles d'évacuation, alors l'excédent de poids de la cabine sur les contrepoids entraîne sa chute, les roues motrices R tournent en sens contraire de tout à l'heure et les pignons, au moyen des chaînes de Galle, font rentrer les plongeurs dans les cylindres dont l'eau est refoulée dans le tuyau d'évacuation t₁₀ qui la ramène au réservoir Ré₅ de la pile 3.

RÉSISTANCE : Poids de la cabine à double étage 6.400ᵏ
à déduire : l'aide des contrepoids 3.000ᵏ

Reste..... 3.400ᵏ (est la composante parallèle à la voie est 3.400 × 0.815 = 2.771ᵏ
À vaincre : 100 voyageurs pesant 7.000ᵏ dont la composante est..... 7.000 × 0.815 = 5.705ᵏ

TOTAL............... 8.476ᵏ

Le moufflage étant à 2 brins, les 8.476ᵏ donnent sur les pignons des grandes roues R....... 8.476 × 2 = 16.952ᵏ
Enfin les pignons n'ayant que 0.69 et les grandes roues R, 3=90,
les 16.952 deviennent à l'extrémité des bras de ces roues
16.952 × 3.90 / 0.69 = résistance totale.............. £10.188ᵏ

PUISSANCE : Chute d'eau de 195ᵐ, le volume des 2 plongeurs est 17.318 cmq.
en admettant une pression de 10ᵏ par cmq, pour tenir compte des pertes de charges, on a..... 17.318 × 10 = 173.180ᵏ

Excédent de puissance......... 62.992ᵏ

P.A. Poutre des ascenseurs du rez-de-chaussée au 2e étage. — Vo. Voies des cabines. — A.B.C.L. Ascenseur système E. Roux, Combaluzier et Lepape...

ASCENSEUR EDOUX

DESCRIPTION

Cy. Deux cylindres verticaux entre le 2e étage (149.93) et l'étage intermédiaire (229.43), soit 80ᵐ30. — Ca₂. Cabine...

FONCTIONNEMENT

RÉSISTANCE : Poids des 2 pistons...

PUISSANCE : Chute d'eau de 100ᵐ...

ANALISATION. — PLAN GÉNÉRAL.

Échelle 0m005 p. m.

GÉNÉRALE

…Baltaire et Lepape établis dans les piles 2 (est) et 4 (ouest) et montant les visiteurs du rez-de-chaussée (35.06) au 1er étage (91.13) …rs, système Otis, établis dans les piles 1 (nord) et 3 (sud) et montant les visiteurs du rez-de-chaussée (35.06) au 2e étage (149.23). …rs du 2e étage (149.23) au 3e étage (309.63), soit sur une hauteur de 160m40. — P_1. Deux pompes de Quillacq installées dans le … Ces deux pompes alimentent les quatre ascenseurs du rez-de-chaussée. — P_2. Deux pompes Worthington installées dans le sous-sol … desservent l'ascenseur Edoux. — B. Batterie de quatre chaudières inexplosibles système Collet installées dans le sous-sol de la … employées alternativement tous les huit jours. — $Ré_4$. Réservoir de décharge des cylindres de l'ascenseur Edoux, installé à l'étage … à la cote (304.63); du réservoir du 3e étage. — t_1. Tuyaux d'aspiration des pompes de Quillacq. — t_2. Tuyau de refoulement des … tement des pompes Edoux. — t_3. Tuyau branché sur le tuyau t_2 pour remplacer les pertes d'eau de l'ascenseur Edoux. — Ro. Réservoir …s sont établies sous le plancher du 2e étage et sous le plancher du 3e étage pour la visite de la canalisation.

…(50m00). — e_1. Quatre escaliers tournants de 1m60 de diamètre conduisant du 1er étage au 2e étage. — e_2. Un escalier tournant …calier tournant conduisant du 3e étage au logement de Monsieur Eiffel. — e_3. Un escalier ordinaire de 0m30 de large conduisant du …

…Planches détaillées XXIIIter et XXIII4)

GÉNÉRALE

…nt et descendant entre l'étage intermédiaire et le 2e étage (hauteur 80m30) : elle est soulevée par deux pistons qui se meuvent dans …édiaire. — CAb. Quatre câbles reliant les deux cabines au moyen de poulies de renvoi établies à la partie supérieure de la Tour. — …médiaire où se fait l'échange des voyageurs d'une cabine à l'autre. — A.D. Appareil de distribution d'eau installé sous le plancher …tion des cylindres Cy. — t_4. Tuyau de refoulement de l'eau des pompes dans le réservoir $Ré_3$. — $Ré_1$. Réservoir intermédiaire dans … — t_5. Tuyau ramenant l'eau du réservoir $Ré_4$ aux pompes P_2 du sous-sol de la pile 3.

NT GÉNÉRAL

…s tuyaux t_1 et t_4 formant siphon, l'eau remonte dans le tuyau t_4 à peu près au niveau du 2e étage, de sorte que les pompes P_2 …n les fait communiquer avec les distributeurs AD et les cylindres Cy, l'eau se répand dans les espaces annulaires compris entre les …, on ferme ces robinets d'évacuation de l'air, alors la pression se faisant sous les pistons, ceux-ci montent soulevant la cabine Ca_1; … Ca_2 redescend; les pistons refoulent l'eau des cylindres dans les tuyaux t_6 et t et dans le réservoir $Ré_4$ d'où elle retombe dans le … 3e, par le tuyau t_5, l'eau qui a été employée. — Le réservoir $Ré_1$, toute la canalisation de l'ascenseur, les espaces annulaires entre …ines prêt à fonctionner. — Pour monter les visiteurs, le mécanicien établit, au moyen des distributeurs AD, la communication entre … ils entraînent en la soulevant la cabine Ca_1 tandis que la cabine Ca_2 descend. — Quand la cabine Ca_1 arrive au 3e, le mécanicien …tributeurs, en même temps, les ouvertures d'évacuation s'ouvrent, alors la cabine Ca_1 et les pistons descendent par leur poids, l'eau …o qui sert. — Quand les cabines arrivent à l'étage intermédiaire, le mécanicien rétablit l'arrêt en fermant toutes les ouvertures …périeure, l'eau qu'il fournit aux cylindres est remplacée par les pompes P_2 qui fonctionnent constamment plus ou moins vite selon … réservoirs et permettent de régler la vitesse de ces pompes. — Tous les huit jours, on remplace les pertes d'eau en versant l'eau des …

…………………………………………	19.200k
…………………………………………	4.480k
Total…………………	23.730k

…n équilibre au poids mort de la cabine supérieure.

…ession de 15k5 par cmq.
… 1.600 cmq., on a…. 1.600 × 15.5 = 24.800k
Excédent de puissance………. 1.030k
…e les frottements et les pertes de charge.
…s cylindres, leur poids supprimé, mais les câbles … côté, font une compensation.

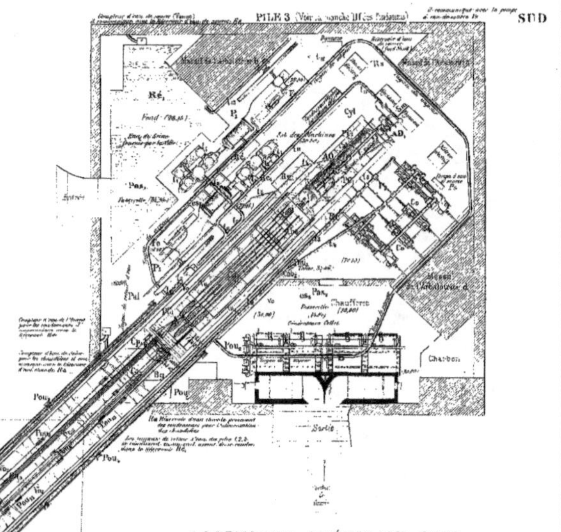

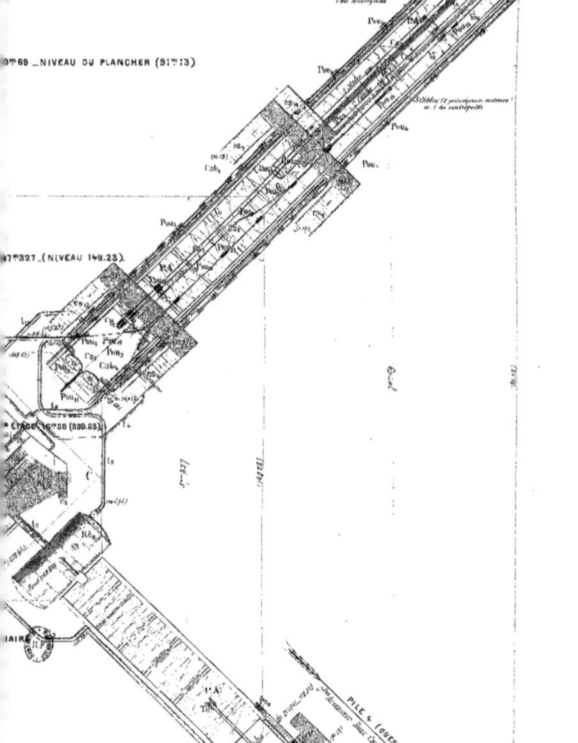

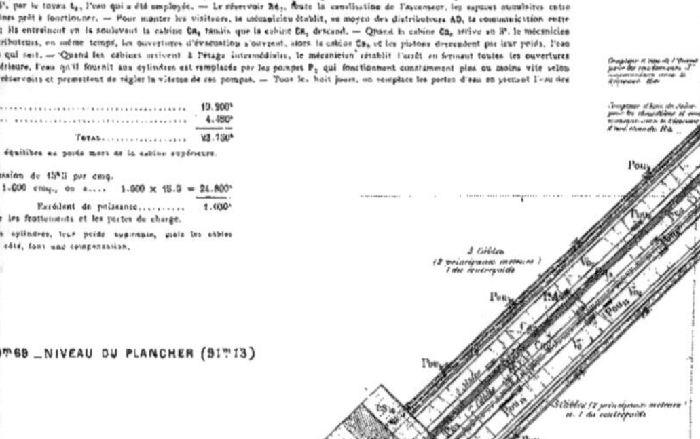

ASCENSEUR AMÉRICAIN OTIS

(Voir les Planches détaillées XXII à XXII4)

DESCRIPTION GÉNÉRALE

Cyl. Cylindre hydraulique avec piston à deux tiges. — **tg.** Les deux tiges du piston attachées au chariot mobile Cha. — **Cha.** Chariot mobile portant six poulies Pou_1. — **Pou_1.** Les six poulies du chariot mobile. — **PC_1** Poutre supportant le cylindre Cyl_1 et le chariot mobile cha. — **Vo_1.** Voie du chariot mobile. — **Pou_2** Six poulies fixes en correspondance avec les six poulies mobiles Pou_1 pour former un immense palan moufflé à douze brins. — **Ca_1.** Câbles du palan (chaque brin comprend quatre câbles en fil d'acier de 0m020 de diamètre). — **Pal.** Palonnier auquel s'attachent les quatre câbles du brin dormant. — **Bg.** Brin garant montant jusqu'au-dessus du 2e étage. **Pou_3.** Poulies de renvoi au-dessus du 2e étage; deux câbles du brin garant ou câbles principaux sont renvoyés d'un côté de la voie de l'ascenseur et les deux autres câbles principaux sont renvoyés de l'autre côté pour s'attacher au châssis qui supporte la cabine. — **Pou_4.** Poulies-guides des câbles principaux dans la partie droite de la poutre d'ascenseur. — **Pou_5.** Poulies-guides des câbles principaux dans la partie courbe de la poutre d'ascenseur. — **Cp_1.** Contrepoids de la cabine constitué par un long tube rempli de gueuses de fonte. — **Vo_2.** Voie du contrepoids établie sur une poutre spéciale sous la grande poutre de l'ascenseur. — **PC_2.** Poutre du contrepoids. — **Ca_2.** Deux câbles de contrepoids mouflés trois fois. — **Pou_6.** Poulie de mouflage mobile établie à la partie supérieure du contrepoids. — **Pou_7.** Poulie de mouflage fixe du contrepoids. — **Pou_8.** Poulies-guides des câbles du contrepoids fixées à la poutre Pc_2 du contrepoids. — **Pou_9.** Poulies de renvoi des câbles du contrepoids. — **Pou_{10}.** Poulies-guides des câbles du contrepoids entre le 1er étage et les poulies de renvoi au-dessus du 2e étage. — **Pou_{11}.** Poulies de renvoi des câbles du contrepoids (un câble est renvoyé d'un côté de la cabine et l'autre câble est renvoyé de l'autre côté; ces câbles passent sur les mêmes poulies-guides des câbles principaux et viennent se fixer au châssis de la cabine. — **Ca_3.** Câble sans fin pour la manœuvre du distributeur. — **Pou_{12}.** Six poulies de renvoi du câble de manœuvre au contrepoids Cp_2. — **Pou_{13}.** Poulies-guides des câbles principaux. — **Pou_{14}.** Poulie de renvoi des câbles principaux établie vers l'origine de la courbe de la voie de l'ascenseur. — **Cp_2.** Contrepoids du câble de manœuvre. — **Com_1.** Compartiment de la cabine d'où le conducteur manœuvre le câble Ca_3 et par suite le distributeur, pour la montée, l'arrêt ou la descente de la cabine. — **Tc.** Tuyau de circulation d'eau faisant communiquer les deux extrémités du cylindre hydraulique. — **AD_1.** Appareil de distribution intercalé sur le tuyau Tc. — **Cyl_1.** Cylindre distributeur à double piston à l'aide duquel on obtient la montée, l'arrêt ou la descente de la cabine. — **Sm.** Servo-moteur accolé au cylindre Cyl_1 pour faciliter la manœuvre du piston de ce cylindre. — **t_{11}.** Tuyau amenant l'eau des réservoirs $Ré_2$ du 2e étage dans le cylindre hydraulique Cyl par l'intermédiaire du distributeur. — **t_{12}.** Tuyau d'évacuation ramenant au réservoir $Ré_3$ l'eau qui a passé dans le cylindre hydraulique Cyl (Nota : Le tuyau d'évacuation de l'ascenseur de la pile 1 opposée à la pile 3 ramène aussi l'eau qui a servi dans le réservoir $Ré_1$). **Cab_1.** Cabine à l'arrêt au rez-de-chaussée. — **Cab_2.** Cabine à l'arrêt au 1er étage. — **Cab_3.** Cabine à l'arrêt au 2e étage. — **Pas_1.** Passerelle d'entrée accédant au 1er étage de la cabine. — **Pas_2.** Passerelle de sortie du 1er étage de la cabine. — **es.** Escalier accédant au 2e étage de la cabine. — **es_8.** Escalier de sortie du 2e étage de la cabine. — **es_9.** Escalier accédant au 2e étage de la cabine à l'arrêt au 1er étage. — **es_{10}.** Escalier de sortie du 2e étage de la cabine. — **es_{11}** et **es_{12}.** Escaliers d'entrée et de sortie du 2e étage de la cabine à l'arrêt au 2e étage.

FONCTIONNEMENT GÉNÉRAL

Le remplissage de l'ascenseur s'effectue quand la cabine est au rez-de-chaussée en **Cab_1**, le tuyau d'évacuation **t_{12}** est fermé, le piston du cylindre **Cyl_1** est en haut de sa course, toutes les parties de l'ascenseur : Cylindre **Cyl**, tuyau **Tc** de circulation, appareil de distribution, etc., sont en communication avec le tuyau **t_{11}** qui descend des réservoirs **$Ré_2$** du 2e étage. — On ouvre légèrement la vanne **Va_1** et le robinet purgeur d'air **Rp** qui suit, l'eau tombe lentement tandis que l'air contenu dans le système s'échappe par ce robinet **Rp**. — Ce robinet se ferme quand l'ascenseur est plein d'eau. — Pour monter les visiteurs, le conducteur de la cabine tire sur le câble de manœuvre **Ca_3** en faisant tourner un petit volant placé devant lui, dans le sens de la montée; le mouvement du câble se transmet au servo-moteur **Sm**, lequel distribue la pression dans le cylindre **Cyl_1** du distributeur, de manière à soulever les pistons et à permettre la communication du tuyau **Tc** avec le haut du cylindre **Cyl** et la communication du bas du cylindre avec la décharge. La cabine monte donc tirée par le palan à douze brins dont la course étant de 10m53, détermine une course de cabine de 10m53 × 12 = 129m36. — Pendant que la cabine monte, son contrepoids **Cp_1** descend et comme il constitue un mouflage à trois brins, il ne parcourt que $\frac{129^m36}{3}$ = 43m12. — Quand le conducteur veut arrêter la cabine, il tire sur le câble **Ca_3** de manière à fermer l'ouverture d'arrivée de l'eau et l'ouverture d'évacuation. — Pour descendre la cabine, le conducteur manœuvre le volant de manière à fermer l'ouverture d'arrivée d'eau et à faire communiquer le bas du cylindre avec le haut et la conduite d'arrivée, l'excédent du poids de la cabine sur son contrepoids suffit pour la faire descendre, il se produit dans le cylindre **Cyl** et le tuyau **Tc**, un courant d'eau de bas en haut suivant le mouvement du piston qui remonte à la partie supérieure du cylindre.

RÉSISTANCE :	Poids de la cabine y compris châssis, appareils divers………	10.840k		
	Composante de ce poids suivant l'inclinaison de la voie	10.840k × 0.815	= 8.830k	
	A déduire : composante du contrepoids suivant la même inclinaison	$\frac{22.000}{3}$ × 0.815	= 6.030	
	(6.030 au lieu de 6.791 pour tenir compte des frottements qui absorbent une partie du poids). Excédent à monter		2.800k	
	A ajouter : 50 voyageurs dont la composante est…	3.500k × 0.815	= 2.850	
	Résistances passives, composantes plus fortes dans la partie supérieure du parcours ……. ……..		2.150	
			7.200	
	Le palan ayant 12 brins, la résistance 7.200 donne une résistance totale de………………………………	7.200 × 12	= 86.400	86.400
PUISSANCE :	Poids du chariot mobile et de ses poulies, du piston et de ses tiges……		15.030	
	Chute d'eau de 180m; la section du piston est 7.313 cmq.; en admettant une pression de 10k par cmq. pour tenir compte des pertes de charge, on a…………………	7.313 × 10	= $\frac{73.130}{2}$	88.130k
		Excédent de puissance…………		1.730

Société des Imprimeries Lemercier, 57, rue de Seine, Paris.

ASCENSEUR OTIS. —

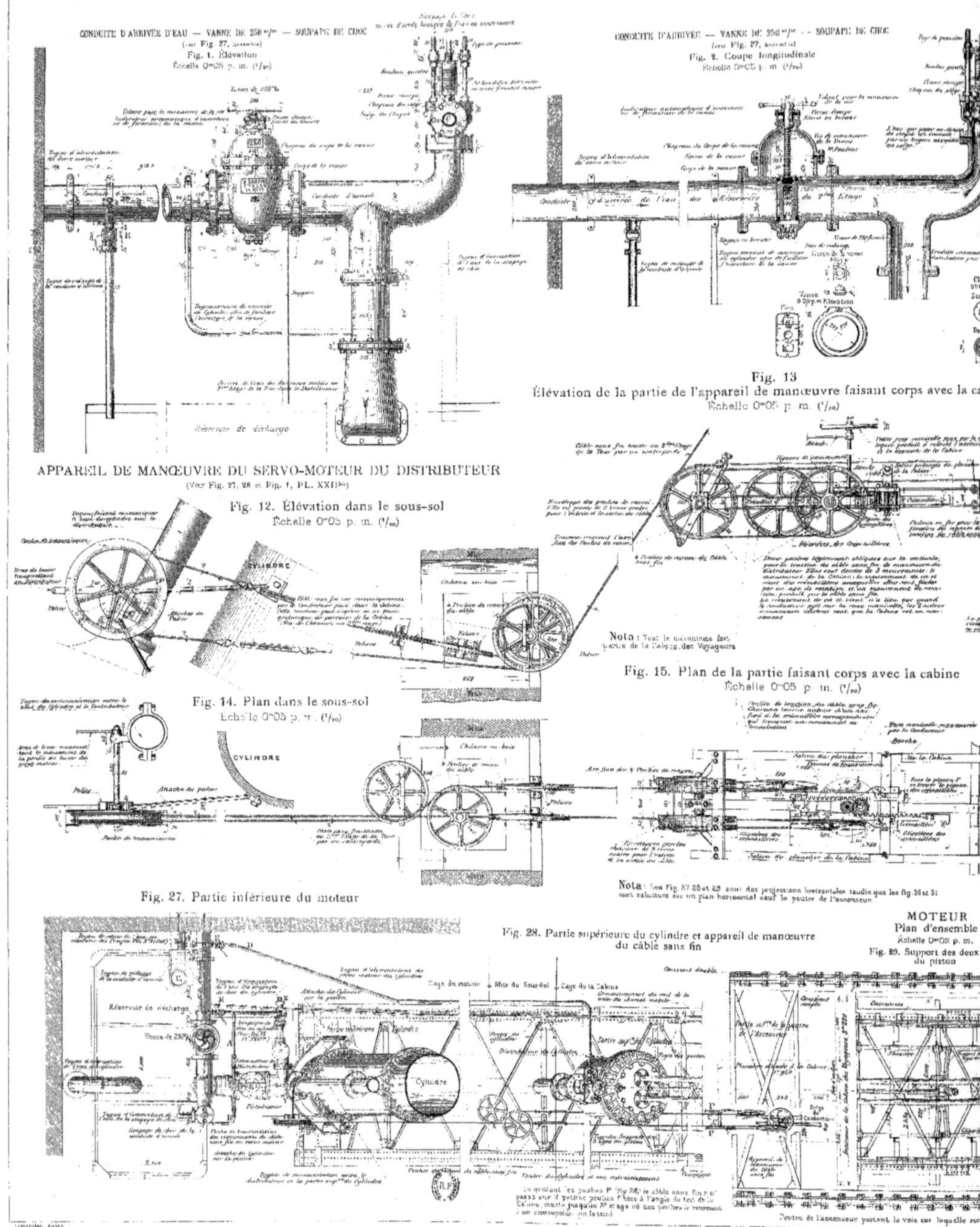

SERVO-MOTEUR DU DISTRIBUTEUR
Fig. 3. Coupe verticale suivant AB (voir Fig. 27, ...)
Échelle 1/10

(Nota : Voir la coupe verticale de ce servo-moteur
suivant l'axe de l'ascenseur fig. 1 Pl. XXI bis.)

CYLINDRE HYDRAULIQUE
Fig. 4. Coupe verticale suivant l'axe
de l'ascenseur (voir Fig. 27, 28, 29)
Échelle ...

PIÈCE A DU PISTON DU CYLINDRE
(voir Fig. 4)

Fig. 5. Plan

Nota.

Fig. 6. Coupe   Fig. 7. Élévation

PISTON DU CYLINDRE (voir Fig. 4)
Échelle 0m05 p. m. (1/20)
Fig. 8. Coupe suivant AB (voir Fig. 10)
Fig. 9. Coupe suivant CD (voir Fig. 11)

Fig. 8. Coupe suivant AB

Fig. 10. Plan

Fig. 11. Coupe suivant EF

ROBINET R (voir Fig. 1 et 27)
Fig. 16. Coupe verticale suivant CD (voir Fig. 27)
Échelle 1/10

FOND DU CYLINDRE HYDRAULIQUE
Fig. 17. Plan (voir Fig. 4)

PIÈCE B DU PISTON DU CYLINDRE (voir Fig. 4)
Fig. 19. Coupe verticale suivant ABCD (voir Fig. 20)

Fig. 20. Plan

Fig. 18. Coupe suivant CD (voir Fig. 17)

Fig. 21. Élévation suivant EF (voir Fig. 20)

Fig. 22. Plan
Échelle 0m05 p. m. (1/20)

CHAPEAU DU CYLINDRE HYDRAULIQUE (voir Fig. 4)
Fig. 23. Coupe suivant ABCDEF (voir Fig. 22)
Échelle 0m05 p. m. (1/20)

Fig. 26. Élévation suivant EA et coupe suivant GFD
(voir Fig. 22)
Échelle 0m05 p. m. (1/20)

PISTON-SUPPORT DES TIGES DU PISTON
Fig. 24. Coupe suivant AB (voir Fig. 25)
Échelle 0m05 p. m. (1/20)
(voir Fig. 4)

Fig. 25. Plan. Échelle 0m05 p. m. (1/20)

Fig. 32. Élévation du chariot mobile et de ses poulies

Fig. 33. — Élévation des poulies fixes de la moufle et de l'extrémité de la poutre
Échelle 0m02 p. m.

Fig. 30. Chariot mû par les tiges du piston et portant les poulies mobiles de la moufle
Échelle 0m02 p. m.

Fig. 31. Poulies de la moufle fixées à l'extrémité de la poutre du cylindre
Échelle 0m02 p. m.

Société des Imprimeries Lemercier, 57, rue de Seine, Paris.

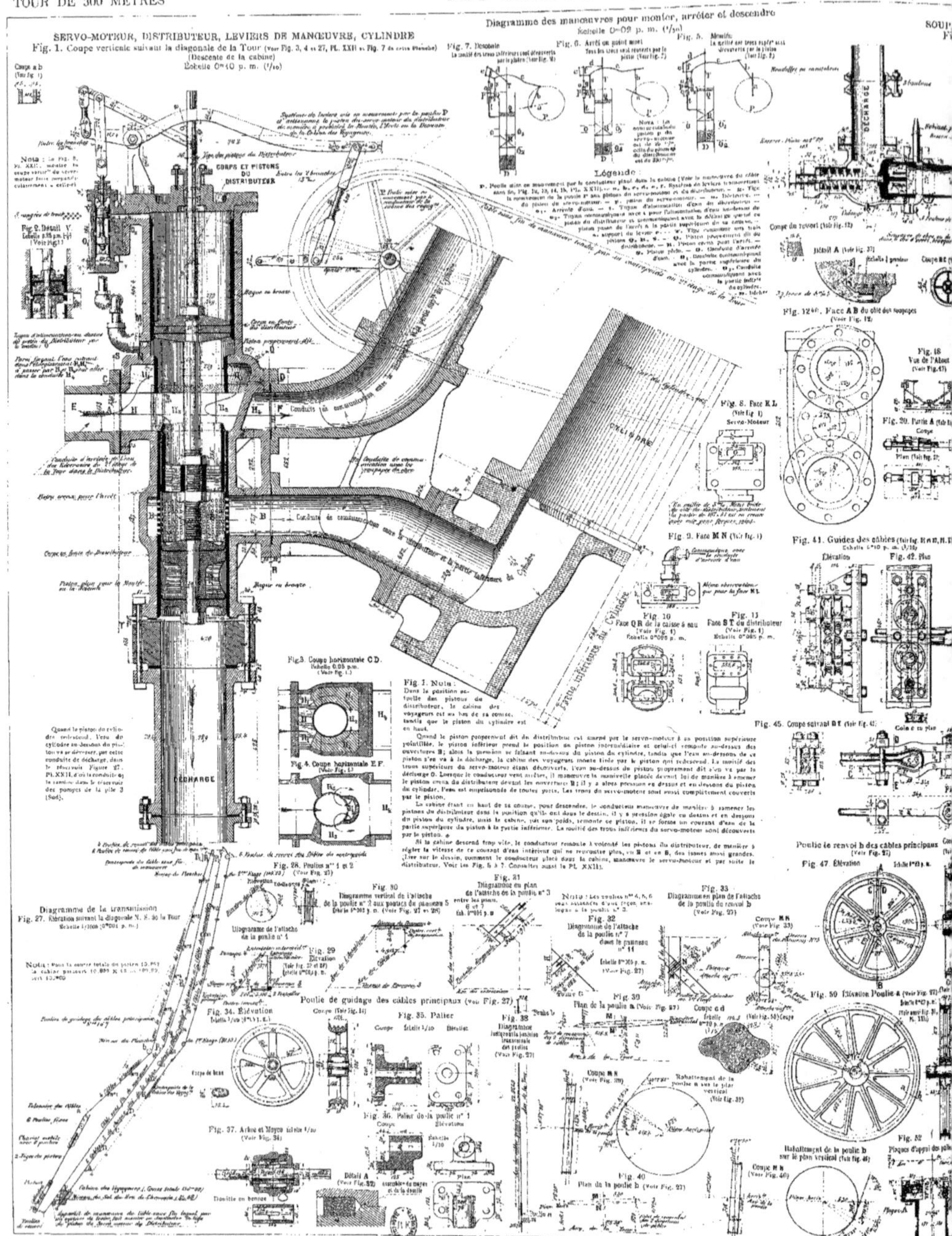

SERVO-MOTEUR, DISTRIBUTEUR, LEVIERS DE MANŒUVRE, CYLINDRE

Fig. 1. Coupe verticale suivant la diagonale de la Tour (Voir Fig. 3, 4 et 27, Pl. XXII et Fig. 7 de cette Planche)
(Descente de la cabine)
Échelle 0m10 p. m. (1/10)

Diagramme des manœuvres pour monter, arrêter et descendre
Échelle 0m02 p. m. (1/50)

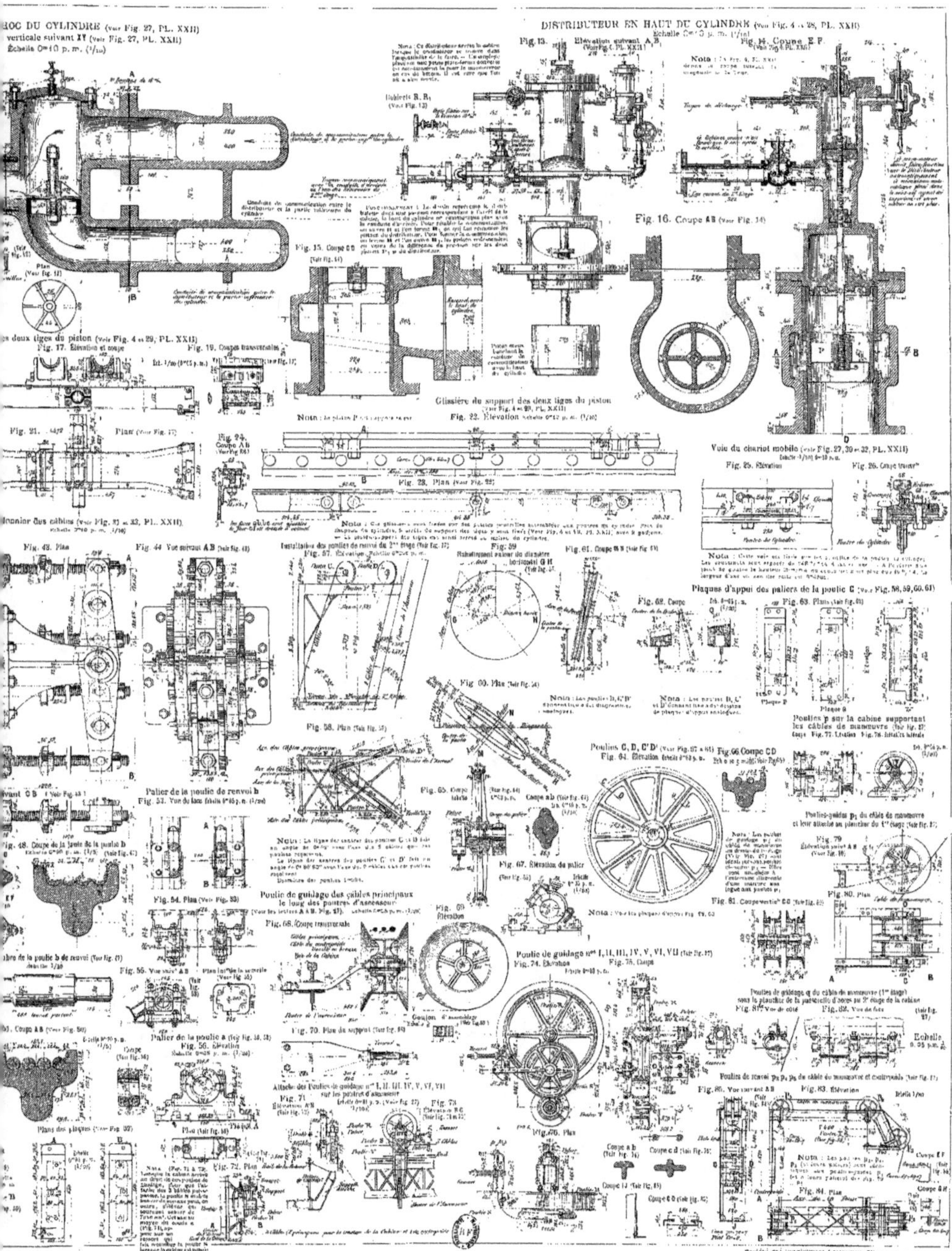

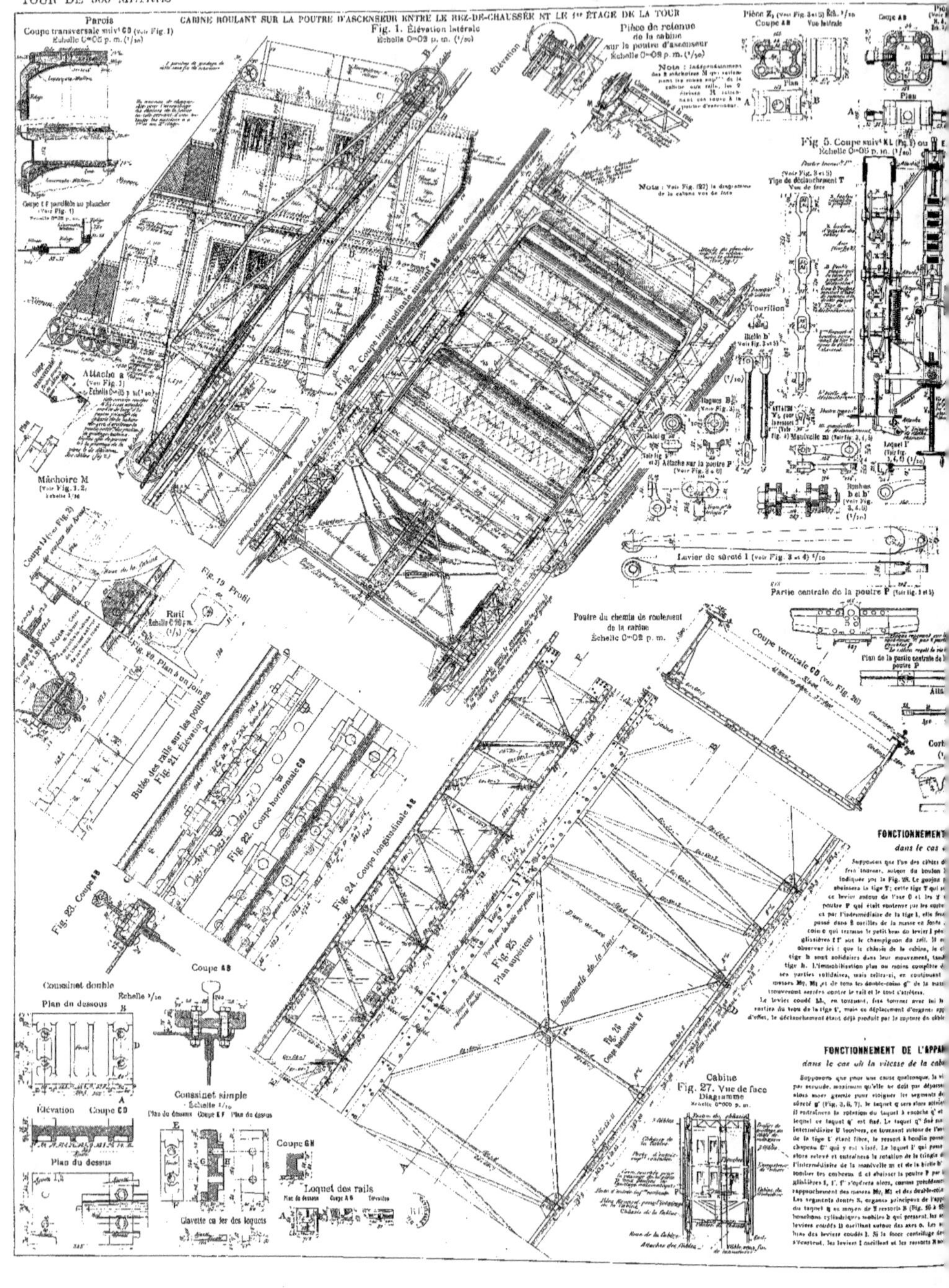
Parois
Coupe transversale suiv¹ CD (Voir Fig. 1)
Échelle 0ᵐ08 p. m. (¹/₁₀)
CABINE ROULANT SUR LA POUTRE D'ASCENSEUR ENTRE LE REZ-DE-CHAUSSÉE ET LE 1ᵉʳ ÉTAGE DE LA TOUR
Fig. 1. Élévation latérale
Échelle 0ᵐ08 p. m. (¹/₁₀)
Pièce de retenue
de la cabine
sur la poutre d'ascenseur
Échelle 0ᵐ08 p. m. (¹/₁₀)
Fig. 5. Coupe suiv¹ KL
Coupe EF parallèle au plancher
(Voir Fig. 1)
Attache a
(Voir Fig. 2)
Mâchoire M
(Voir Fig. 1-2)
Fig. 19 Profil
Rail
Fig. 20 Plan à un joint
Butée des rails sur les poutres
Fig. 21 Élévation
Fig. 22 Coupe horizontale CD
Fig. 23 Coupe EF
Fig. 24 Coupe longitudinale AB
Coupe AB
Coussinet double
Plan du dessous
Élévation   Coupe CD
Plan du dessus
Coussinet simple
Loquet des rails
Clavette en fer des loquets
Poutre du chemin de roulement de la cabine
Échelle 0ᵐ08 p. m.
Coupe verticale CD (Voir Fig. 20)
Partie centrale de la poutre F
Coupe AB
Fig. 25 Plan supérieur
Cabine
Fig. 27 Vue de face
Diagramme
FONCTIONNEMENT
FONCTIONNEMENT DE L'APPAR

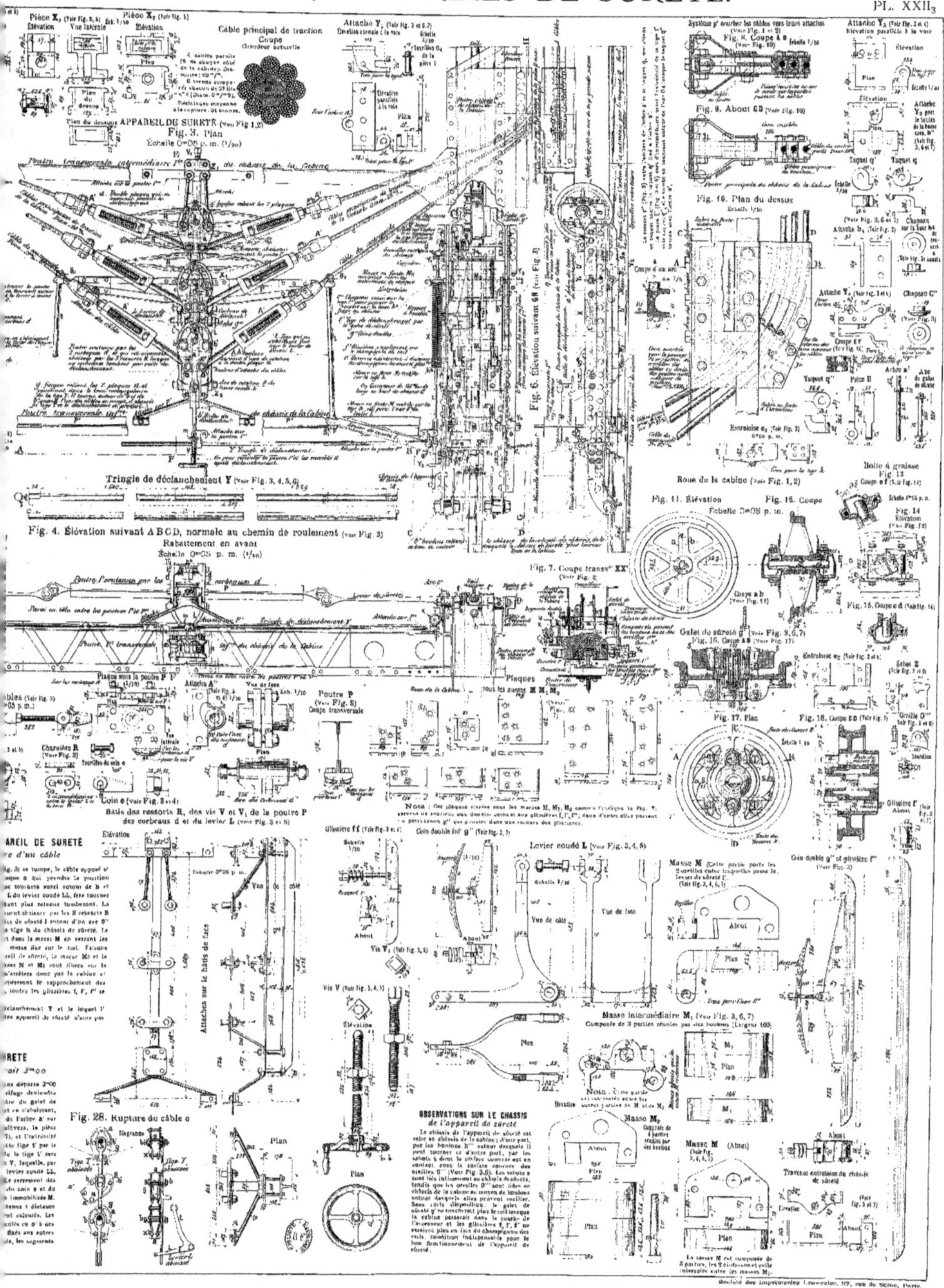

ASCENSEUR OTIS. — CONTREPOIDS DE LA CABINE : CHA[...]

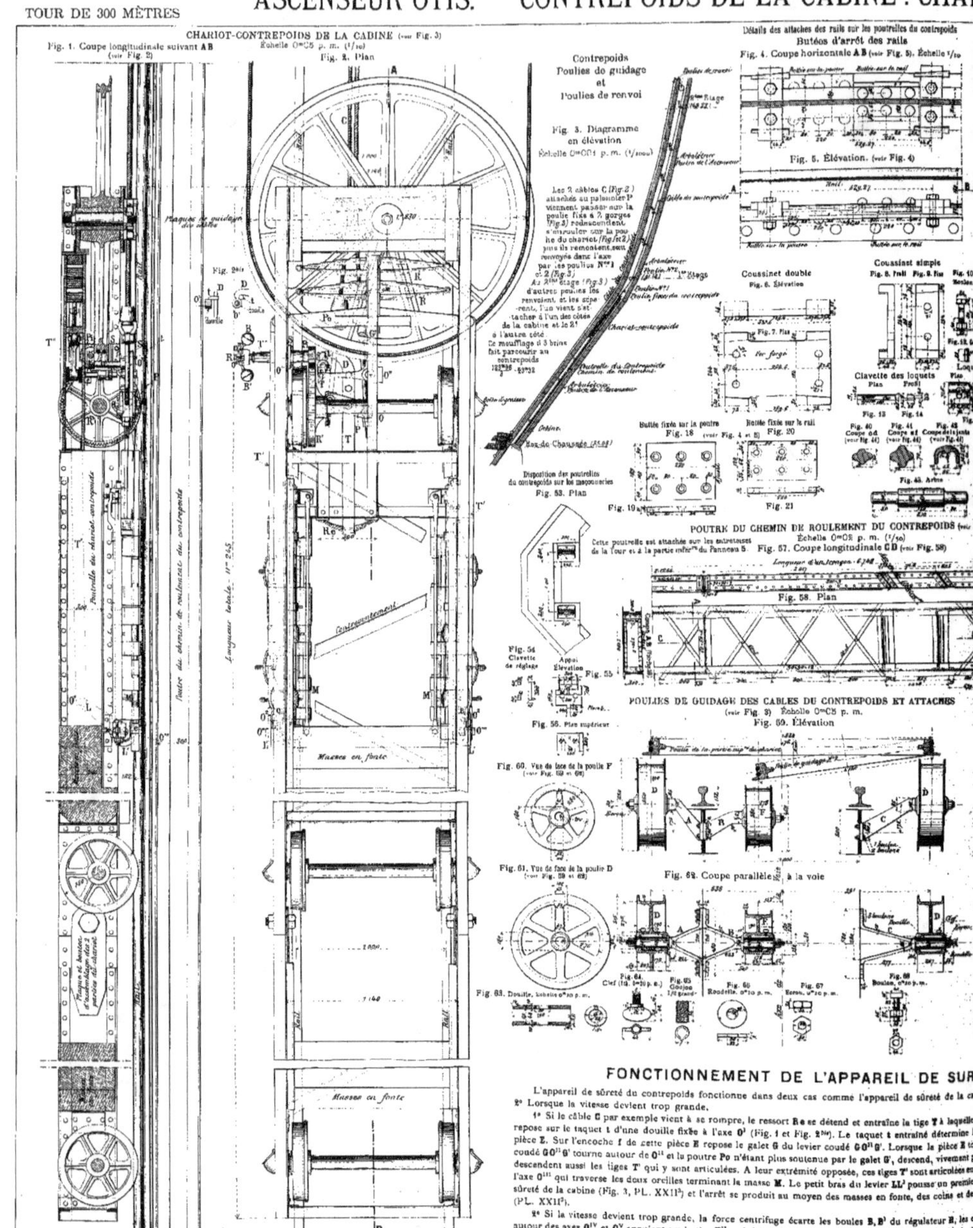

FONCTIONNEMENT DE L'APPAREIL DE SÛR[...]

L'appareil de sûreté du contrepoids fonctionne dans deux cas comme l'appareil de sûreté de la c[...]
2° Lorsque la vitesse devient trop grande.

1° Si le câble C par exemple vient à se rompre, le ressort Re se détend et entraîne la tige T à laquelle [...] repose sur le taquet t d'une douille fixée à l'axe O¹ (Fig. 1 et Fig. 2bis). Le taquet t entraîne détermine [...] pièce E. Sur l'encoche f de cette pièce E repose le galet G du levier coudé GO¹¹G'. Lorsque la pièce E to[...] coudé GO¹¹G' tourne autour de O¹¹ et la poutre Po n'étant plus soutenue par le galet G', descend, vivement [...] descendent aussi les tiges T' qui y sont articulées. A leur extrémité opposée, ces tiges T' sont articulées en[...] l'axe O¹¹¹ qui traverse les deux oreilles terminant la masse M. Le petit bras du levier LL¹ pousse un premi[...] sûreté de la cabine (Fig. 3, PL. XXII²) et l'arrêt se produit au moyen des masses en fonte, des coins et de[...] (PL. XXII²).

2° Si la vitesse devient trop grande, la force centrifuge écarte les boules B, B¹ du régulateur R, les c[...] autour des axes O¹ᵛ et Oᵛ appuient sur la tige T¹¹ qui fait alors osciller la pièce E autour de l'axe O¹, le d[...] comme précédemment et l'arrêt se produit.

S est un support en fonte commun au régulateur R et à l'axe O¹. — La roue d'engrenage R¹ et le p[...] chariot au régulateur R.

SURETÉ, POULIES DIVERSES. — ENSEMBLES & DÉTAILS.

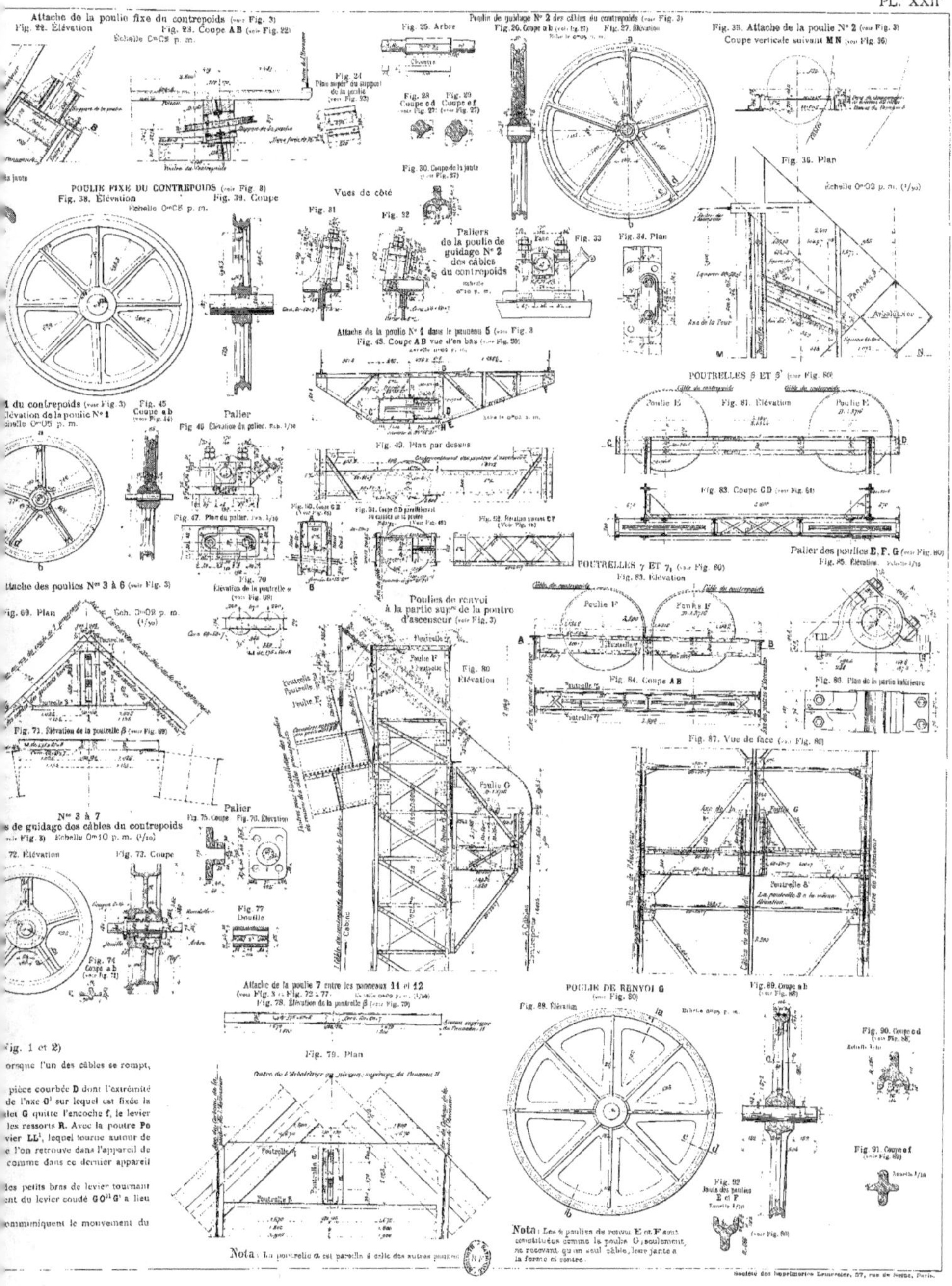

ASCENSEUR A PISTONS ARTICULÉS SYSTÈME ROUX, COMB...

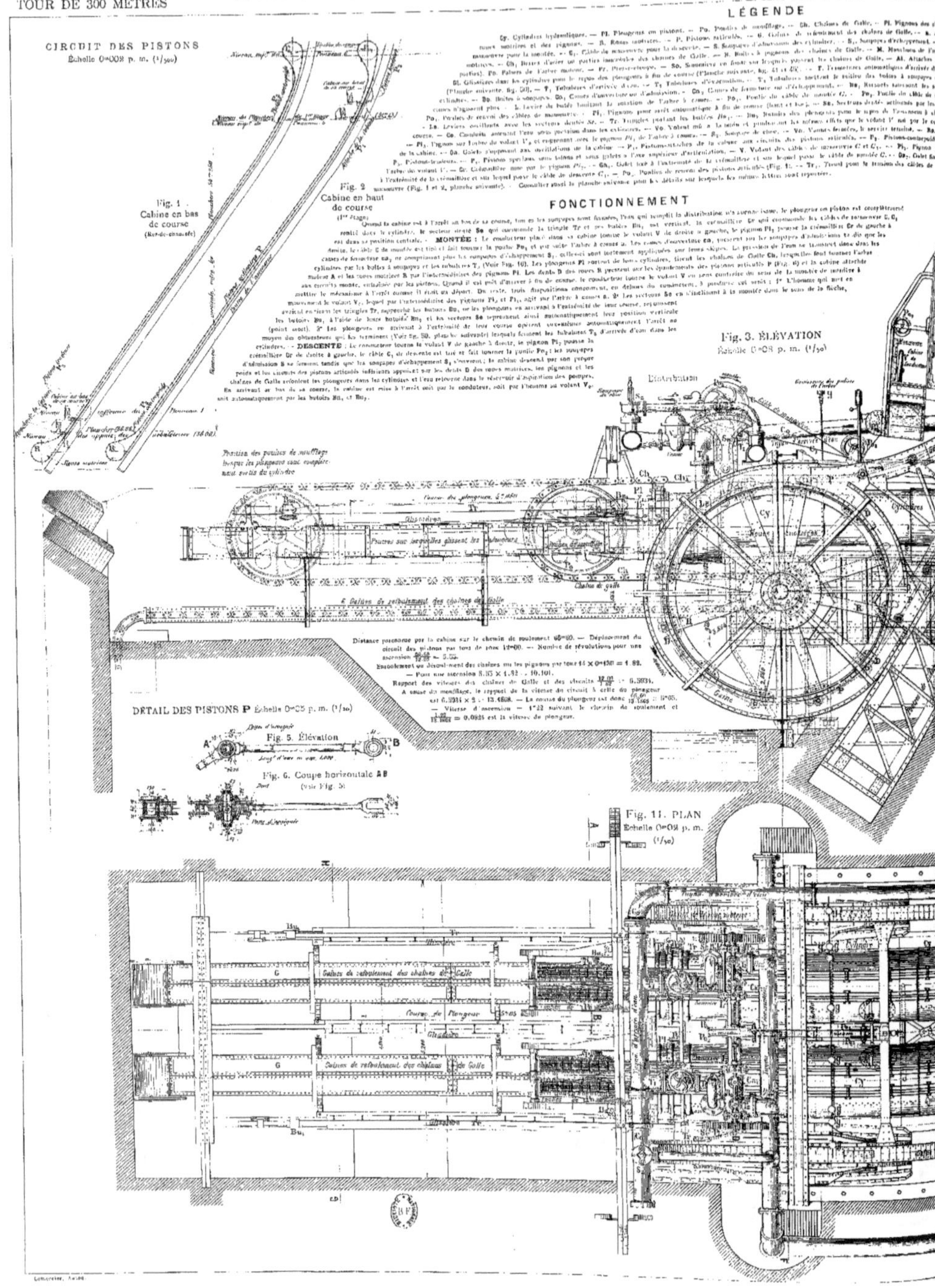

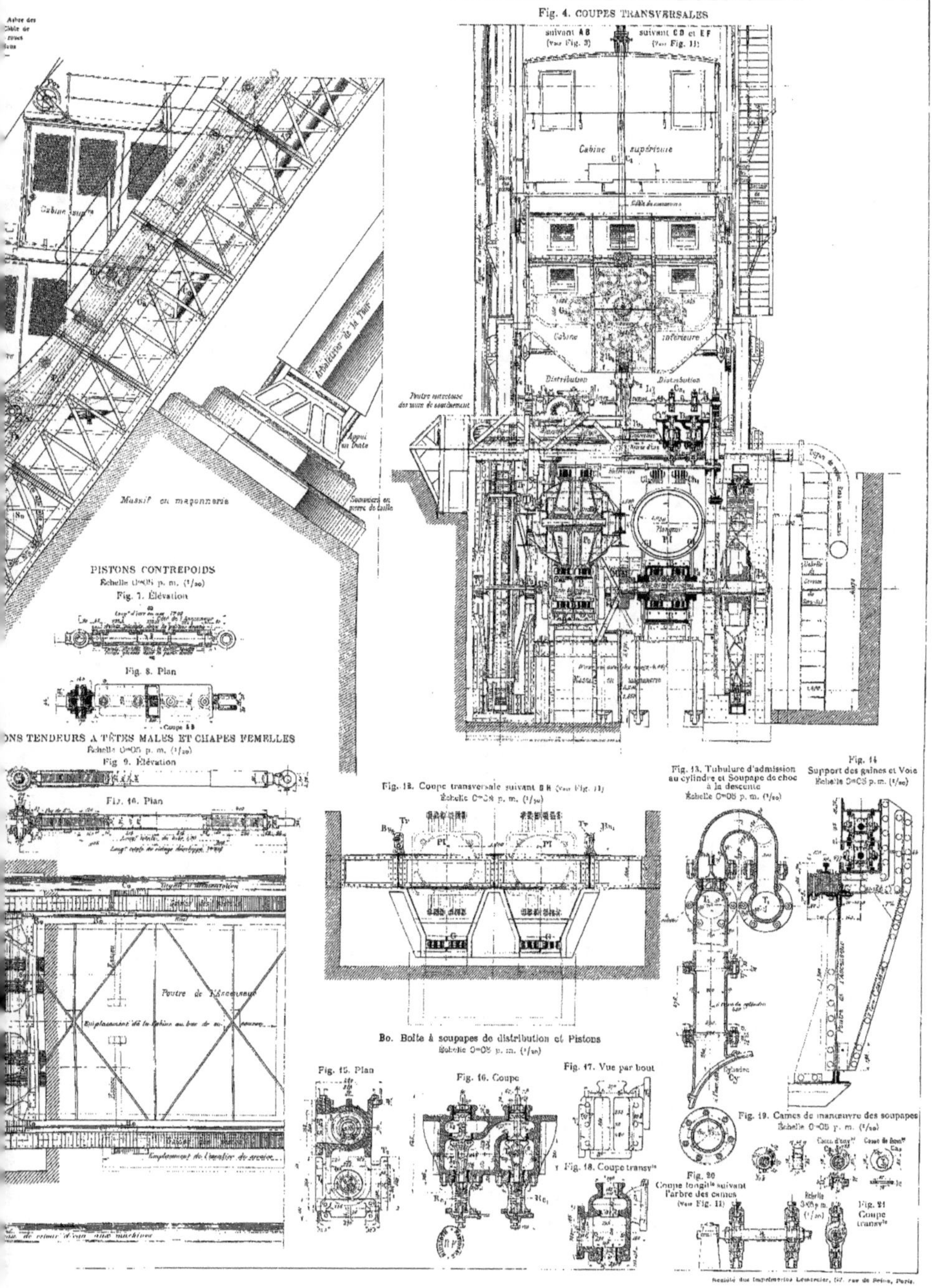
Fig. 4. COUPES TRANSVERSALES
suivant A B
(Voir Fig. 3)
suivant C D et E F
(Voir Fig. 11)
Cabine supérieure
Cabine inférieure
Distribution
Distribution
Poutre entretoise
des voies de soutènement
Massif en maçonnerie

PISTONS CONTREPOIDS
Echelle 0m05 p. m. (1/20)
Fig. 7. Élévation
Fig. 8. Plan

PISTONS TENDEURS A TÊTES MALES ET CHAPES FEMELLES
Echelle 0m05 p. m. (1/20)
Fig. 9. Élévation
Fig. 10. Plan

Poutre de l'Encuvement

Fig. 12. Coupe transversale suivant B B (Voir Fig. 11)
Echelle 0m08 p. m. (1/12)

Fig. 13. Tubulure d'admission
au cylindre et Soupape de choc
à la descente
Echelle 0m05 p. m. (1/20)

Fig. 14
Support des gaines et Voie
Echelle 0m05 p. m. (1/20)

Bo. Boîte à soupapes de distribution et Pistons
Echelle 0m05 p. m. (1/20)

Fig. 15. Plan
Fig. 16. Coupe
Fig. 17. Vue par bout
Fig. 18. Coupe transv.

Fig. 19. Cames de manœuvre des soupapes
Echelle 0m05 p. m. (1/20)

Fig. 20
Coupe longit. suivant
l'arbre des cames
(Voir Fig. 11)

Fig. 21
Coupe
transv.

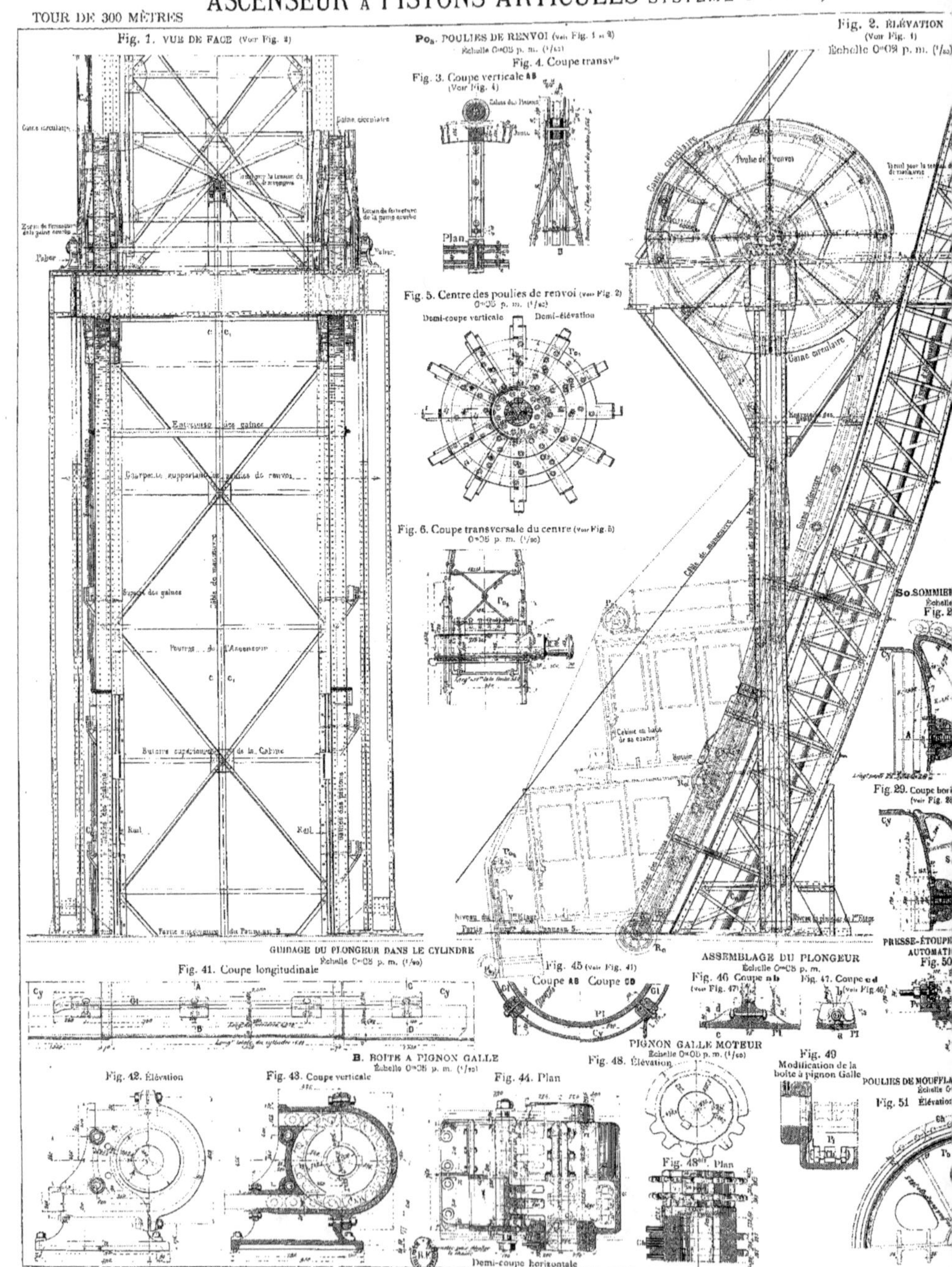

TOUR DE 300 MÈTRES
Fig. 1. VUE DE FACE (Voir Fig. 2)
Po. POULIES DE RENVOI (voir Fig. 1 et 2)
Échelle 0m05 p. m. (1/40)
Fig. 4. Coupe transv.
Fig. 3. Coupe verticale AB
(Voir Fig. 4)
Plan
Fig. 2. ÉLÉVATION
(Voir Fig. 1)
Échelle 0m02 p. m. (1/50)
Fig. 5. Centre des poulies de renvoi (voir Fig. 2)
0m05 p. m. (1/40)
Demi-coupe verticale
Demi-élévation
Fig. 6. Coupe transversale du centre (voir Fig. 5)
0m05 p. m. (1/20)
So. SOMMIER
Fig. 29. Coupe hor.
(voir Fig. 28)
GUIDAGE DU PLONGEUR DANS LE CYLINDRE
Échelle 0m05 p. m. (1/20)
Fig. 41. Coupe longitudinale
Fig. 45 (voir Fig. 41)
Coupe AB   Coupe CD
ASSEMBLAGE DU PLONGEUR
Échelle 0m05 p. m.
Fig. 46 Coupe ab   Fig. 47 Coupe cd
(voir Fig. 47)   (voir Fig. 46)
PRESSE-ÉTOUPE
AUTOMATI...
Fig. 50
B. BOITE A PIGNON GALLE
Échelle 0m05 p. m. (1/20)
Fig. 42. Élévation
Fig. 43. Coupe verticale
Fig. 44. Plan
PIGNON GALLE MOTEUR
Échelle 0m05 p. m. (1/20)
Fig. 48. Élévation
Fig. 48bis. Plan
Fig. 49
Modification de la
boîte à pignon Galle
POULIES DE MOUFFLA...
Échelle 0m...
Fig. 51 Élévation
Demi-coupe horizontale

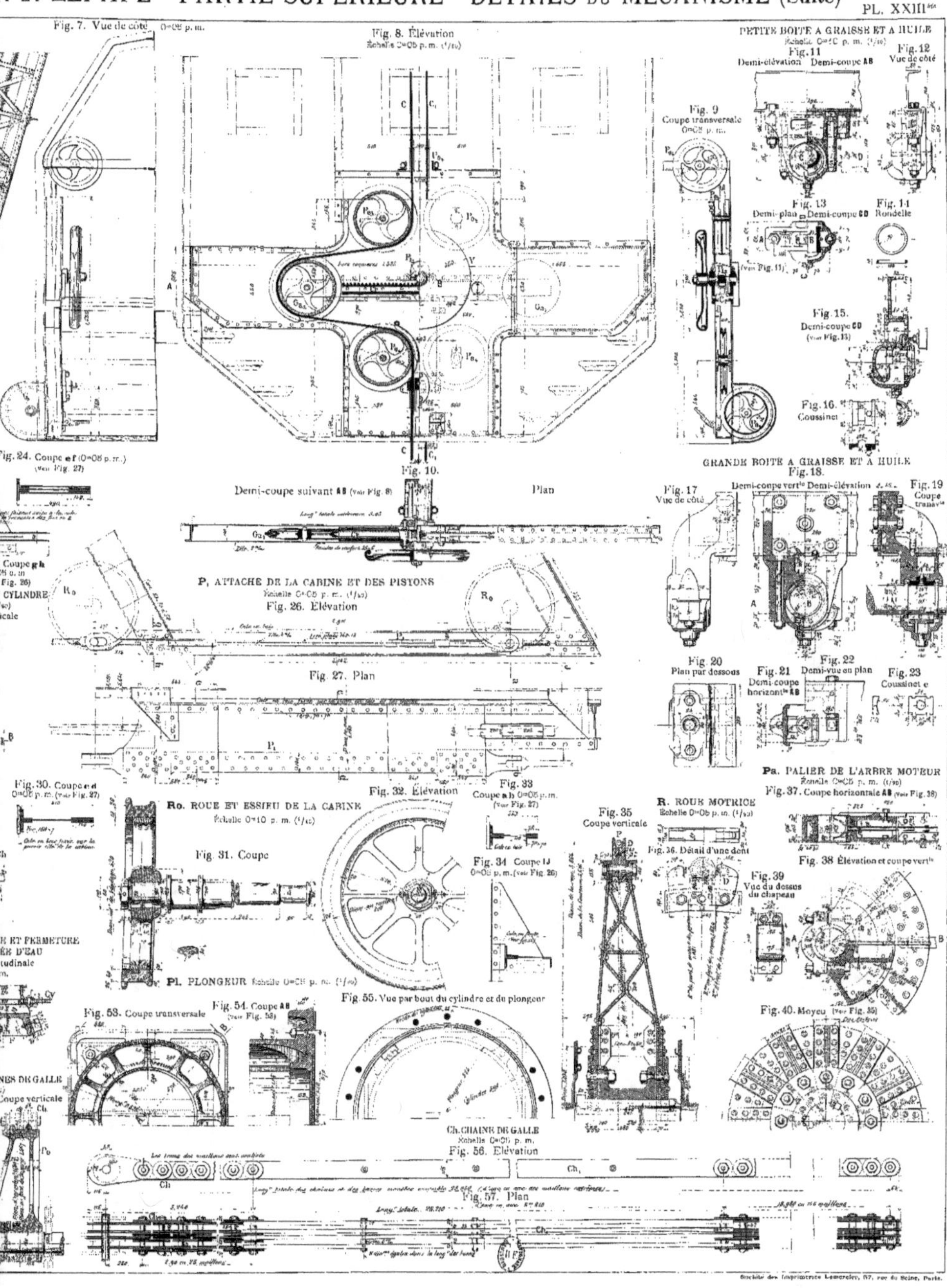
Fig. 7. Vue de côté
Fig. 8. Élévation
PETITE BOITE A GRAISSE ET A HUILE
Fig. 11 Demi-élévation Demi-coupe AB
Fig. 12 Vue de côté
Fig. 9 Coupe transversale
Fig. 13 Demi-plan Demi-coupe CD
Fig. 14 Rondelle
Fig. 15. Demi-coupe CD
Fig. 16. Coussinet
Fig. 24. Coupe ef
Fig. 10.
Demi-coupe suivant AB
Plan
GRANDE BOITE A GRAISSE ET A HUILE
Fig. 18.
Fig. 17 Vue de côté
Demi-coupe vert Demi-élévation
Fig. 19 Coupe transv
P, ATTACHE DE LA CABINE ET DES PISTONS
Fig. 26. Élévation
Fig. 20 Plan par dessous
Fig. 21 Demi-coupe horizont AB
Fig. 22 Demi-vue en plan
Fig. 23 Coussinet e
Fig. 27. Plan
Pa, PALIER DE L'ARBRE MOTEUR
Fig. 37. Coupe horizontale AB
Fig. 30. Coupe ef
Fig. 32. Élévation
Fig. 33 Coupe ab
R. ROUE MOTRICE
Ro. ROUE ET ESSIEU DE LA CABINE
Fig. 31. Coupe
Fig. 34 Coupe IJ
Fig. 35 Coupe verticale
Fig. 36. Détail d'une dent
Fig. 38 Élévation et coupe vert
Fig. 39 Vue du dessus du chapeau
Pl. PLONGEUR
Fig. 40. Moyeu
Fig. 53. Coupe transversale
Fig. 54. Coupe AB
Fig. 55. Vue par bout du cylindre et du plongeur
Ch. CHAINE DE GALLE
Fig. 56. Élévation
Fig. 57. Plan

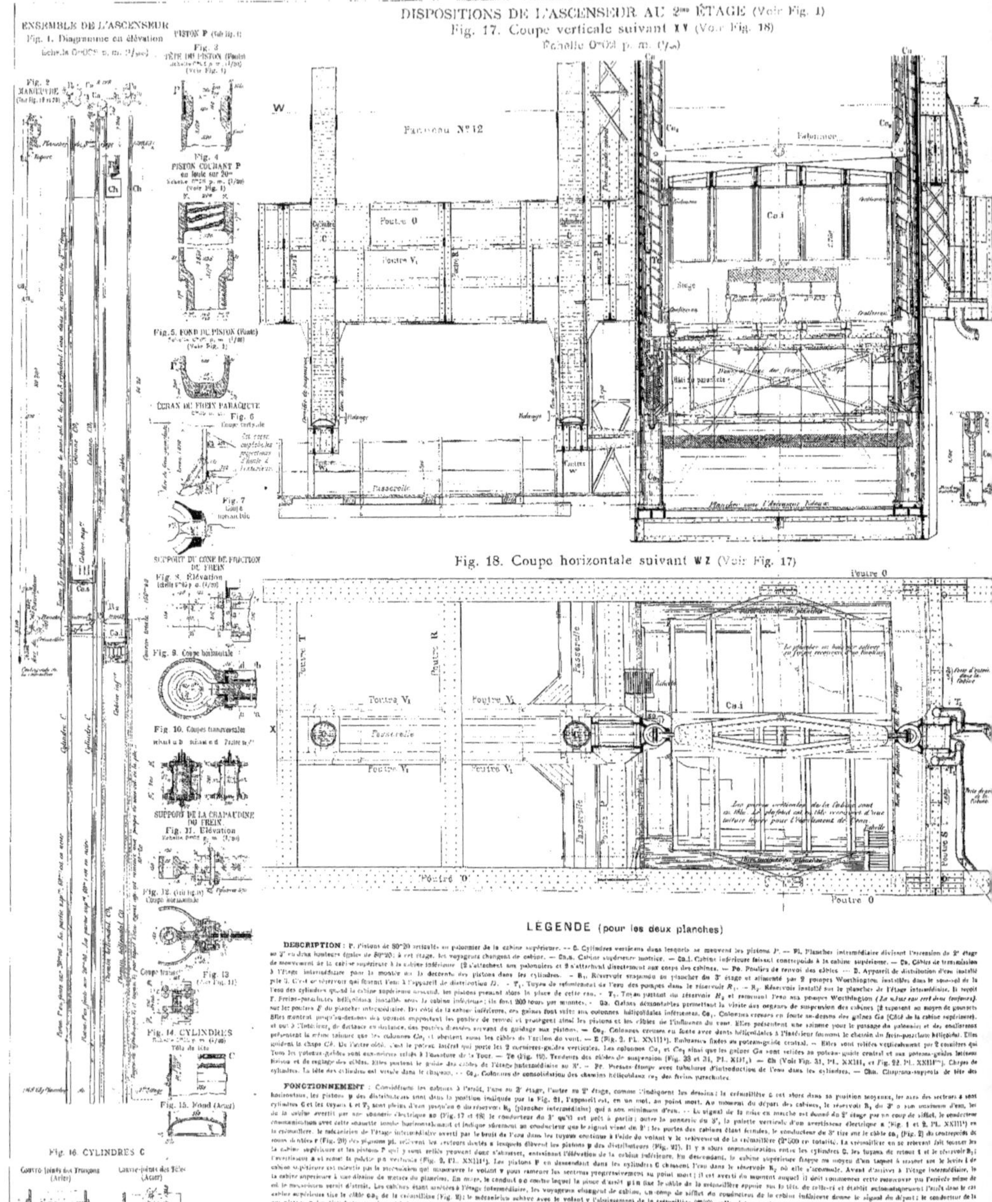

DISPOSITIONS DE L'ASCENSEUR AU 2me ÉTAGE (Voir Fig. 1)
Fig. 17. Coupe verticale suivant XY (Voir Fig. 18)
Échelle 0m,02 p. m. (1/50)

Fig. 18. Coupe horizontale suivant WZ (Voir Fig. 17)

LEGENDE (pour les deux planches)

DESCRIPTION : P, Pistons de 80m,20 articulés au palonnier de la cabine supérieure. — C, Cylindres verticaux dans lesquels se meuvent les pistons P. — Pl, Planches intermédiaire divisant l'ascension du 2e étage au 3e en deux hauteurs égales de 80m,20 ; à cet étage, les voyageurs changent de cabine. — Ca.s, Cabine supérieure motrice. — Ca.i, Cabine inférieure faisant contrepoids à la cabine supérieure. — Ca, Câbles de transmission de mouvement de la cabine supérieure à la cabine inférieure (2 s'attachent aux palonniers et 2 s'attachent directement aux corps des cabines. — Po, Poulies de renvoi des câbles. — D, Appareil de distribution d'eau installé près S. C'est ce réservoir qui fournit l'eau à l'appareil de distribution D. — T₁, Tuyau de refoulement de l'eau des pompes dans le réservoir R₁. — R₂, Réservoir installé sur le plancher de l'étage intermédiaire, il reçoit l'eau des cylindres quand la cabine supérieure descend, les pistons prenant alors la place de cette eau. — T₂, Tuyau partant du réservoir R₂ et renvoyant l'eau aux pompes Worthington (La même eau sert deux fois plus). F, Freins-parachutes hélicoïdaux installés sous la cabine inférieure ; ils font 200 tours par minutes. — Ga, Gaines démontables permettant la visite des organes de suspension des cabines (2 reposent au moyen de goussets sur les poutres F du plancher intermédiaire. Du côté de la cabine inférieure, ces gaines font suite aux colonnes hélicoïdales inférieures, Co₂. Colonnes creuses en fonte au-dessus des gaines Ga (Côté de la cabine supérieure). Elles montent jusqu'au-dessous du vousso supportant les poulies de renvoi et protègent ainsi les pistons et les câbles de l'influence du vent. Elles présentent une rainure pour le passage du palonnier et des coulisseaux et ont à l'intérieur, de distance en distance, des poutres dressées servant de guidage aux pistons. — Co₂, Colonnes creuses en fonte avec dents hélicoïdales à l'intérieur formant le chemin du frein-parachute hélicoïdal. Elles présentent la même rainure que les colonnes Co₁ et abritent aussi les câbles de l'action du vent. — E (Fig. 2, Pl. XXIII°). Embrasses fixées au poteau-guide central. — Elles sont reliées verticalement par 2 coulisses qui guident la chape Cф. De l'autre côté, c'est le poteau latéral qui porte les 2 ornières-guides verticales. Les colonnes Co₁ et Co₂ ainsi que les gaines Ga sont reliées au poteau-guide central et aux poteaux-guides latéraux. Tous les poteaux-guides sont eux-mêmes reliés à l'ossature de la Tour. — Te (Fig. 10). Tendeurs des câbles de suspension (Fig. 23 et 24, Pl. XIII₄) — Ch (Voir Fig. 31, Pl. XXIII, et Fig. 22, Pl. XXIII°). Chapes de liaison et de réglage des câbles. Elles portent le guide des câbles de l'étage intermédiaire au 3e. — Pr, Presses-étampe avec tubulure d'introduction de l'eau dans les cylindres. La tête des cylindres est vissée dans le chapeau. — Co₃, Colonnes de consolidation des chemins hélicoïdaux co₂ des freins parachutes. — Chs, Chapeaux-supports de tête des cylindres.

FONCTIONNEMENT : Considérant les cabines à l'arrêt, l'une au 3e étage, l'autre au 2e étage, comme l'indiquent les dessins : la crémaillère c est alors dans sa position moyenne, les axes des secteurs à sont horizontaux, les pistons p des distributeurs sont dans la position indiquée par la Fig. 21, l'appareil est, en un mot, au point mort. Au moment du départ des cabines, le réservoir R₁ du 3e a son maximum d'eau, les cylindres C et les tuyaux t et T₂ sont pleins d'eau jusqu'en o du réservoir R₂ (plancher intermédiaire) qui a son minimum d'eau. — Le signal de la mise en marche est donné au 2e étage par un coup de sifflet, le conducteur de la cabine avertit par un sonnerie électrique au (Fig. 17 et 18) le conducteur du 3e qui est prêt à partir ; outre le sonnerie du 3e, la palette verticale d'un avertisseur électrique e (Fig. 1 et 2, Pl. XXIII°) est levée dans le cas où le mécanisme avec cette sonnette tombe horizontalement et indique sûrement au conducteur que le signal vient du 3e ; les portes des cabines étant fermées, le conducteur du 3e tire sur le câble cu, (Fig. 2) des contrepoids des roues dentées r (Fig. 20) des pignons pl. relèvent les secteurs dentés à lesquels élèvent les pistons p des distributeurs (Fig. 21). Il y a alors communication entre les cylindres C, les tuyaux de retour t et le réservoir R₂ ; la cabine supérieure et les pistons P qui y sont reliés peuvent donc s'abaisser, entraînant l'élévation de la cabine inférieure. En descendant, la cabine supérieure fixe pe en moyen d'un taquet à arrêter sur le levier à et l'excentrique à ralentit la surcaission qui manœuvre le voiliet p pour ramener les secteurs progressivement au point mort ; il est averti du moment auquel il doit commencer cette manœuvre par l'arrivée même de la cabine supérieure à une dizaine de mètres du plancher. En outre, le conduit o se couche lequel le plomb d'arrêt pin fixe le câble de la crémaillère appuie sur la tête de celle-ci et établit automatiquement l'arrêt dans le cas où le mécanisme serait d'arrêt. Les cabines étant arrêtées à l'étage intermédiaire, les voyageurs changent de cabine, un coup de sifflet du conducteur de la cabine inférieure donne le signal du départ ; le conducteur de la cabine supérieure tire le câble co₁ de la crémaillère (Fig. 2) ; le mécanisme achève avec le volant et l'abaissement de la crémaillère (Fig. 21), celle-ci transmet son mouvement aux roues dentées, aux pignons, aux secteurs et un poids. Avant d'arriver au 2e étage, la cabine est ralentie par le mécanisme qui amène progressivement les secteurs au point mort, il est guidé dans cette manœuvre par une bande de peinture blanche faite sur la chape et des câbles et une autre bande faite sur la gaine démontable Ga à 3m,80 du plancher. A l'arrêt complet, les bandes sont de niveau. Le ralentissement commence lorsque la chape Cф apparaît à 10 mètres environ de la bande faite sur Ga. Le taquet tn (Fig. 1, Pl. XIII°° et Fig. 2, Pl. XXIII°°) remonté par la cabine continue aussi automatiquement à faire l'arrêt.

(Voir la suite du fonctionnement du parachute Pl. XXIII°)

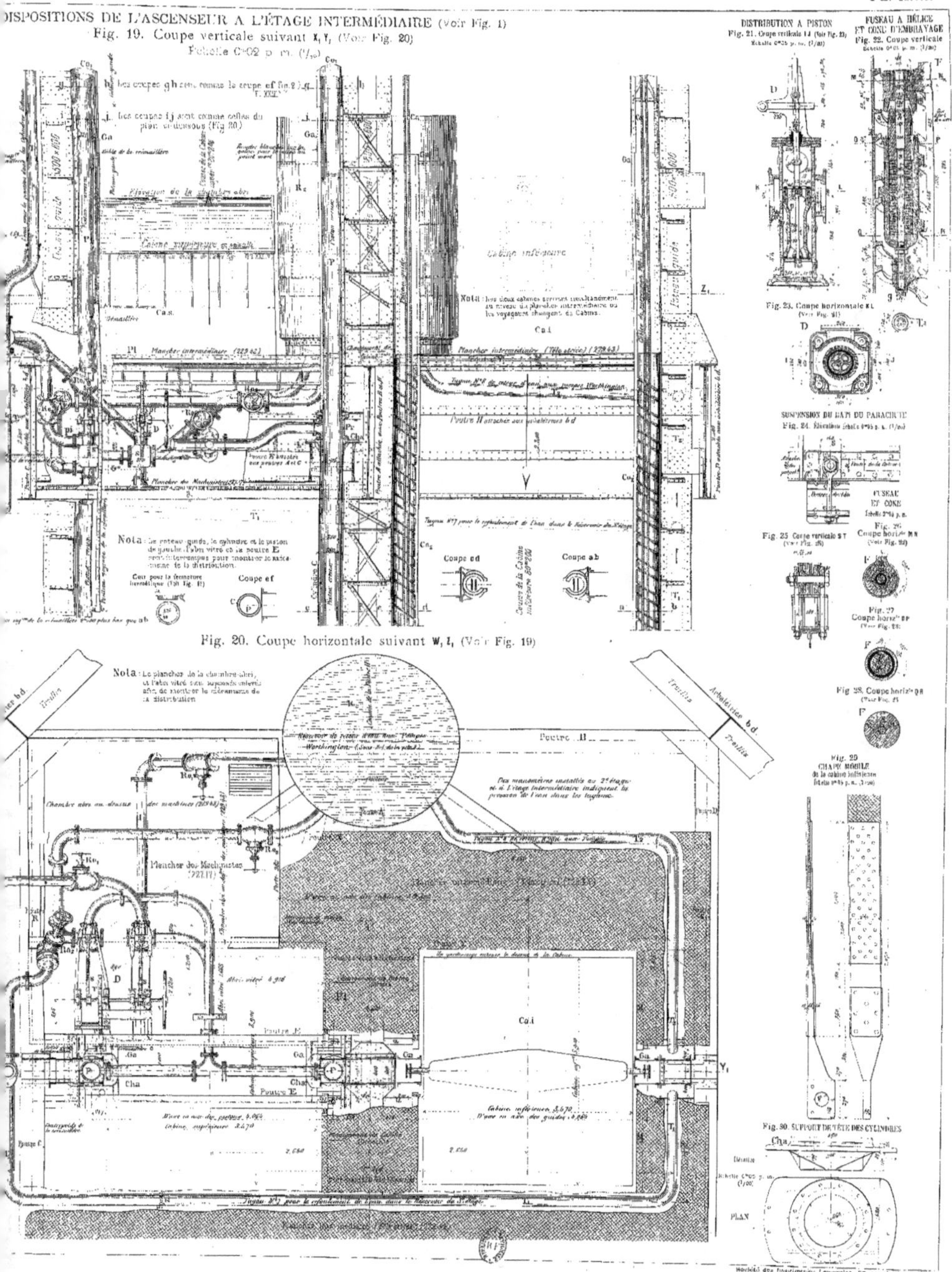
DISPOSITIONS DE L'ASCENSEUR A L'ÉTAGE INTERMÉDIAIRE (Voir Fig. 1)
Fig. 19. Coupe verticale suivant X₁ Y₁ (Voir Fig. 20)
DISTRIBUTION A PISTON
Fig. 21. Coupe verticale IJ (Voir Fig. 23)
FUSEAU A HÉLICE ET CONE D'EMBRAYAGE
Fig. 22. Coupe verticale
Fig. 23. Coupe horizontale KL (Voir Fig. 21)
SUSPENSION DU BATI DU PARACHUTE
Fig. 24.
FUSEAU ET CONE
Fig. 25. Coupe verticale ST (Voir Fig. 26)
Fig. 26. Coupe horizontale MN (Voir Fig. 22)
Fig. 27. Coupe horizontale OP
Fig. 28. Coupe horizontale QR
Fig. 29. CHAPE MOBILE de la cabine inférieure
Fig. 20. Coupe horizontale suivant W₁ I₁ (Voir Fig. 19)
Poutre H
Treillis
Armature b d
Plancher des Machinistes
Coupe cd   Coupe ab   Coupe ef
Fig. 30. SUPPORT DE TÊTE DES CYLINDRES
PLAN

ASCENSEUR ÉDOUX DU DEUXIÈME AU TROISIÈME ÉTAGE

Fig. 1. Coupe horizontale suivant XY (Voir Fig. 2)
Échelle 0ᵐ02 p. m. (¹/₅₀)

DISPOSITIONS DE L'ASCENSEUR AU 3ᵐᵉ

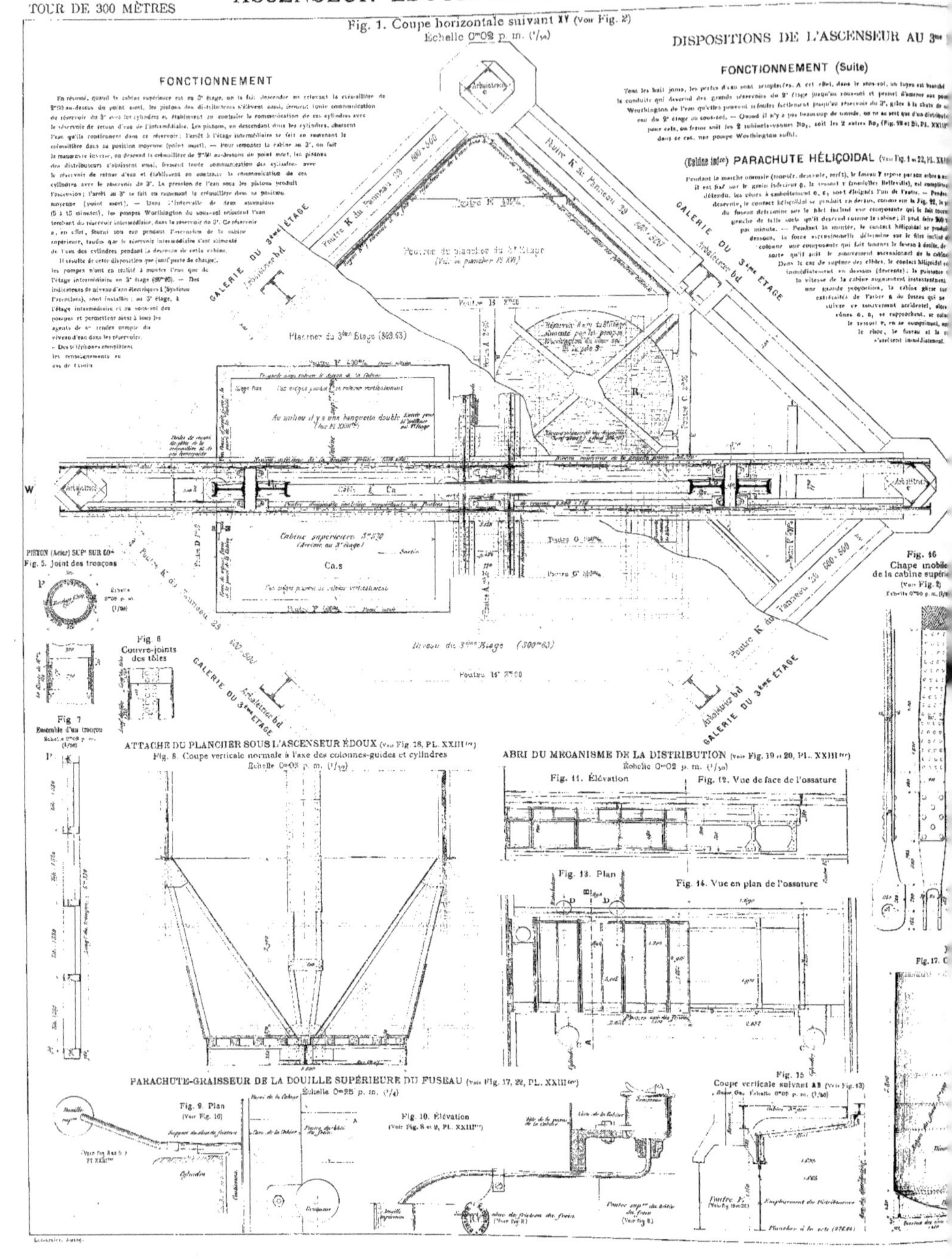

FONCTIONNEMENT

FONCTIONNEMENT (Suite)

(Cabine inféʳ) PARACHUTE HÉLIÇOIDAL (voir Fig. 1 et 22, PL. XXIII)

Fig. 5. Joint des tronçons

Fig. 6. Couvre-joints des tôles

Fig. 7. Ensemble d'un tronçon

Fig. 16. Chape mobile de la cabine supérieure (Voir Fig. 2)

ATTACHE DU PLANCHER SOUS L'ASCENSEUR ÉDOUX (voir Fig. 18, PL. XXIII ᵗᵉʳ)
Fig. 8. Coupe verticale normale à l'axe des colonnes-guides et cylindres
Échelle 0ᵐ08 p. m. (¹/₁₂)

ABRI DU MÉCANISME DE LA DISTRIBUTION (voir Fig. 19 et 20, Pl. XXIII ᵗᵉʳ)
Échelle 0ᵐ02 p. m. (¹/₅₀)
Fig. 11. Élévation   Fig. 12. Vue de face de l'ossature

Fig. 13. Plan

Fig. 14. Vue en plan de l'ossature

Fig. 17. C

PARACHUTE-GRAISSEUR DE LA DOUILLE SUPÉRIEURE DU FUSEAU (voir Fig. 17, 22, PL. XXIII ᵗᵉʳ)
Échelle 0ᵐ25 p. m. (¹/₄)
Fig. 9. Plan (Voir Fig. 10)
Fig. 10. Élévation (Voir Fig. 8 et 9, PL. XXIII ᵗᵉʳ)

Fig. 15. Coupe verticale suivant AB (Voir Fig. 13)

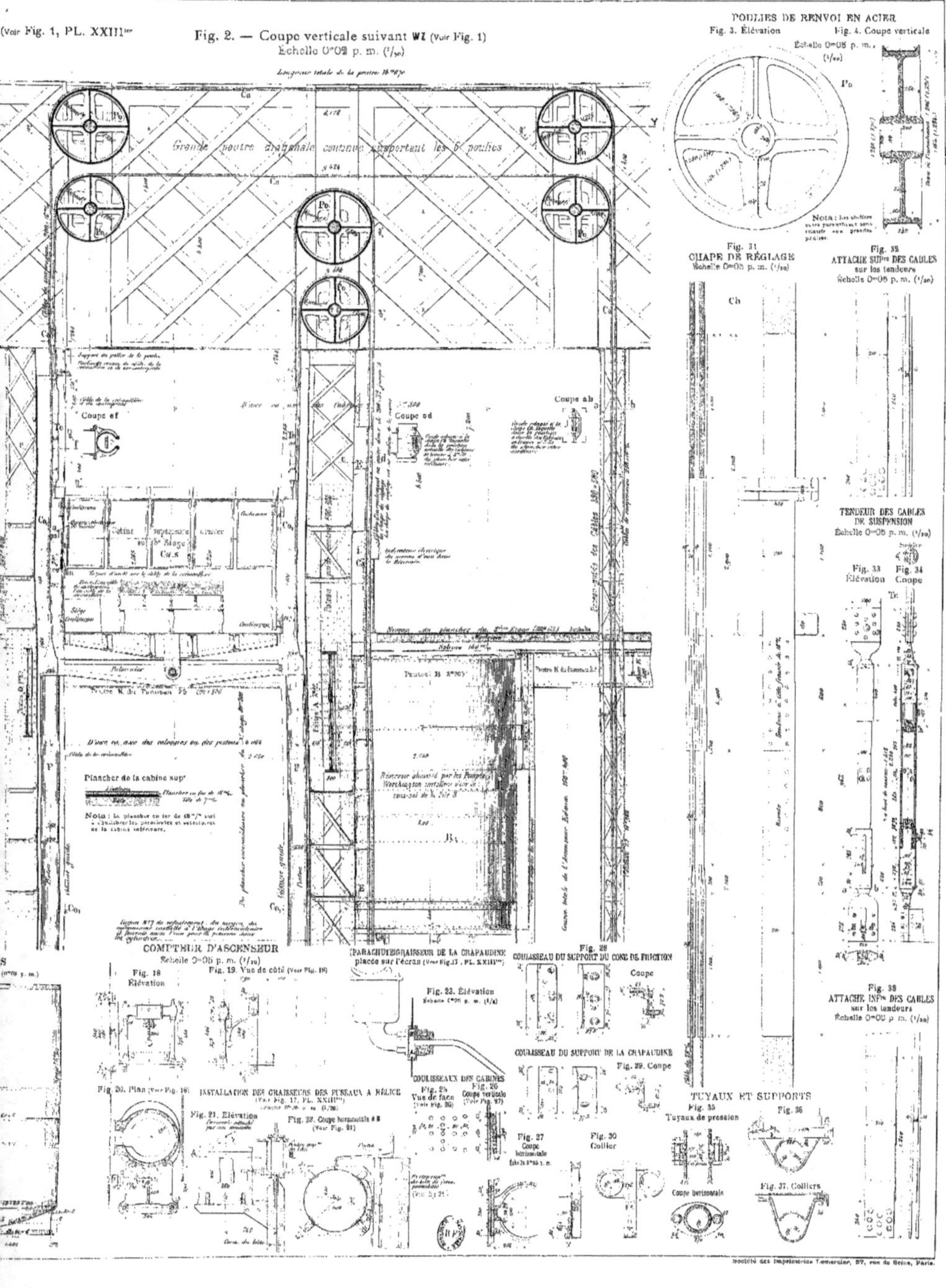
(Voir Fig. 1, PL. XXIII ter)
Fig. 2. — Coupe verticale suivant WZ (Voir Fig. 1)
Échelle 0ᵐ02 p. m. (1/50)
POULIES DE RENVOI EN ACIER
Fig. 3. Élévation
Fig. 4. Coupe verticale
Échelle 0ᵐ05 p. m. (1/20)
CHAPE DE RÉGLAGE
Fig. 31
ATTACHE SUP⁽ᵉ⁾ DES CABLES
sur les tendeurs
Fig. 32
TENDEUR DES CABLES DE SUSPENSION
Échelle 0ᵐ05 p. m. (1/20)
Fig. 33 Élévation
Fig. 34 Coupe
ATTACHE INF⁽ᵉ⁾ DES CABLES
sur les tendeurs
Fig. 39
Coupe ef
Coupe cd
Coupe ab
COMPTEUR D'ASCENSEUR
Fig. 18 Élévation
Fig. 19. Vue de côté
PARACHUTE GRAISSEUR DE LA CRAPAUDINE
placée sur l'écran
Fig. 23. Élévation
COULISSEAU DU SUPPORT DU CONE DE FRICTION
Fig. 28
Coupe
COULISSEAU DU SUPPORT DE LA CRAPAUDINE
Fig. 29. Coupe
Fig. 20. Plan
INSTALLATION DES GRAISSEURS DES FUSEAUX A HÉLICE
Fig. 21. Élévation
COULISSEAUX DES CABINES
Fig. 25 Vue de face
Fig. 26 Coupe verticale
Fig. 27 Coupe horizontale
Fig. 30 Collier
TUYAUX ET SUPPORTS
Fig. 35 Tuyaux de pression
Fig. 36
Fig. 37. Colliers

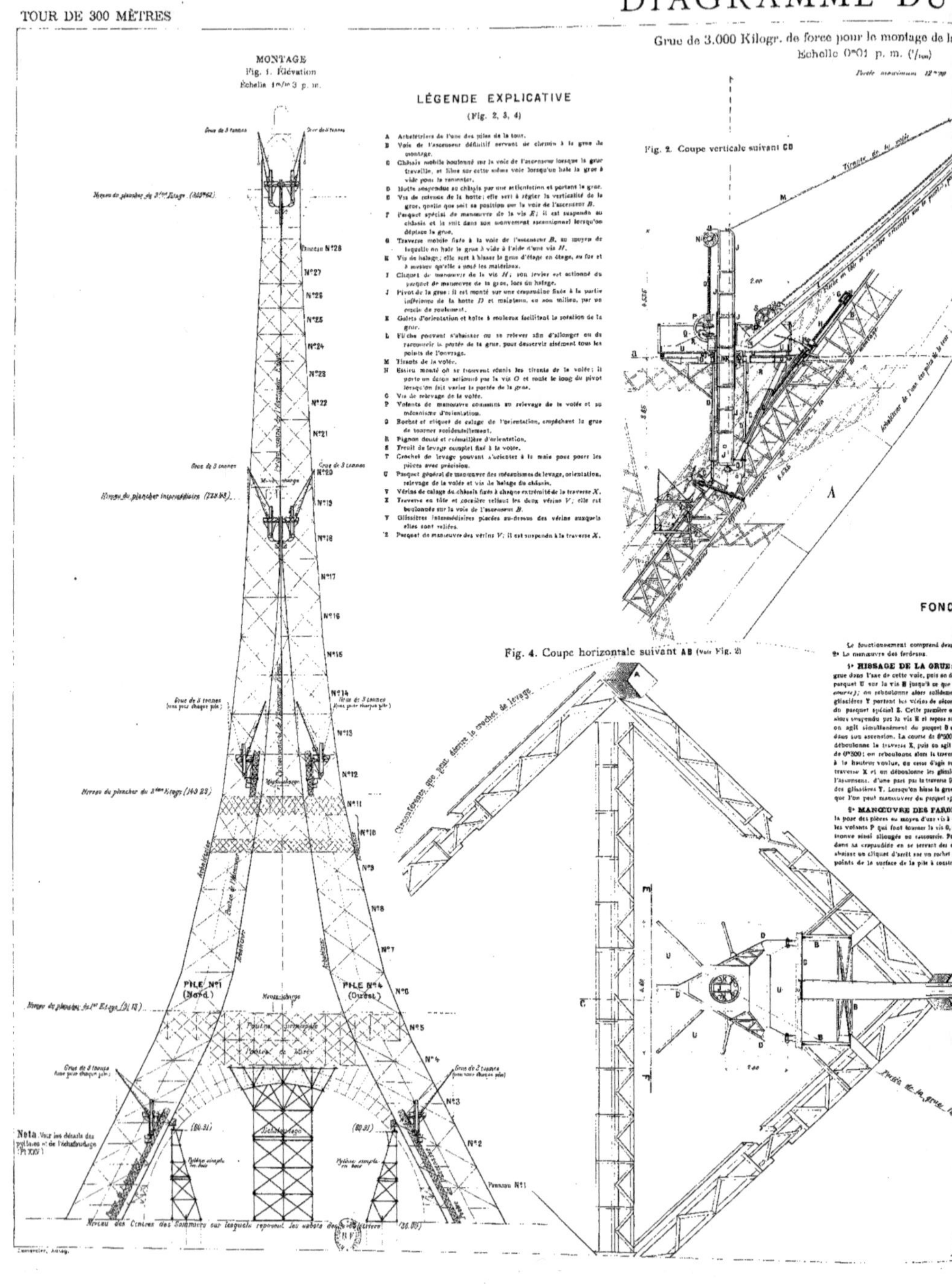

DIAGRAMME DU
Grue de 3.000 Kilogr. de force pour le montage de la
Échelle 0m01 p. m. (1/100)
Portée maximum 12m70

MONTAGE
Fig. 1. Élévation
Échelle 1m/m 3 p. m.

Fig. 2. Coupe verticale suivant CD

Fig. 4. Coupe horizontale suivant AB (voir Fig. 2)

LÉGENDE EXPLICATIVE
(Fig. 2, 3, 4)

A   Arbalétriers de l'une des piles de la tour.
B   Voie de l'ascenseur définitif servant de chemin à la grue de montage.
C   Châssis mobile boulonné sur la voie de l'ascenseur lorsque la grue travaille, et libre sur cette même voie lorsqu'on hale la grue à vide pour la remonter.
D   Hotte suspendue au châssis par une articulation et portant la grue.
E   Vis de retenue de la hotte; elle sert à régler la verticalité de la grue, quelle que soit sa position sur la voie de l'ascenseur B.
F   Parquet spécial de manœuvre de la vis E; il est suspendu au châssis et le suit dans son mouvement ascensionnel lorsqu'on déplace la grue.
G   Traverse mobile fixe à la voie de l'ascenseur B, au moyen de laquelle on hale la grue à vide à l'aide d'une vis H.
H   Vis de halage; elle sert à hisser la grue d'étage en étage, au fur et à mesure qu'elle a posé les matériaux.
I   Cliquet de manœuvre de la vis H; son levier est actionné du parquet de manœuvre de la grue, lors du halage.
J   Pivot de la grue; il est monté sur une crapaudine fixée à la partie inférieure de la hotte D et maintenu, en son milieu, par un cercle de roulement.
K   Galets d'orientation et boîte à rouleaux facilitant la rotation de la grue.
L   Flèche pouvant s'abaisser ou se relever afin d'allonger ou de raccourcir la portée de la grue, pour desservir aisément tous les points de l'ouvrage.
M   Tirants de la volée.
N   Essieu monté où se trouvent réunis les tirants de la volée; il porte un écrou actionné par la vis O et roule le long du pivot lorsqu'on fait varier la portée de la grue.
O   Vis de relevage de la volée.
P   Volants de manœuvre communs au relevage de la volée et au mécanisme d'orientation.
Q   Rochet et cliquet de calage de l'orientation, empêchant la grue de tourner accidentellement.
R   Pignon denté et crémaillère d'orientation.
S   Treuil de levage complet fixé à la volée.
T   Crochet de levage pouvant s'orienter à la main pour poser les pièces avec précision.
U   Parquet général de manœuvre des mécanismes de levage, orientation, relevage de la volée et vis de halage du châssis.
V   Vérins de calage du châssis fixés à chaque extrémité de la traverse X.
X   Traverse en tôle et cornière reliant les deux vérins V; elle est boulonnée sur la voie de l'ascenseur B.
Y   Glissières intermédiaires placées au-dessus des vérins auxquels elles sont reliées.
Z   Parquet de manœuvre des vérins V; il est suspendu à la traverse X.

FONC

PILE N°1 (Nord.)
PILE N°4 (Ouest.)

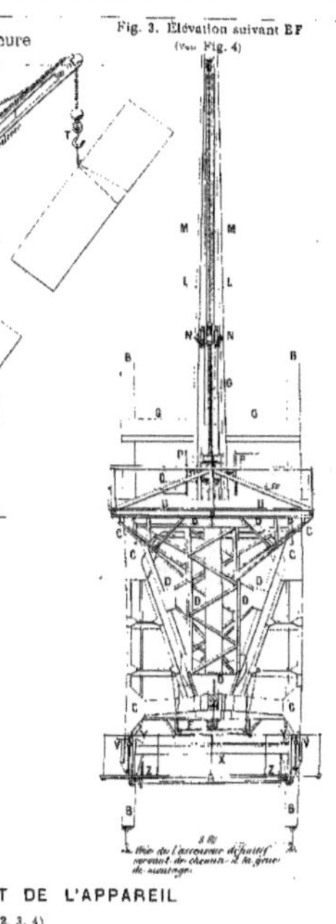

Fig. 3. Élévation suivant EF
(Voir Fig. 4)

DISPOSITION DES GRUES POUR LE MONTAGE DE LA PARTIE SUPÉRIEURE
Fig. 8. Ensemble en élévation
Échelle 0m,005 p. m. (1/200)

Fig. 5. Vue de face (Voir Fig. 5 et 7)

Fig. 7. Plan

LÉGENDE EXPLICATIVE

(Fig. 5, 6, 7)

A — Poteau central servant de guide à l'ascenseur Édoux et sur lequel viennent se fixer les voies des grues de montage. Ce poteau porte toutes les charges verticales.

B, B' — Deux des grues de montage; elles sont fixées chacune sur leurs voies respectives C, C'

C, C' — Deux voies verticales par lesquelles glissent les grues de montage. Ces voies sont fixées dos à dos, chacune sur une face du poteau central A et réunies entre elles par un treillis démontable.

D — Châssis rectangulaires composant les voies des grues; ils sont superposés les uns au-dessus des autres et réunis entre eux par des éclisses, ils sont attachés directement sur le poteau central A.

E — Contreventement horizontal reliant les voies des grues ou les poutres diagonales à la tour; il y a deux contreventements par panneau, un en haut et un en bas du panneau où l'on travaille, et tous les efforts horizontaux sont tenus par les arbalétriers.

Nota : Le montage de la voie se fait à l'aide des grues elles-mêmes, en enlevant les châssis inférieurs de la voie devenue libre et en les plaçant à la partie supérieure du tronçon restant.

La manœuvre des grues se fait comme à la partie inférieure de la tour.

DESCRIPTION GÉNÉRALE DU MONTAGE

Les boulons de 0m,10 de diamètre et 5m,19 de longueur (PL. VI. Fig. 1) qui fixent les premiers tronçons des arbalétriers sur leurs sabots en fonte furent mis en place aussitôt que l'avancement des massifs en maçonnerie le permit. Ces massifs terminés et les rotamiers en pierre de taille posés, on passa chaque sabot et le tronçon inférieur de chaque arbalétrier dans les deux boulons (Voir PL. VI) et l'on serra fortement les écrous.

Toute l'ossature inférieure de la tour jusqu'au milieu du panneau 2, y compris la poutre d'ascenseur (Fig. 1) fut montée au moyen de chèvres ordinaires et de bigues, puis on installa une grue dans chaque pile, sur la poutre d'ascenseur (Fig. 1). Avec ces grues (Fig. 2 à 4) montant elles-mêmes leur chemin de roulement, on édifia les quatre piles en porte à faux jusqu'à 27m (PL. XXV. Fig. 3). Pendant ce premier montage, des pylônes ou charpente établis sur pieux furent élevés au droit des trois arbalétriers intérieurs de chaque pile (Voir PL. XXV). Au moyen de sabots de butée, on fit reposer les arbalétriers sur des boîtes à sable installées sur les plates-formes terminant les pylônes (Fig. 4 à 12, PL. XXV). Quatre grands échafaudages (Fig. 1) destinés au montage des poutres du 1er étage furent en outre élevés en même temps que les pylônes. Les quatre portions de piles de 27m étant soutenues par les pylônes, on put continuer le montage jusqu'au 1er étage. Les pièces des poutres furent montées au moyen des grues et de chèvres installées sur les planchers des grands échafaudages. L'extrémité supérieure des quatre portions de piles fut mise à hauteur et à écartement exacts au moyen des vérins de 800.000 kilog. introduits dans les sabots des arbalétriers (PL. VI) et des boîtes à sable des pylônes et l'on put ainsi assembler les poutres sur piles avec la plus grande précision.

Sur le plancher du 1er étage ainsi établi, on installa un monte-charge à vapeur (Fig. 1). Les pièces déposées sur ce plancher étaient reprises par les grues et le montage s'effectua jusqu'au 2e étage comme pour la partie inférieure.

Le plancher du 2e étage établi, on y installa un deuxième monte-charge à vapeur (Fig. 1) qui prit les pièces déposées au 1er étage par le premier monte-charge. Les grues purent être encore employées sur quelques mètres au-dessus du 2e étage, les poutres d'ascenseur montant au-dessus de cet étage, mais arrivé au sommet de ces poutres, on dut modifier les dispositions.

Au lieu de quatre grues, on employa plus que deux grues comme l'indiquent les Fig. 5 à 7. C'est le poteau-guide central de l'ascenseur Édoux qui servit de support à la nouvelle voie formée par des châssis superposés bout à bout que l'on déplaçait par les grues elles-mêmes au fur et à mesure de leur ascension. Chaque grue était portée par trois châssis. Trois autres servaient à leur remplacement successif, de la partie inférieure à la partie supérieure, quand ils devenaient libres.

Au plancher intermédiaire, on installa un troisième monte-charge à vapeur (Fig. 1) qui prit les pièces au 2e étage pour les déposer à l'étage intermédiaire. Jusqu'au 3e étage, le montage s'effectua donc au moyen de trois monte-charges à vapeur et de deux grues. Au-dessus du 3e étage, le montage s'acheva au moyen de chèvres ordinaires.

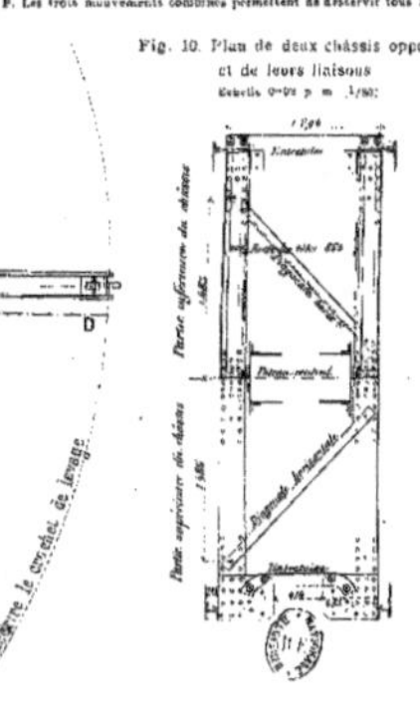

NT DE L'APPAREIL

(Fig. 2, 3, 4)

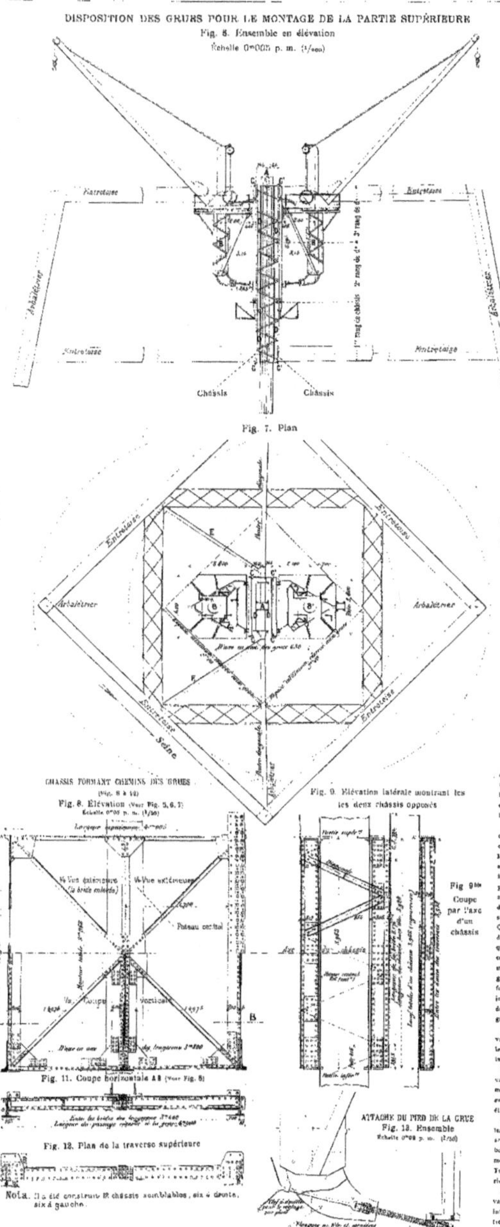

MONTAGE DE LA PARTIE INFÉRI

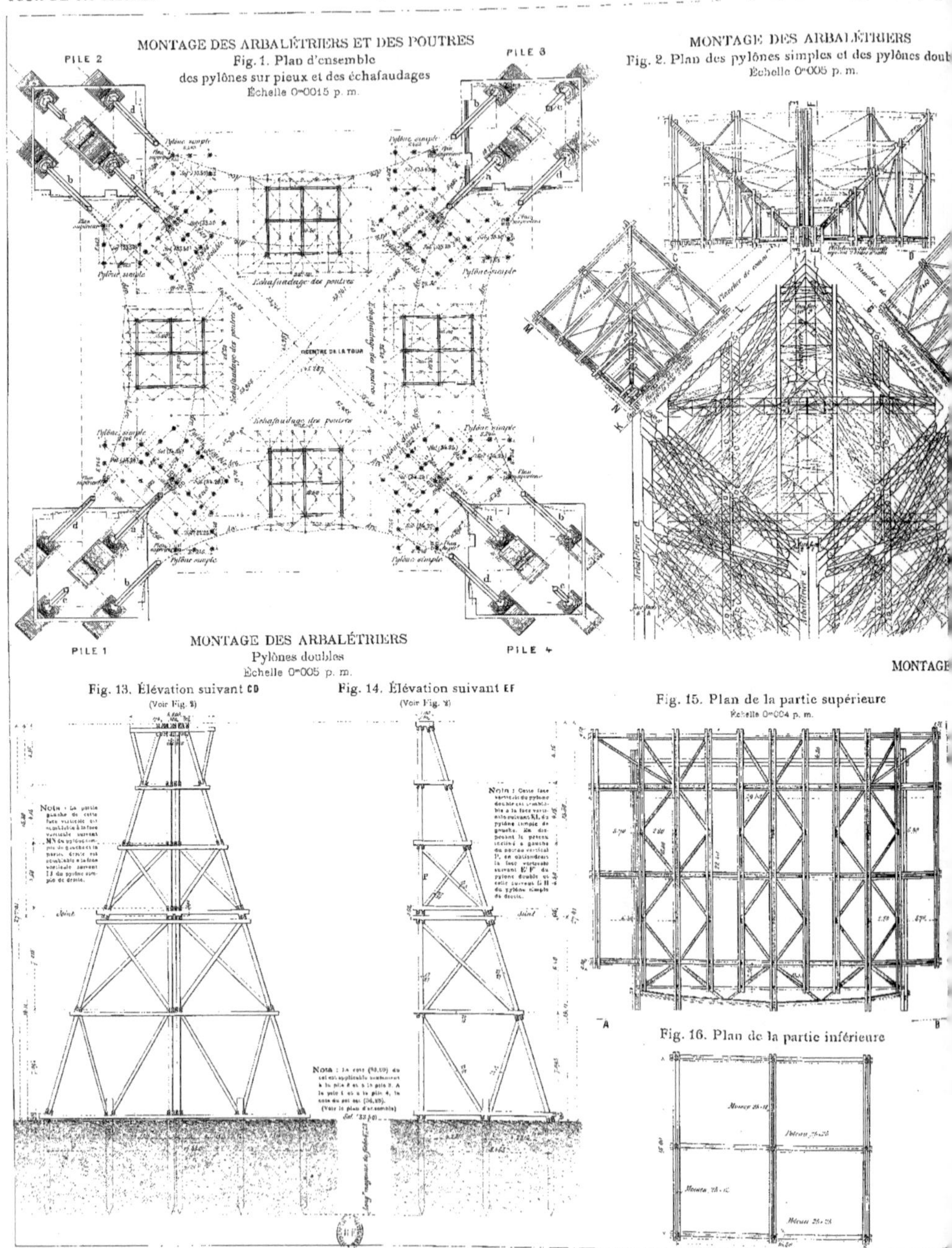

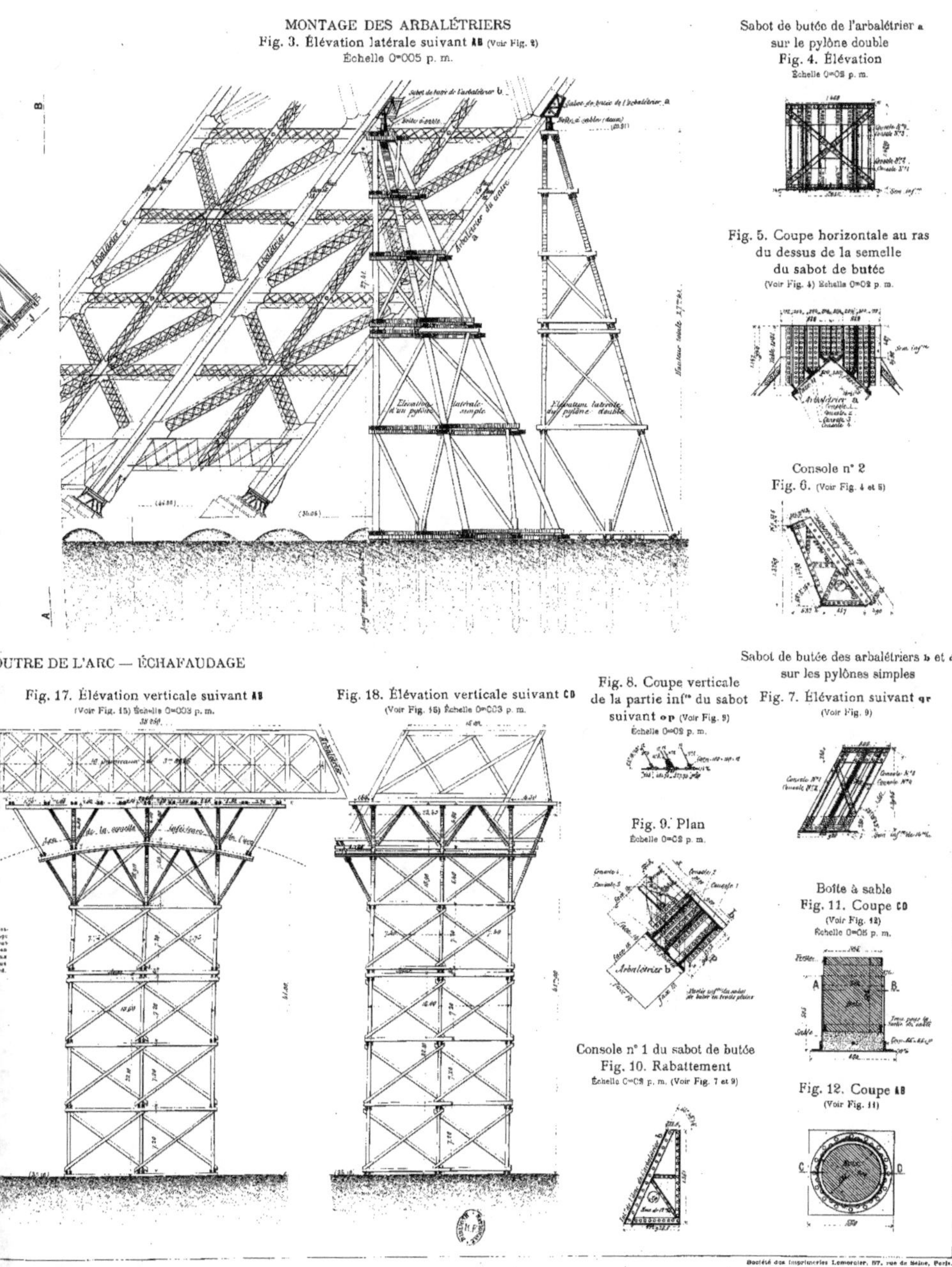
MONTAGE DES ARBALÉTRIERS
Fig. 3. Élévation latérale suivant AB (Voir Fig. 2)
Échelle 0ᵐ005 p. m.

Sabot de butée de l'arbalétrier a
sur le pylône double
Fig. 4. Élévation
Échelle 0ᵐ02 p. m.

Fig. 5. Coupe horizontale au ras
du dessus de la semelle
du sabot de butée
(Voir Fig. 4) Échelle 0ᵐ02 p. m.

Console n° 2
Fig. 6. (Voir Fig. 4 et 5)

Sabot de butée des arbalétriers b et a
sur les pylônes simples

Fig. 8. Coupe verticale
de la partie infᵉ du sabot
suivant op (Voir Fig. 9)
Échelle 0ᵐ02 p. m.

Fig. 7. Élévation suivant qr
(Voir Fig. 9)

Fig. 9. Plan
Échelle 0ᵐ02 p. m.

Console n° 1 du sabot de butée
Fig. 10. Rabattement
Échelle 0ᵐ02 p. m. (Voir Fig. 7 et 9)

Boîte à sable
Fig. 11. Coupe CD
(Voir Fig. 12)
Échelle 0ᵐ05 p. m.

Fig. 12. Coupe AB
(Voir Fig. 11)

OUTRE DE L'ARC — ÉCHAFAUDAGE

Fig. 17. Élévation verticale suivant AB
(Voir Fig. 15) Échelle 0ᵐ003 p. m.

Fig. 18. Élévation verticale suivant CD
(Voir Fig. 15) Échelle 0ᵐ003 p. m.

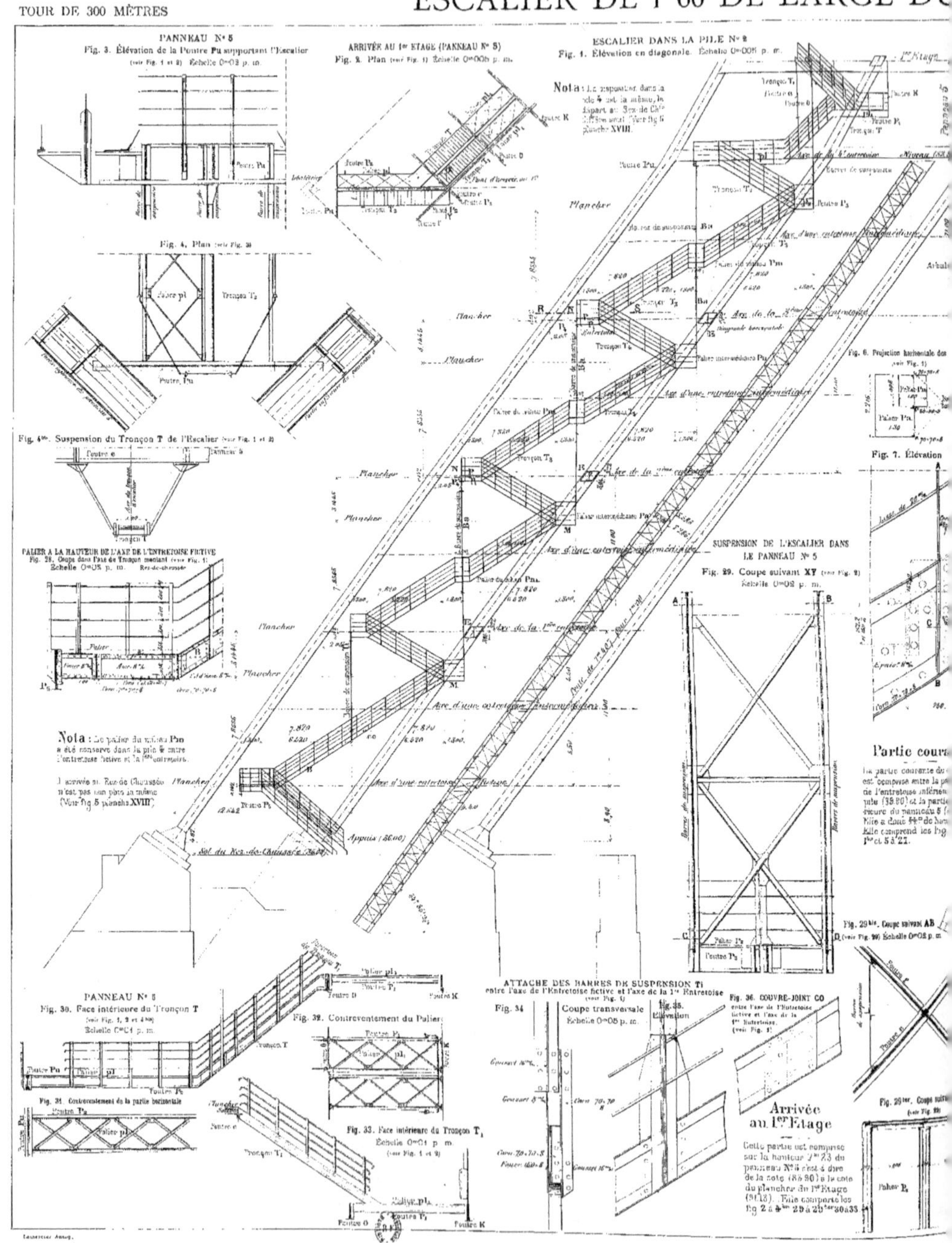
PANNEAU N° 5
Fig. 3. Élévation de la Poutre Pu supportant l'Escalier
ARRIVÉE AU 1er ÉTAGE (PANNEAU N° 5)
Fig. 2. Plan
ESCALIER DANS LA PILE N° 2
Fig. 1. Élévation en diagonale.
Fig. 4. Plan
Fig. 4bis. Suspension du Tronçon T de l'Escalier
PALIER A LA HAUTEUR DE L'AXE DE L'ENTRETOISE FICTIVE
Fig. 28. Coupe dans l'axe de Tronçon médian
SUSPENSION DE L'ESCALIER DANS LE PANNEAU N° 5
Fig. 29. Coupe suivant XY
Fig. 29bis. Coupe suivant AB
Partie courante
Fig. 7. Élévation
Fig. 6. Projection horizontale
PANNEAU N° 5
Fig. 30. Face intérieure du Tronçon T
Fig. 31. Contreventement de la partie horizontale
Fig. 32. Contreventement du Palier
Fig. 33. Face intérieure du Tronçon T1
ATTACHE DES BARRES DE SUSPENSION Ti
Fig. 34
Coupe transversale
Fig. 35. Élévation
Fig. 36. COUVRE-JOINT
Arrivée au 1er Étage
Plancher
Poutre Pu
Tronçon T2
Tronçon T3

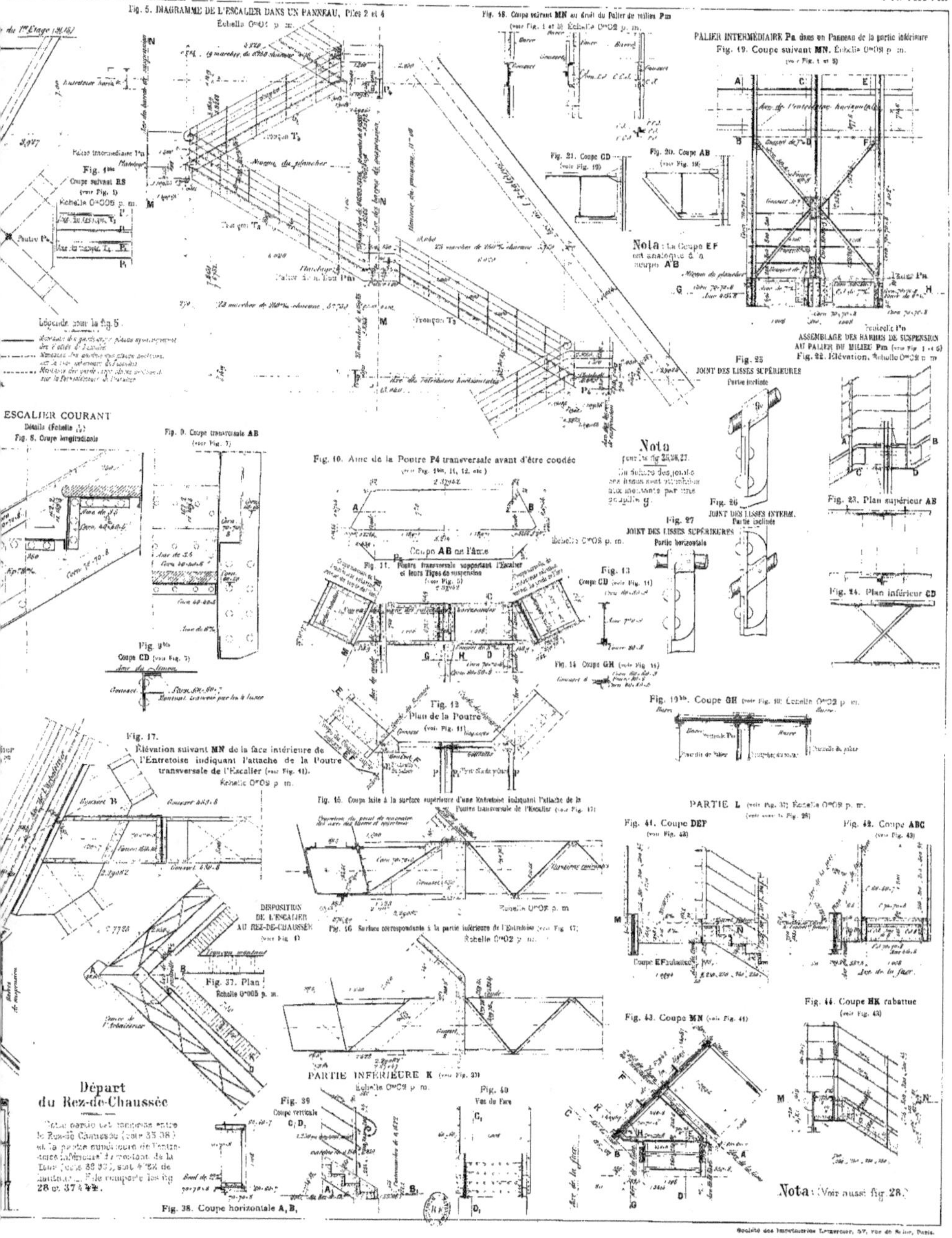

Fig. 1. Élévation intérieure pendant l'Exposition de 1889 (Voir Fig. 4)
Échelle 0ᵐ01 p. m.

Fig. 6.

Nota : L'élévation latérale du cô

Fig. 2. Élévation intérieure après l'Exposition de 1889 (Voir Fig. 4)
Échelle 0ᵐ01 p. m.

Fig. 3. Élévation du côté de la Galerie (Voir Fig. 4)
Échelle 0ᵐ01 p. m.

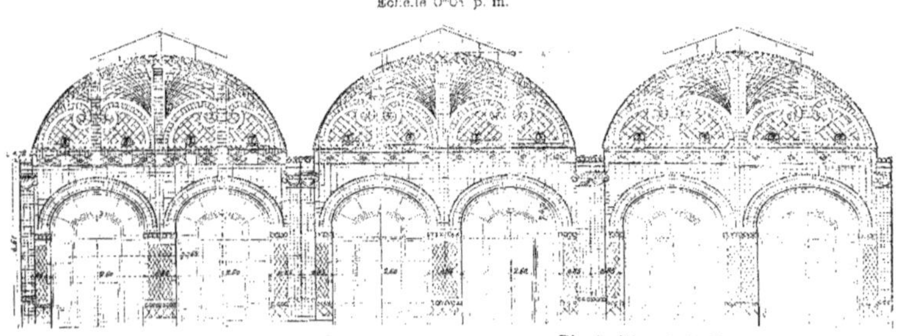

Nota : Les panneaux vitrés des baies B et

Fig. 4. Plan. Échelle 0ᵐ005 p. m.

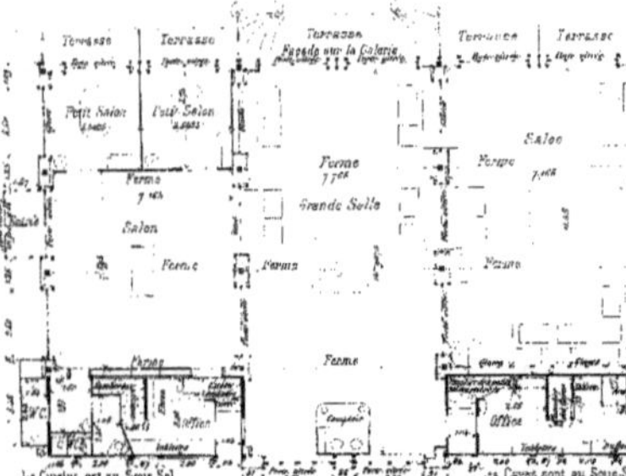

Fig. 5. Plan de la Couverture. Échelle 0ᵐ005 p. m.

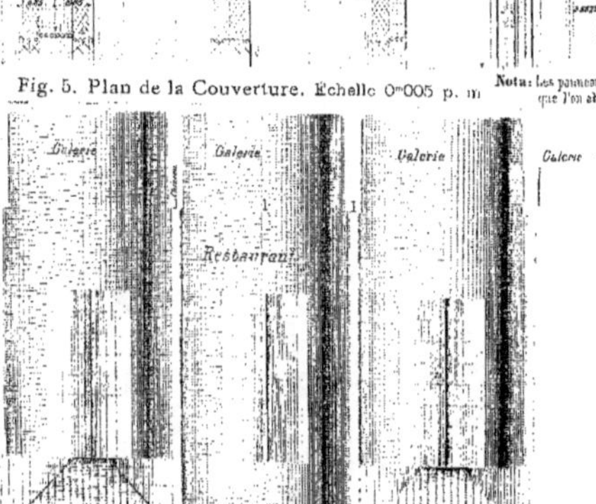

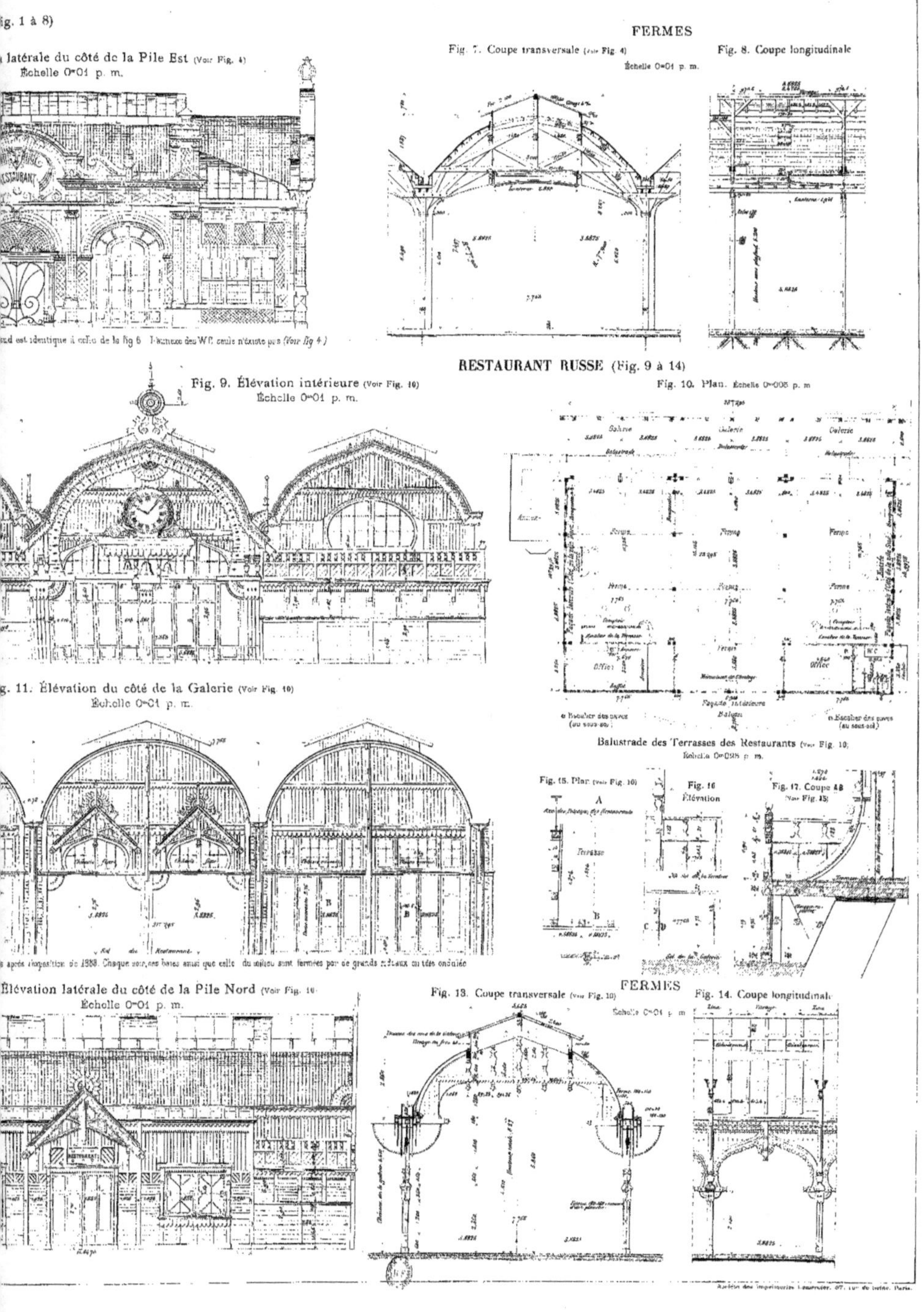

ig. 1 à 8)

latérale du côté de la Pile Est (Voir Fig. 4)
Échelle 0m01 p. m.

ud est identique à celle de la fig 6 l'annexe des WC seuls n'existe pas (Voir fig 4)

FERMES
Fig. 7. Coupe transversale (voir Fig. 4)
Échelle 0m01 p. m.

Fig. 8. Coupe longitudinale

RESTAURANT RUSSE (Fig. 9 à 14)

Fig. 9. Élévation intérieure (Voir Fig. 10)
Échelle 0m01 p. m.

Fig. 10. Plan. Échelle 0m005 p. m.

g. 11. Élévation du côté de la Galerie (Voir Fig. 10)
Échelle 0m01 p. m.

après l'exposition de 1888. Chaque soir, ces baies ainsi que celle du milieu sont fermées par de grands rideaux en toile ondulée

Balustrade des Terrasses des Restaurants (voir Fig. 10)
Échelle 0m025 p. m.

Fig. 15. Plan (voir Fig. 10)
Terrasse
A
B

Fig. 16
Élévation

Fig. 17. Coupe 18
(Voir Fig. 15)

Élévation latérale du côté de la Pile Nord (Voir Fig. 10)
Échelle 0m01 p. m.

FERMES
Fig. 13. Coupe transversale (voir Fig. 10)
Échelle 0m01 p. m.

Fig. 14. Coupe longitudinale

PREMIER ÉTAGE. — BAR AN

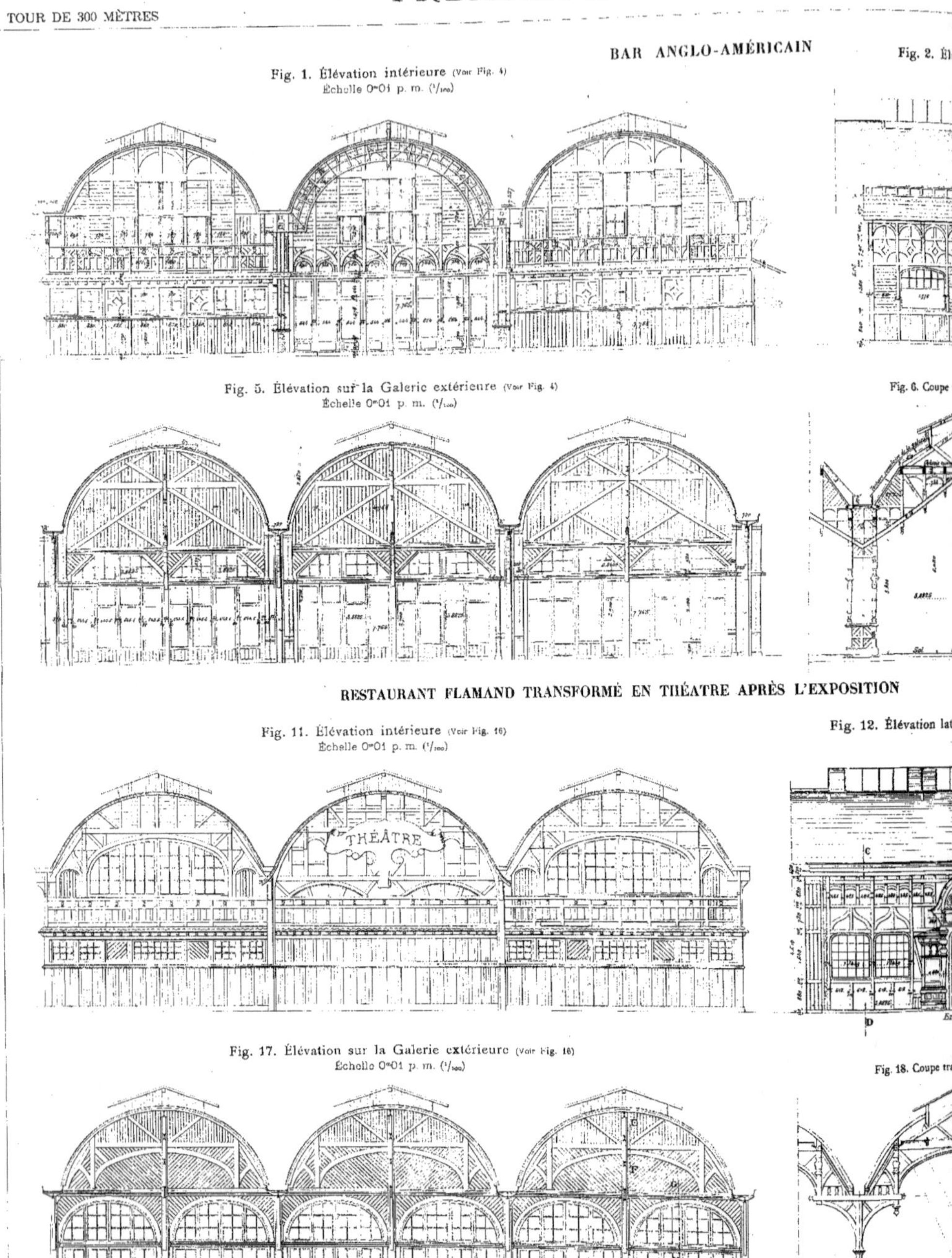

BAR ANGLO-AMÉRICAIN

Fig. 1. Élévation intérieure (Voir Fig. 4)
Échelle 0ᵐ01 p. m. (¹/₁₀₀)

Fig. 2. Élé

Fig. 5. Élévation sur la Galerie extérieure (Voir Fig. 4)
Échelle 0ᵐ01 p. m. (¹/₁₀₀)

Fig. 6. Coupe

RESTAURANT FLAMAND TRANSFORMÉ EN THÉATRE APRÈS L'EXPOSITION

Fig. 11. Élévation intérieure (Voir Fig. 16)
Échelle 0ᵐ01 p. m. (¹/₁₀₀)

Fig. 12. Élévation laté

Fig. 17. Élévation sur la Galerie extérieure (Voir Fig. 16)
Échelle 0ᵐ01 p. m. (¹/₁₀₀)

Fig. 18. Coupe tra

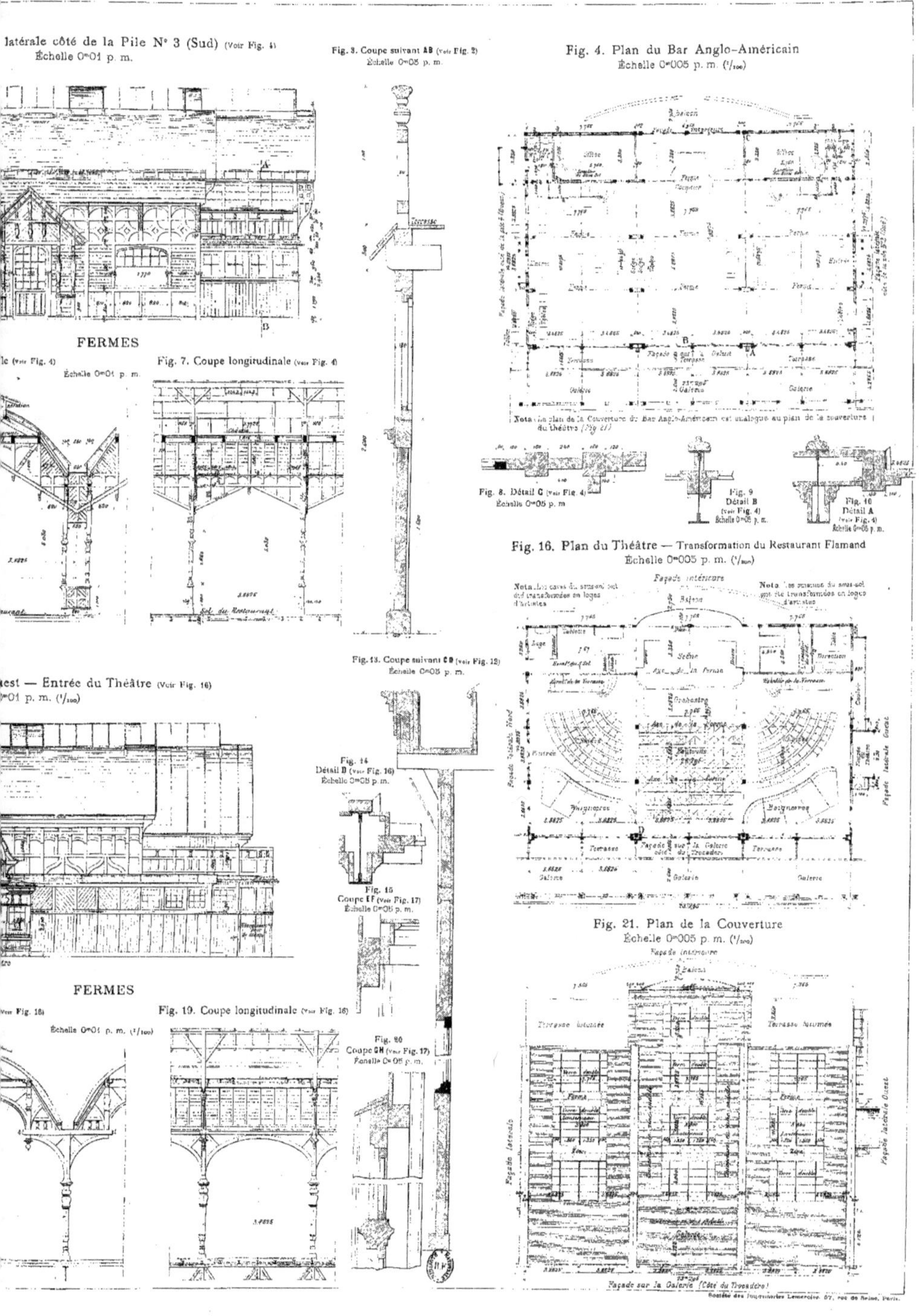

...latérale côté de la Pile N° 3 (Sud) (Voir Fig. 4)
Échelle 0ᵐ01 p. m.

Fig. 3. Coupe suivant AB (voir Fig. 2)
Échelle 0ᵐ05 p. m.

Fig. 4. Plan du Bar Anglo-Américain
Échelle 0ᵐ005 p. m. (¹/₁₀₀)

FERMES

...e (voir Fig. 4)
Échelle 0ᵐ01 p. m.

Fig. 7. Coupe longitudinale (voir Fig. 4)

Nota. Le plan de la Couverture du Bar Anglo-Américain est analogue au plan de la couverture du théâtre (Fig. 21)

Fig. 8. Détail C (voir Fig. 4)
Échelle 0ᵐ05 p. m.

Fig. 9
Détail B
(voir Fig. 4)
Échelle 0ᵐ05 p. m.

Fig. 10
Détail A
(voir Fig. 4)
Échelle 0ᵐ05 p. m.

Fig. 16. Plan du Théâtre — Transformation du Restaurant Flamand
Échelle 0ᵐ005 p. m. (¹/₁₀₀)

...uest — Entrée du Théâtre (Voir Fig. 16)
...ᵐ01 p. m. (¹/₁₀₀)

Fig. 13. Coupe suivant CD (voir Fig. 12)
Échelle 0ᵐ05 p. m.

Fig. 14
Détail D (voir Fig. 16)
Échelle 0ᵐ05 p. m.

Fig. 15
Coupe EF (voir Fig. 17)
Échelle 0ᵐ05 p. m.

FERMES

...voir Fig. 18)
Échelle 0ᵐ01 p. m. (¹/₁₀₀)

Fig. 19. Coupe longitudinale (voir Fig. 16)

Fig. 20
Coupe GH (voir Fig. 17)
Échelle 0ᵐ05 p. m.

Fig. 21. Plan de la Couverture
Échelle 0ᵐ005 p. m. (¹/₁₀₀)

Façade sur la Galerie (Côté du Trocadéro)

Société des Imprimeries Lemercier, 57, rue de Seine, Paris.

SECTIONS DES ARBALÉTRIERS & DES TREILLI[S]

PARTIE SUPÉRIEURE

SECTIONS GÉNÉRALES

Sections I à XI

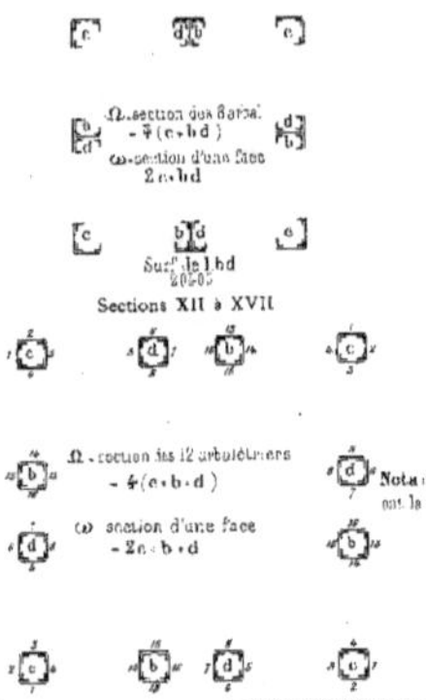

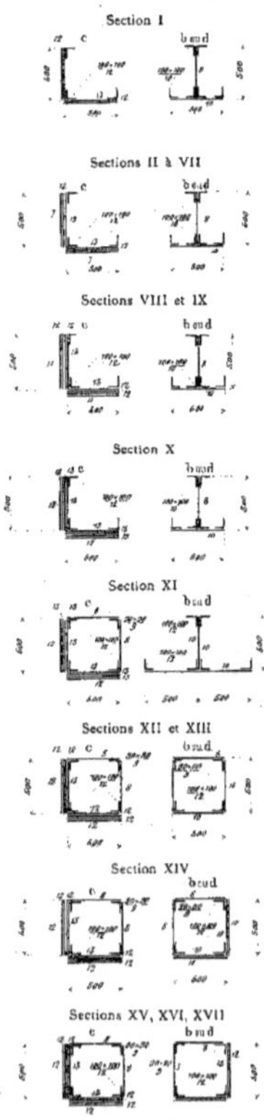

Ω = section des 8 arbal. = 4 (c + b d)

ω = section d'une face = 2 c + b d

Surf. de 1 b d
20405

Sections XII à XVII

Ω = section des 12 arbalétriers = 4 (c + b + d)

ω = section d'une face = 2 c + b + d

Section I

Sections II à VII

Sections VIII et IX

Section X

Section XI

Sections XII et XIII

Section XIV

Sections XV, XVI, XVII

MONTANT N° 1

Sections XVIII à XXIII

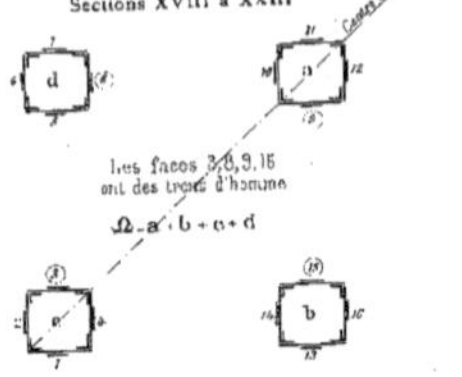

Les faces 3, 6, 9, 15 ont des trous d'homme

$\Omega = a + b + c + d$

Centre de la Tour

Section XVIII

Section XIX

Section XX

Section XXI

Section XXII

Section XXIII

PARTIE INFÉRIEURE

SECTION GÉNÉRALE

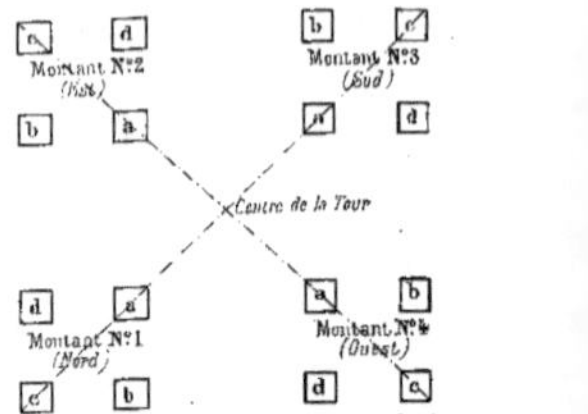

Montant N° 2 (Est)

Montant N° 3 (Sud)

Montant N° 1 (Nord)

Montant N° 4 (Ouest)

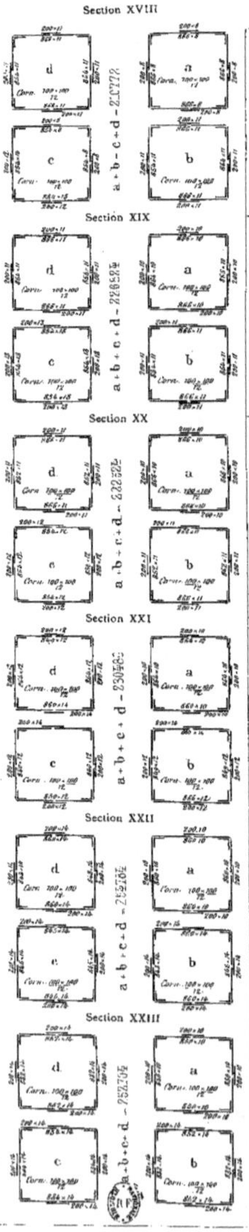

Centre de la Tour

Section XXIV

Section XXV

Section XXVI

Section XXVII

Section XXVIII

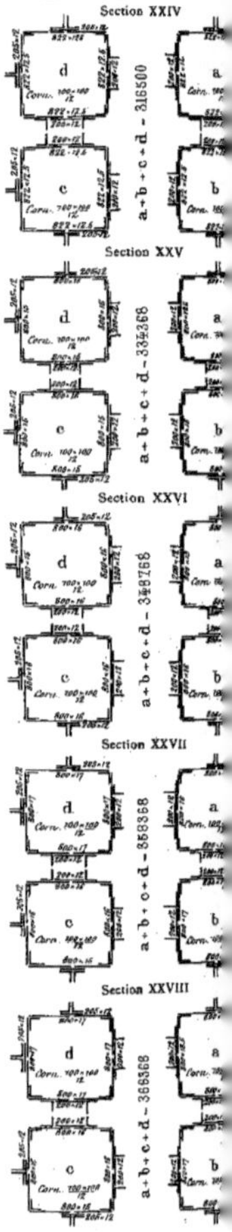

De I à XVII ... Arbalétriers a...

De XVIII à XXIII ... id ... a...

De XXIV à XXVIII ... id ... a...

Echelle des se...

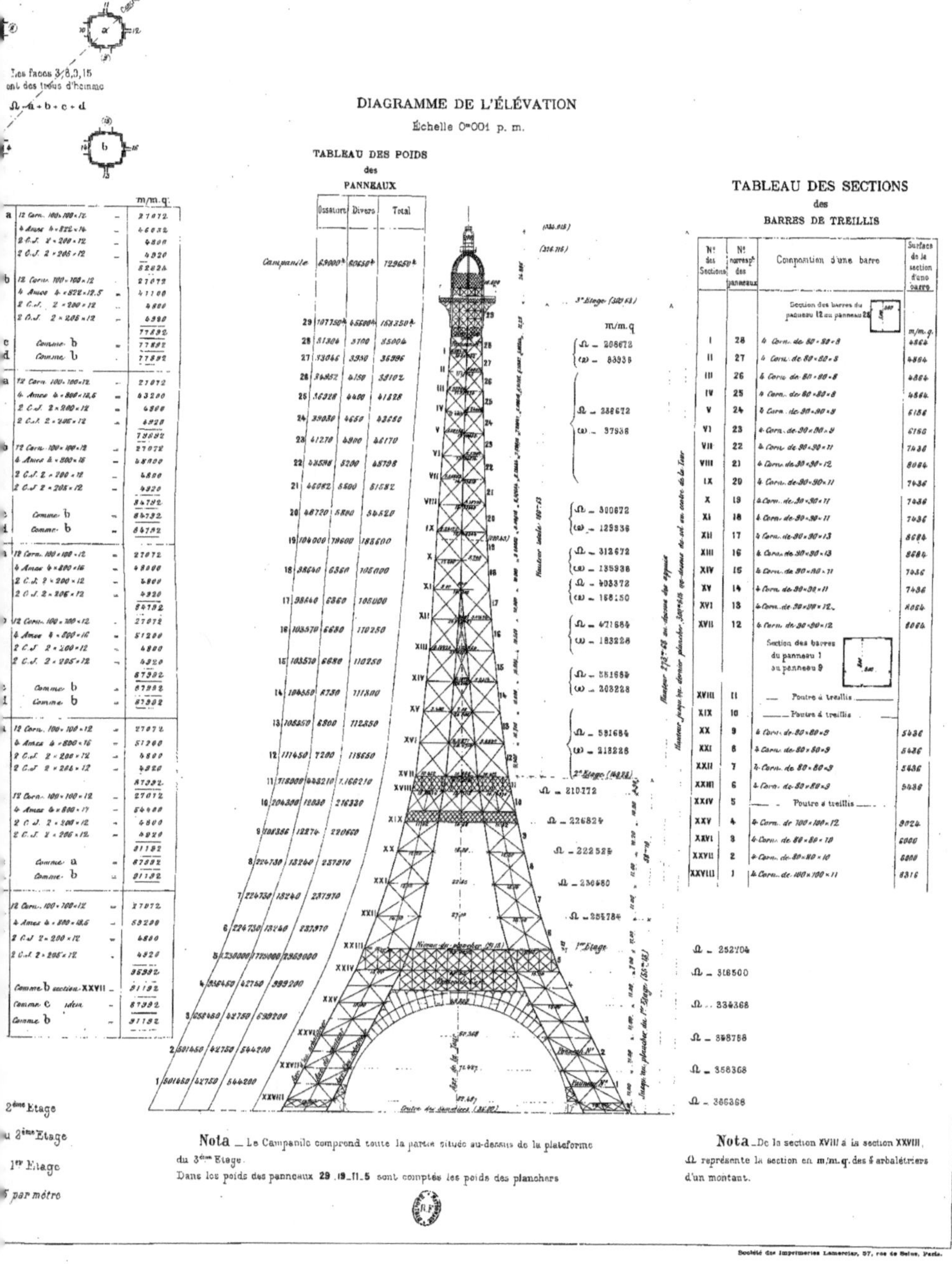

MONTANT N° 1
Sections XXIV à XXVIII
Coupe de la Tour
Les faces 3, 6, 9, 15
ont des trous d'homme
DIAGRAMME DE L'ÉLÉVATION
Échelle 0m001 p. m.
TABLEAU DES POIDS
des
PANNEAUX
TABLEAU DES SECTIONS
des
BARRES DE TREILLIS

Nota — Le Campanile comprend toute la partie située au-dessus de la plateforme du 3ème Étage.
Dans les poids des panneaux 29, 19, 11, 5 sont comptés les poids des planchers
Nota — De la section XVIII à la section XXVIII, Ω représente la section en m/m.q. des 5 arbalétriers d'un montant.

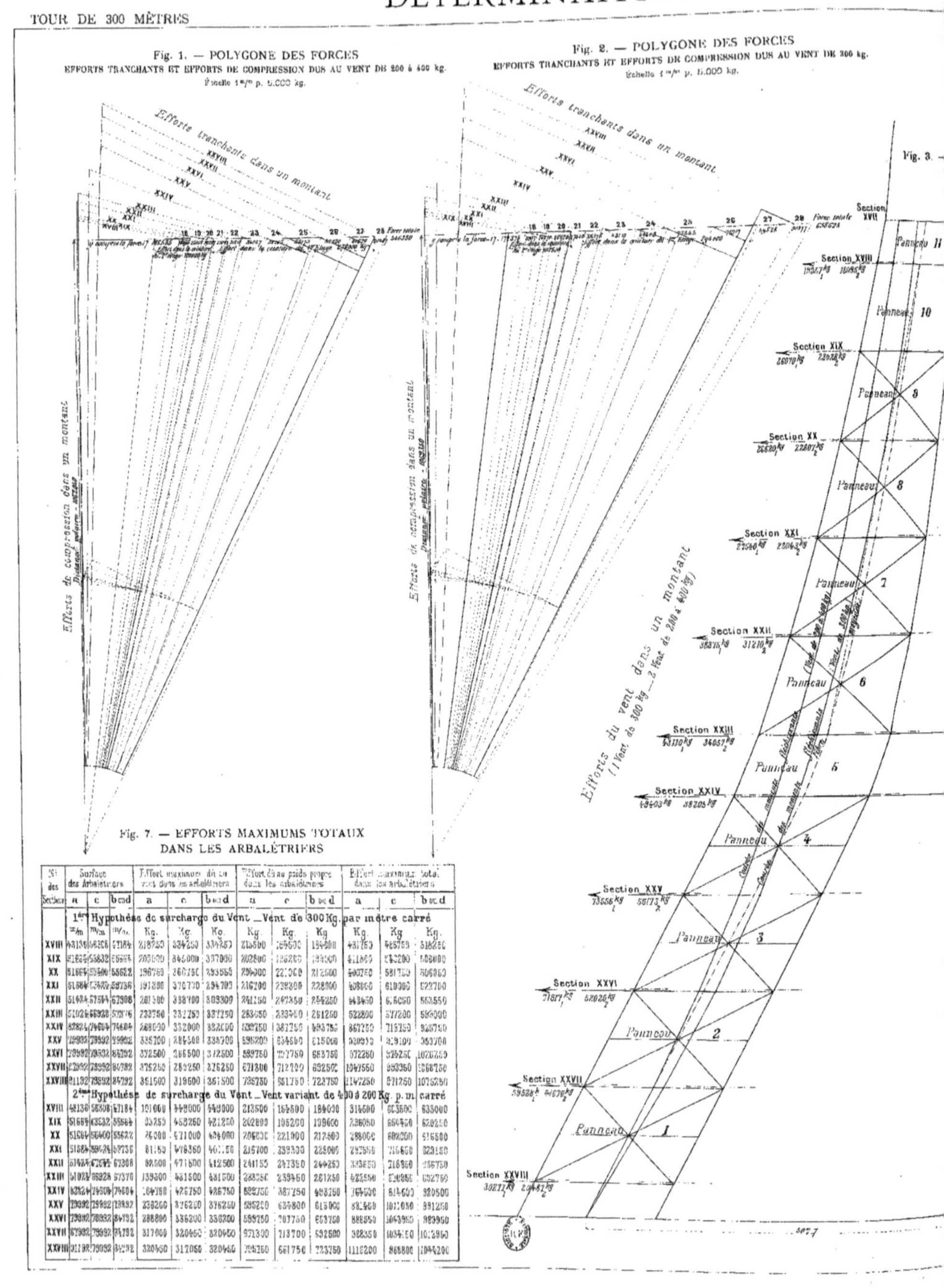

Fig. 7. — EFFORTS MAXIMUMS TOTAUX DANS LES ARBALÉTRIERS

N° des Sections	Surface des Arbalétriers			Effort maximum dû au vent dans les arbalétriers			Effort dû au poids propre dans les arbalétriers			Effort maximum total dans les arbalétriers		
	a	c	b&d	a	c	b&d	a	c	b&d	a	c	b&d
	m/m	m/m	m/m	Kg.	Kg.	Kg.	Kg.	Kg.	Kg.	Kg.	Kg.	Kg.
1ère Hypothèse de surcharge du Vent — Vent de 300 Kg. par mètre carré												
XVIII	43136	56308	57184	218750	334250	334250	213500	155500	184500	431250	485750	518250
XIX	51625	53832	55565	205000	345000	377000	202800	135200	194500	511800	543200	508000
XX	51665	55400	55622	196750	366750	293565	205000	221000	212500	500750	581750	506050
XXI	51584	53435	58736	191800	376730	294700	216700	233300	228000	408000	610000	522700
XXII	51624	57564	67908	201500	388700	303300	241150	247350	255250	443450	636050	553550
XXIII	51024	66928	57376	233750	332750	337750	283050	233750	261250	522800	577200	596000
XXIV	62824	74604	74604	268000	332000	332000	433750	387750	493750	867250	719750	825750
XXV	79982	79992	79992	335700	284500	335700	595200	634600	615000	930900	919100	950700
XXVI	79992	79932	85792	372500	366500	372500	599750	727750	683750	972250	926250	1026250
XXVII	83992	79992	84782	375250	289250	376250	671300	712200	692500	1047550	953350	1068750
XXVIII	81132	79992	84292	351500	319600	361500	735750	851750	723750	1147250	971250	1075250
2ème Hypothèse de surcharge du Vent — Vent variant de 400 à 200 Kg. p. m. carré												
XVIII	43136	56308	57184	101000	448000	448000	213500	155500	184000	314500	603500	633000
XIX	51665	63832	55565	85255	458250	421250	202800	195200	199600	736050	654450	620250
XX	51665	55400	55622	76000	471000	424000	205000	221000	212500	288000	692200	516500
XXI	51584	59424	58736	81150	476360	401150	216700	339300	228000	297550	715650	829150
XXII	51424	57544	67308	82500	471500	412500	241155	247350	244250	333850	718950	656750
XXIII	51024	66928	57370	139500	431500	431500	283050	239450	261250	422550	670855	692750
XXIV	62824	74604	74604	164750	426750	426750	583750	387750	493750	164500	814600	920500
XXV	79992	79992	79992	238200	376200	376200	595200	634800	615000	831950	1011050	991250
XXVI	79992	78992	84792	288800	336200	336200	599750	707750	653750	888550	1043950	989950
XXVII	67992	79992	84792	317000	320450	320450	671300	713700	692500	988350	1034150	1013950
XXVIII	81132	79992	84292	320450	317050	320450	735750	661750	733750	1116200	868800	1054200

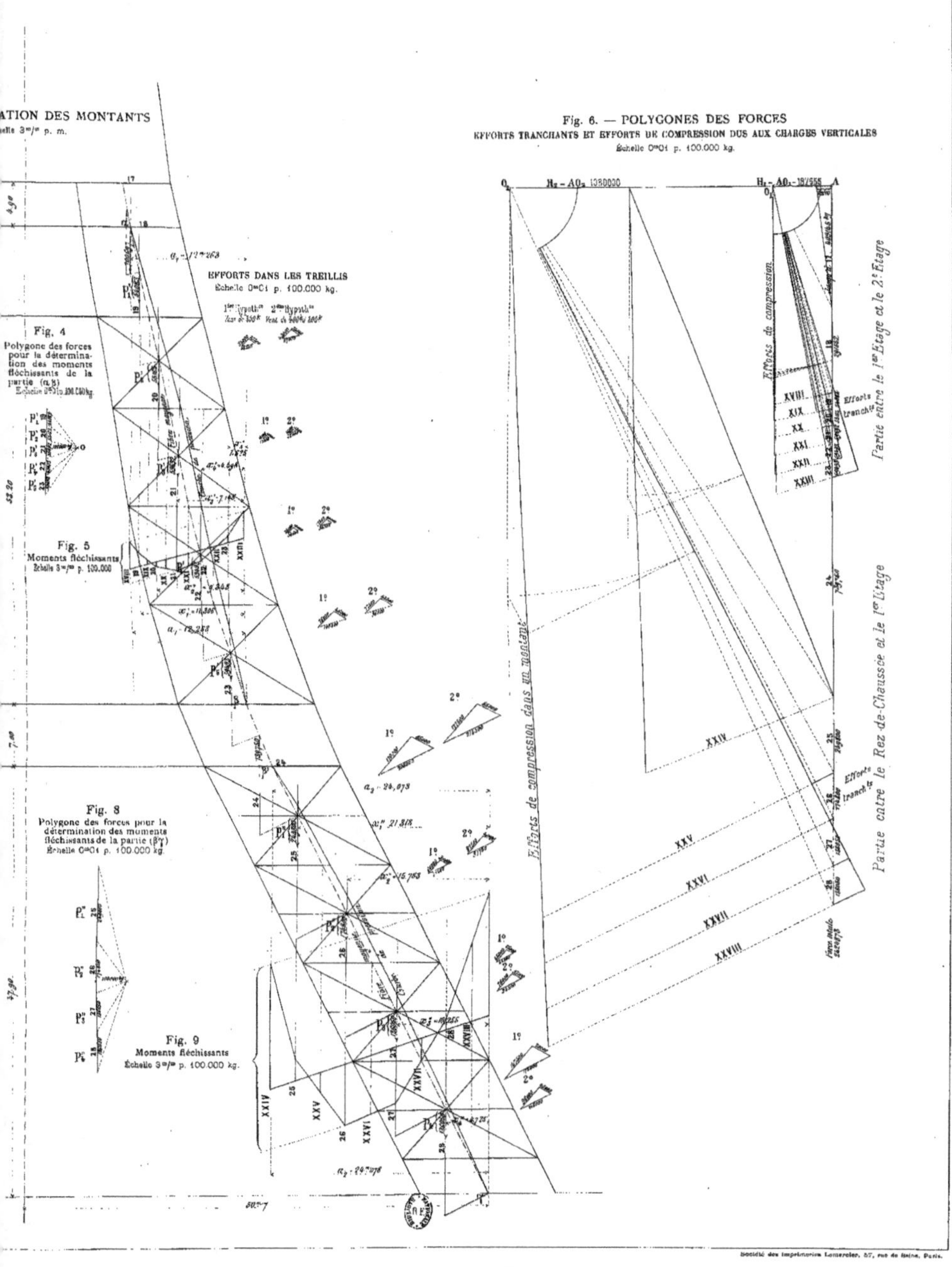
ATION DES MONTANTS
Échelle 3ᵐ/ᵐ p. m.

EFFORTS DANS LES TREILLIS
Échelle 0ᵐ01 p. 100.000 kg.

1ʳᵉ Hypothᵉ   2ᵐᵉ Hypothᵉ

Fig. 4
Polygone des forces
pour la détermina-
tion des moments
fléchissants de la
partie (α, β)
Échelle 0ᵐ01 p. 100.000 kg.

Fig. 5
Moments fléchissants
Échelle 3ᵐ/ᵐ p. 100.000

Fig. 8
Polygone des forces pour la
détermination des moments
fléchissants de la partie (β'γ)
Échelle 0ᵐ01 p. 100.000 kg.

Fig. 9
Moments fléchissants
Échelle 3ᵐ/ᵐ p. 100.000 kg.

Fig. 6. — POLYGONES DES FORCES
EFFORTS TRANCHANTS ET EFFORTS DE COMPRESSION DUS AUX CHARGES VERTICALES
Échelle 0ᵐ01 p. 100.000 kg.

Efforts de compression dans un montant

Partie entre le 1ᵉʳ Étage et le 2ᵉ Étage

Partie entre le Rez-de-Chaussée et le 1ᵉʳ Étage

DÉTERMINATION DE LA RÉSISTANCE

Fig. 1. — POLYGONE DES FORCES

1re hypothèse. — Vent de 300 kilos par mètre carré sur toute la hauteur.

Échelle des forces 2m/m pour 10.000 kgr.

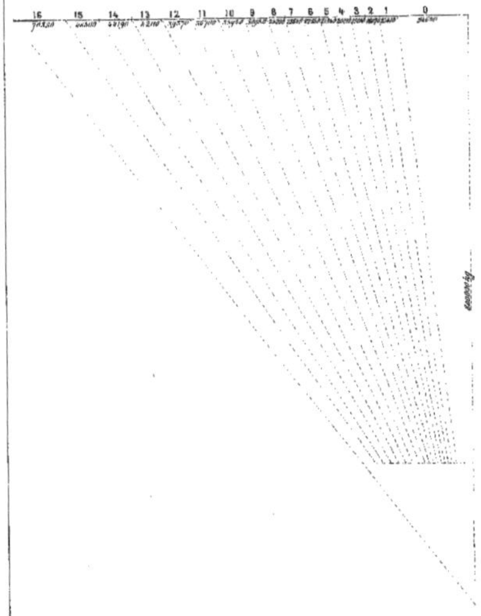

Fig. 2. — POLYGONE DES FORCES

2me hypothèse. — Vent de 400 kilos en haut et de 200 kilos en bas.

Échelle des forces 2m/m pour 20.000 kgr.

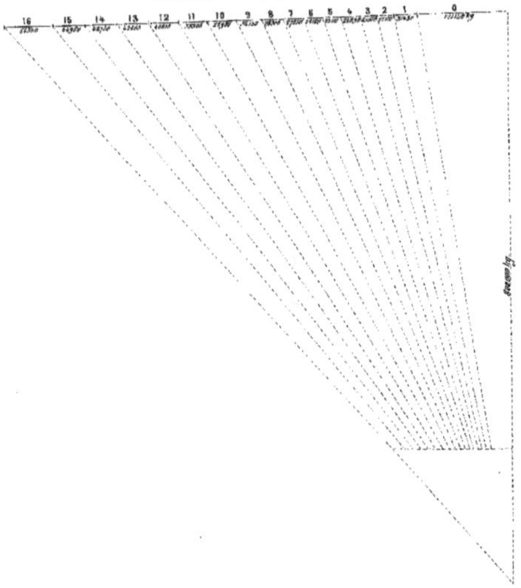

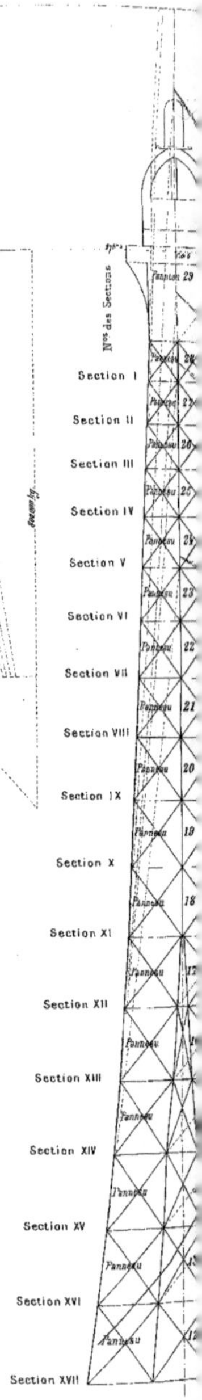

Fig. 5. — TABLEAU DES EFFORTS DANS LES FACES

Nᵒ des Sections	Écartement des faces	Surface des antérieures d'une face ω (m^2/mq)	Surface totale de la Section Ω (m^2/mq)	Charge verticale (kg)	1ère hypothèse — Vent de 300 kg p² m.c.			2ème hypothèse — Vent de 400 kg en h. et 200 kg en b.		
					Moment M dû au vent	Effort dans une face	Effort tranchant (kg)	Moment M' dû au vent	Effort dans une face	Effort tranchant
I	10.57	83936	208672	318004	1782638	169000	94650	2281739	216000	121150
II	11.17	97936	236672	355000	2522928	226000	120060	3222547	288500	152580
III	11.81	97936	236672	394102	3423121	290000	138130	4361002	368000	174680
IV	12.48	97936	236672	435430	4506121	361000	157230	5723035	459000	197740
V	13.19	97936	236672	479110	5797739	440000	177420	7337958	556000	221830
VI	13.94	97936	236672	525280	7327197	526000	198760	9238161	663000	246340
VII	14.74	97936	236672	574078	9127111	618000	221310	11459283	777000	273100
VIII	15.58	129936	300672	625660	11234666	721000	245150	14051392	901000	300350
IX	16.56	129936	300672	680180	13691066	832000	270350	17027506	1034000	328650
X	17.40	135936	312672	863780	16584751	953000	301300	20511837	1179000	362800
XI	18.50	168150	402372	968780	19957151	1079000	337240	24529137	1326000	401730
XII	20.01	183228	471684	1073780	23696551	1184000	373950	28935437	1446000	440630
XIII	21.60	183228	471684	1184030	28336306	1298000	413310	33990567	1575000	481440
XIV	23.80	203228	551684	1294280	32818216	1390000	455420	39493817	1673000	524120
XVI	25.80	213228	591684	1405580	38114082	1477000	488610	45513239	1764000	567870
XVI	28.67	213228	591684	1517930	43957459	1533000	546110	52070520	1816000	612830
XVII	31.70	213228	591684	1636580	50923218	1606500	616440	59745250	1885000	679180

Fig. 3. — ÉPURE DES EFFORTS ET DES MOMENTS FLÉCHISSANTS

Echelles

Echelle des longueurs 0^m002 par mètre
Echelle des moments fléchissants 0^m0025 pour $1\,000\,000$
Echelle des efforts tranchants 0^m002 pour $10\,000$ kgr
Echelle des surfaces offertes au vent 0^m001 pour 10 mètres carrés

Efforts tranchants 0^m002 par 10000 kg
Moments fléchissants 0^m0025 pour $1\,000\,000$
Efforts suivant les barres 0^m002 pour 10000 kg
Surfaces au vent 0^m001 pour 10 m q

Lignes de construction pour le vent de 400^{kg}
Lignes de construction pour le vent de 300^{kg}
L'indice 1 indique l'hypothèse du vent de 300^{kg}
—— d° 2 d° —— d° —— d° 400^{kg}

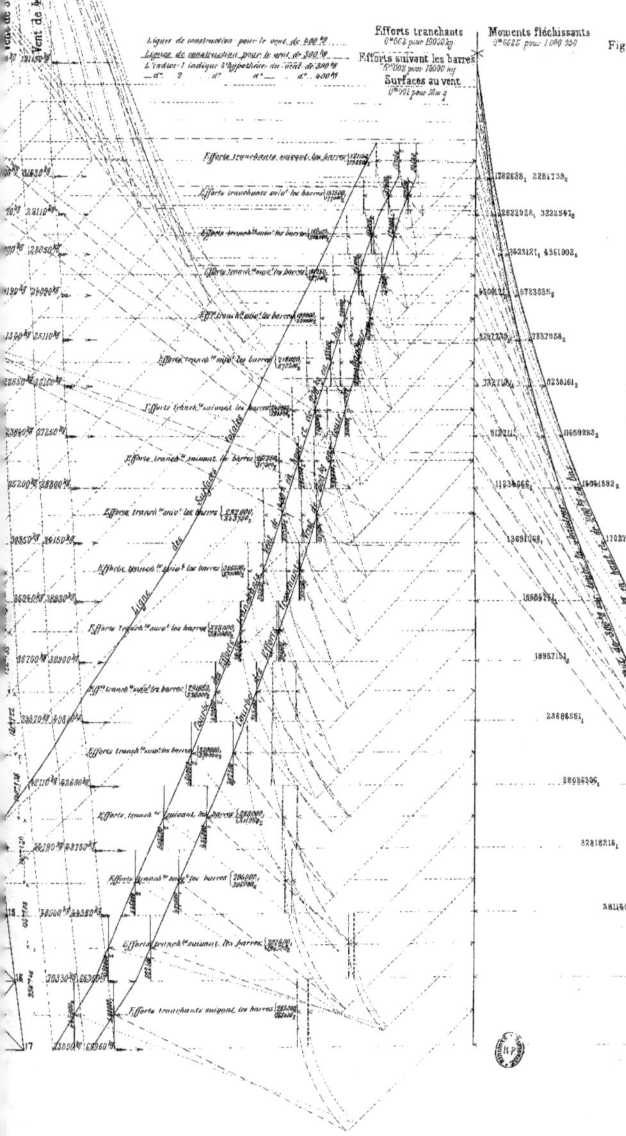

Fig. 4. — TABLEAU DES EFFORTS DANS LES BARRES

N° des panneaux	N° des Sections correspondantes	Nombre de barres	Composition d'une barre	Surface de la Section d'une barre	Vent de 300 kg		Vent de 400 kg	
					Effort total suivant les barres	Effort par barre	Effort total suivant les barres	Effort par barre
				m² q.	Kg	Kg	Kg	Kg
28	1	8	4 Corn. de 80×80×8	4864	121763	15144	155500	19563
27	II	8	4 Corn. de 80×80×8	4864	137500	17188	177000	22125
26	III	8	4 Corn. de 80×80×8	4864	160000	20000	204000	25500
25	IV	8	4 Corn. de 80×80×8	4864	181250	22656	227500	28438
24	V	8	4 Corn. de 90×90×9	6156	199000	24875	250000	31250
23	VI	8	4 Corn. de 90×90×9	6156	218500	27250	272500	34063
22	VII	8	4 Corn. de 90×90×11	7436	240000	30000	295000	36875
21	VIII	8	4 Corn. de 90×90×12	8064	261250	32656	317500	39688
20	IX	8	4 Corn. de 90×90×11	7436	282000	35250	343750	42969
19	X	8	4 Corn. de 90×90×11	7436	306500	38313	370000	46250
18	XI	8	4 Corn. de 90×90×11	7435	323000	40375	380000	47500
17	XII	8	4 Corn. de 90×90×13	8684	291650	36456	330000	41250
16	XIII	8	4 Corn. de 90×90×13	8684	330000	41250	376000	46250
15	XIV	8	4 Corn. de 90×90×11	7436	288000	36000	311250	38906
14	XV	8	4 Corn. de 90×90×11	7436	295000	36875	306000	38250
13	XVI	8	4 Corn. de 90×90×12	8064	202500	25313	194500	24313
12	XVII	8	4 Corn. de 90×90×12	8064	285000	35625	268000	33500

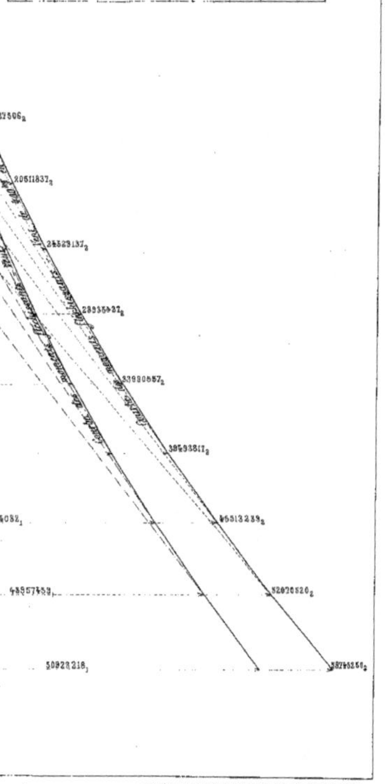

EFFORTS DANS LES GRANDES POUTRES DU 1ᴱᴿ ÉTAGE

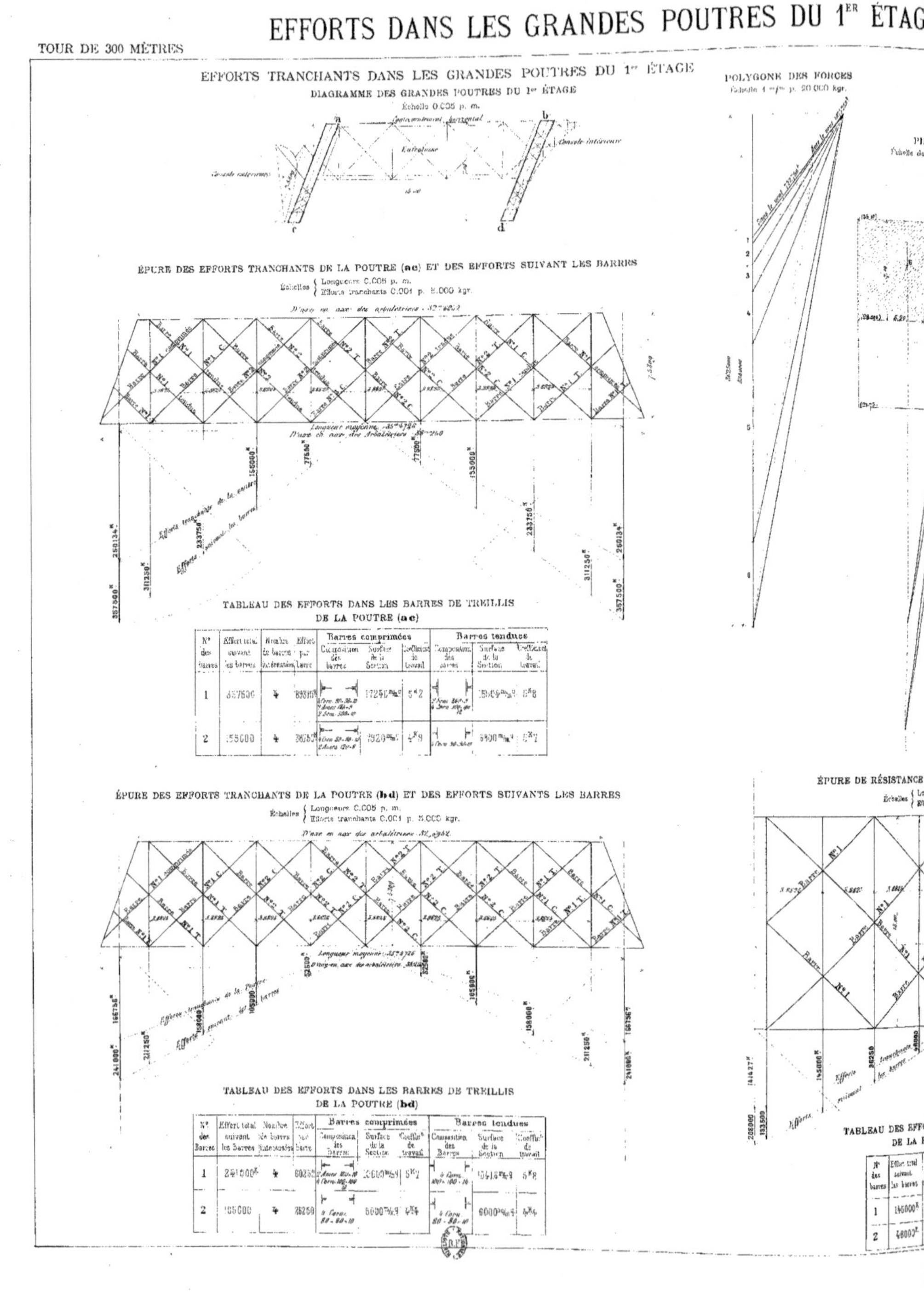

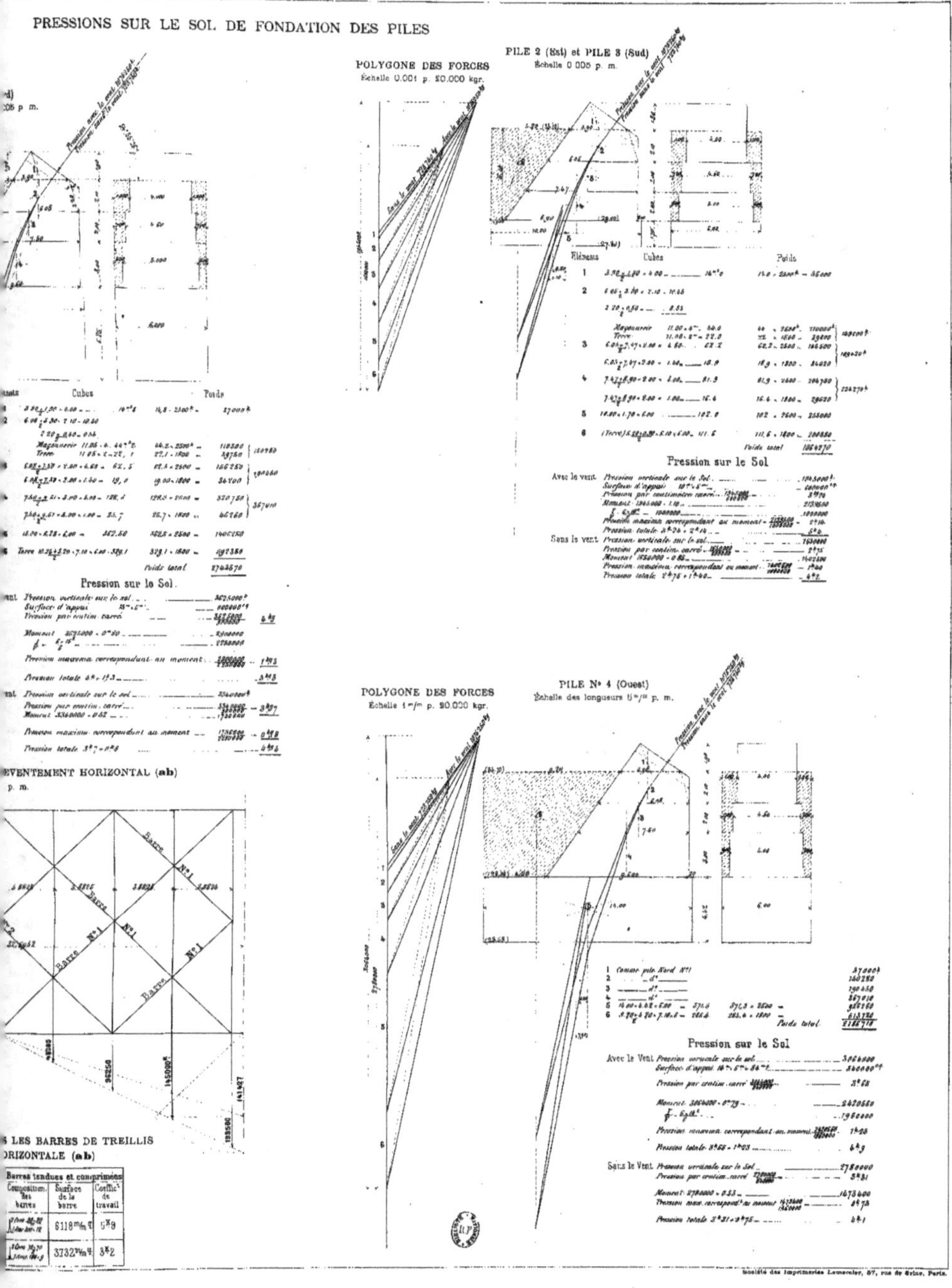
PRESSIONS SUR LE SOL DE FONDATION DES PILES
PILE 2 (Est) et PILE 3 (Sud)
Échelle 0.005 p. m.
POLYGONE DES FORCES
Échelle 0.001 p. 20.000 kgr.
Pression sur le Sol
POLYGONE DES FORCES
Échelle 1 m/m p. 20.000 kgr.
PILE N° 4 (Ouest)
Échelle des longueurs 5 m/m p. m.
Pression sur le Sol
CONTREVENTEMENT HORIZONTAL (ab)
LES BARRES DE TREILLIS
HORIZONTALE (ab)

LÉGENDE EXPLICATIVE DES PLANCHES

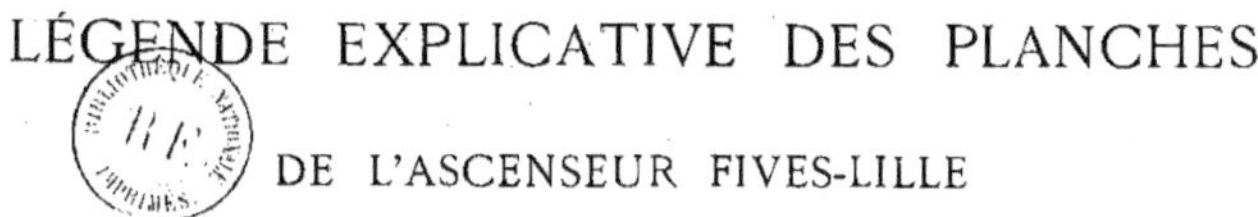

DE L'ASCENSEUR FIVES-LILLE

ENSEMBLE DE L'INSTALLATION

Les planches XXXV, XXXVI et les figures 1 à 3 de la planche XXXVII donnent les vues d'ensemble de l'ascenseur du pilier Ouest.

Pl. XXXV. — La figure 1 représente la coupe longitudinale par l'axe de la presse de droite. Le plongeur est complètement rentré dans le cylindre. A l'extrémité gauche du plongeur on voit le chariot mobile avec ses poulies de mouflage. A l'extrémité droite de la presse se trouve le chevalet des poulies fixes de mouflage, lesquelles sont vues en pointillé. (Elles sont représentées en traits pleins dans la figure 2.) C_R est le chevalet de support de la poulie de renvoi du garant vers la Tour. S est le chevalet des poulies de support intermédiaire des câbles.

La figure 2 est une vue extérieure de la presse. Le piston est complètement sorti du cylindre, et l'on voit la coupe en long de la galerie souterraine du chemin de roulement, avec les trois supports extérieurs du plongeur.

Du côté de la presse se trouvent les tendeurs hydrauliques T et les accumulateurs à haute et basse pression.

La figure 3 représente le plan de la disposition générale de la presse de droite, des accumulateurs et de la tuyauterie principale. On voit également en coupe horizontale la galerie souterraine du chemin de roulement.

Les figures 4 et 5 montrent la coupe transversale de ces mêmes galeries.

La figure 4 donne la vue suivant IJ, du chariot de tête.

La figure 5 est la vue transversale de l'un des supports du plongeur.

Les figures 6 à 12 sont les différentes vues et coupes des chevalets principaux de l'appareil.

Pl. XXXVI et fig. 1 à 3 de la Pl. XXXVII. — La planche XXXVI et les figures 1 à 3 de la Pl. XXXVII représentent, avec plus de détails, l'ensemble de la distribution avec ses appareils et sa canalisation.

HP, N° 1 et HP, N° 2, les deux accumulateurs à haute pression.

BP, accumulateur à basse pression.

B_{HP}, soupapes parachutes des accumulateurs HP.

B_{BP}, soupape parachute de l'accumulateur BP.

D_{HP} et D_{BP}, robinets d'arrêts pour les deux sortes d'accumulateurs.

B, soupape de sûreté des presses, contre les ruptures de conduite.

I_{HP} et I_{BP}, clapets d'isolement à haute et à basse pression placés respectivement sur la conduite a de refoulement des pompes et la conduite b', d'aspiration. Cette dernière porte un embranchement allant au bac de décharge, où elle aboutit au moyen d'une soupape de choc C.

S_M et S_D, soupapes d'arrêt et de mise en marche pour la montée et la descente, avec leurs servo-moteurs, actionnés par les transmissions de bielles et arbres Z, Y, X, Z', Y' et X', et par les poulies G et H, recevant le mouvement du câble de manœuvre mû du véhicule (Voir élévation fig. 1, Pl. XXXVII).

R_M et R_D, régulateurs de vitesse pour la montée et la descente, et mécanisme de ralentissement automatique aux stations.

M, coupleur des presses motrices.

N, soupapes de sûreté placées à la tête des tendeurs T.

L, pot de jonction des soupapes de sûreté et des presses de sûreté des soupapes de mise en marche.

Cet appareil est monté sur le tableau des manomètres et du curseur indicateur de marche.

Q, poche filtrante de toutes les prises d'eau accessoires.

V, multiplicateur de pression.

Au bac de décharge aboutissent les tuyaux d, d', d'' des soupapes parachutes, des accumulateurs et des presses.

Le tuyau W, partant du bac, est le tuyau d'aspiration de la pompe d'emplissage de l'accumulateur à basse pression (Voir page 342 du texte).

Figures 4 à 13, Pl. XXXVII. — La figure 4 est un schéma indiquant la position du câble de manœuvre, et des câbles principaux de traction, avec leurs poulies de renvoi et d'inflexion.

La figure 5 représente la partie supérieure du câble sans fin de manœuvre, dont les deux brins se retournent sur une poulie de frein, portée par un contrepoids tendeur.

Les figures 6 à 11 donnent les détails de ce contrepoids et du frein.

La figure 12 est la représentation des poulies de suspension supérieure de ce câble de manœuvre et la figure 13 celle des poulies d'inflexion intermédiaires, ainsi que la position des quatre poulies fixes du véhicule.

TOUR DE 300 MÈTRES

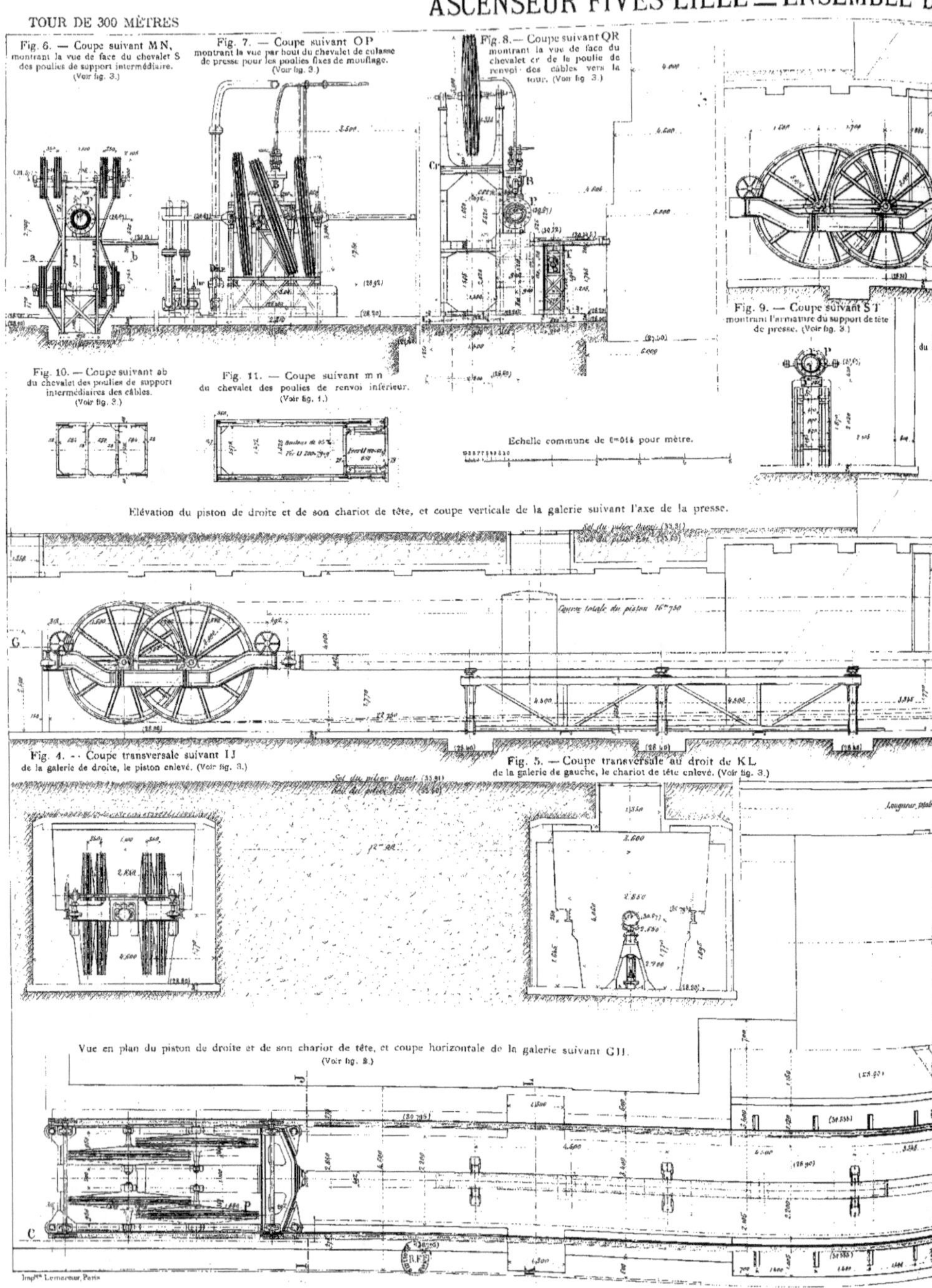

RINCIPAUX ORGANES (PRESSE DE DROITE)

Fig. 1. — Ensemble montrant les principaux chevalets de l'appareil funiculaire de droite.
Coupe A B par l'axe de la presse. (Voir fig. 3.)
(Le piston complètement rentré dans la presse)

Fig. 2. — Ensemble de la presse, (le piston complètement sorti du cylindre), des accumulateurs des appareils funiculaires et de la tuyauterie principale.
Élévation suivant CD de la presse, et élévation suivant EF de la tuyauterie (Presse de droite). Coupe verticale des maçonneries de la galerie de droite, suivant l'axe de la presse. (Voir fig. 3.)

Fig. 3. — Plan de la disposition générale de la presse de droite, des accumulateurs, de la tuyauterie principale et coupe de la galerie suivant GH. (Voir fig. 2.)

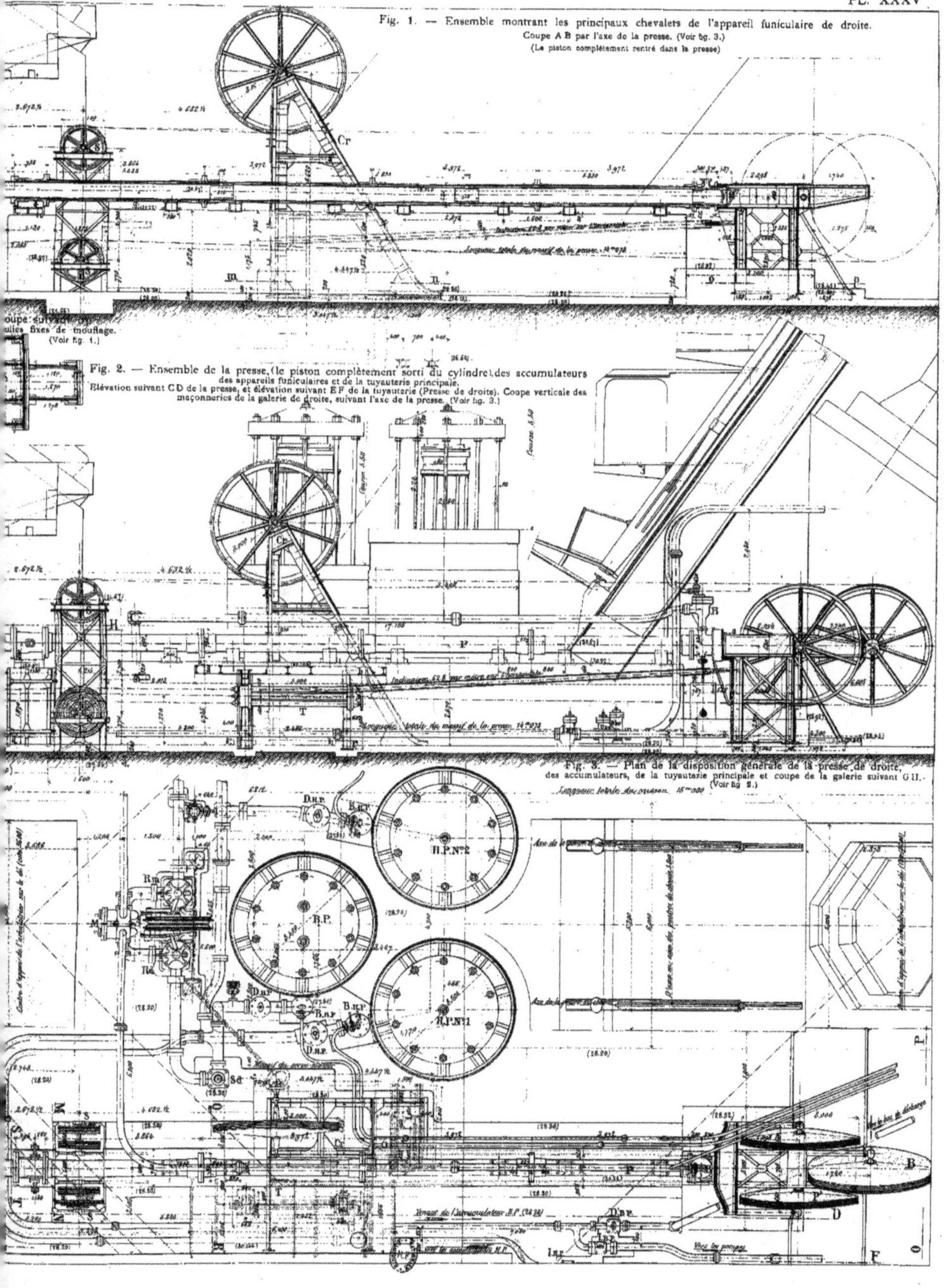

TOUR DE 300 MÈTRES

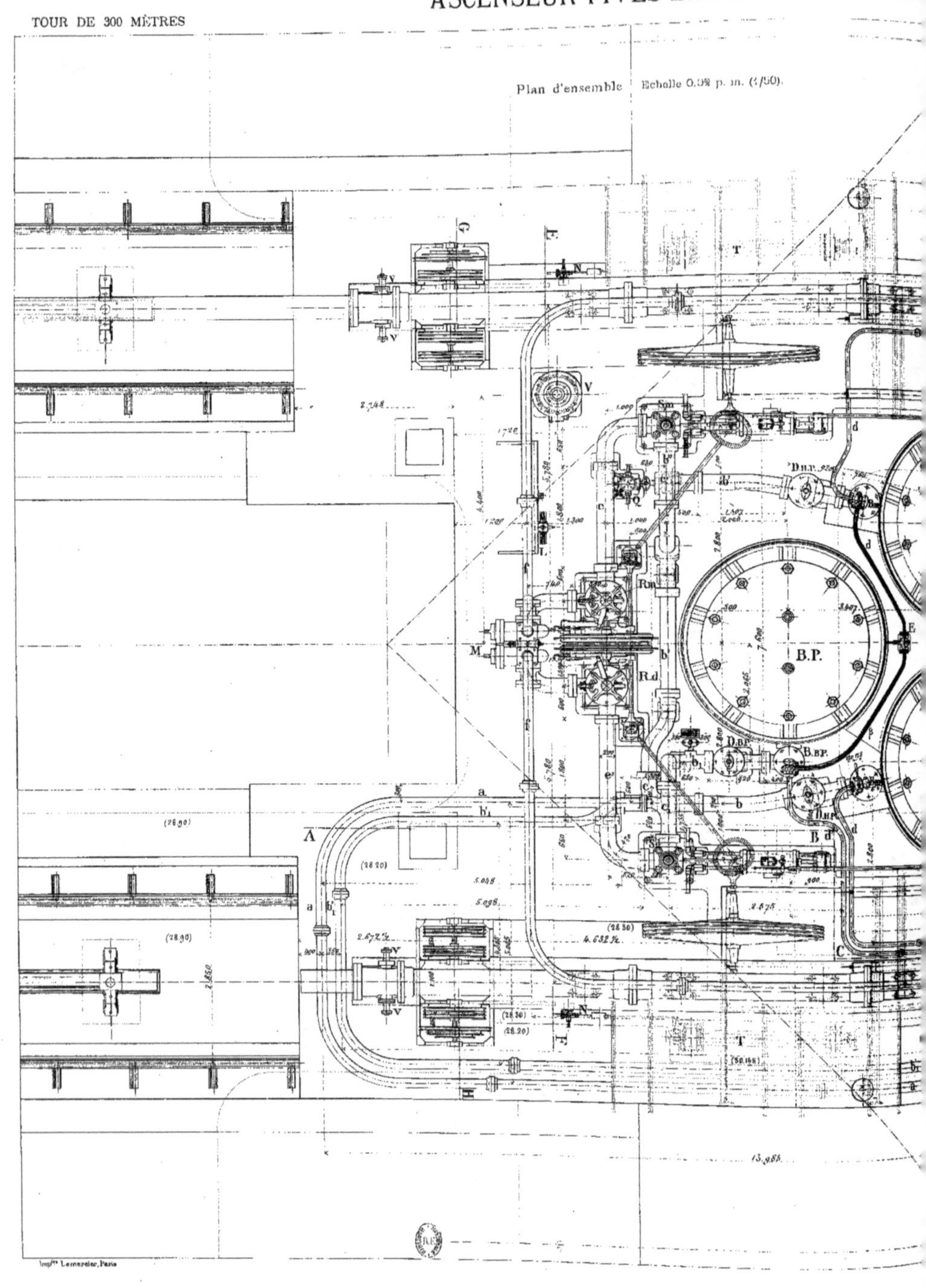

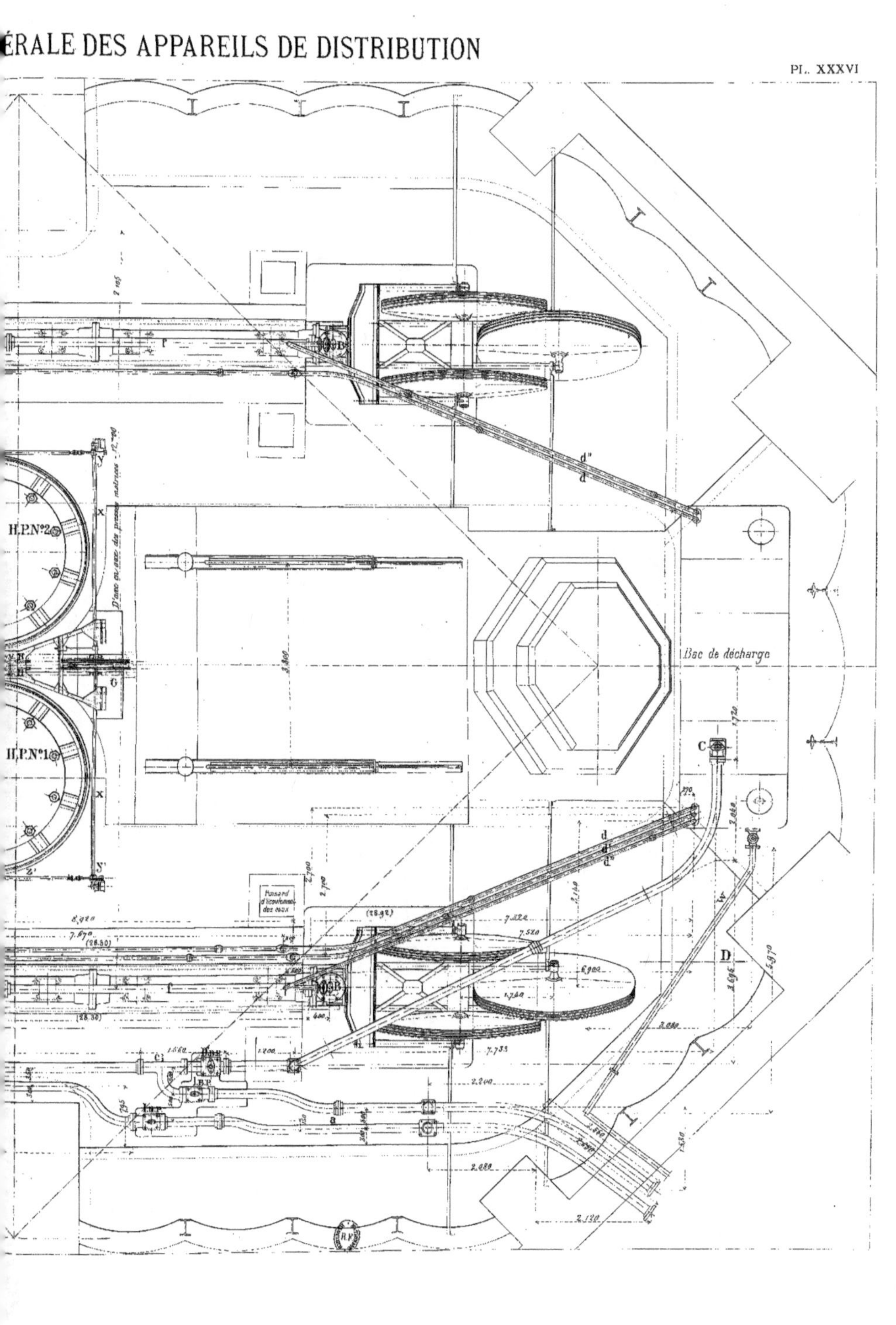
H.P.N°2
H.P.N°1
Bac de décharge
Regard d'écoulement des eaux
C
D

TOUR DE 300 MÈTRES

DISPOSITION GÉNÉRALE DES APPAREILS

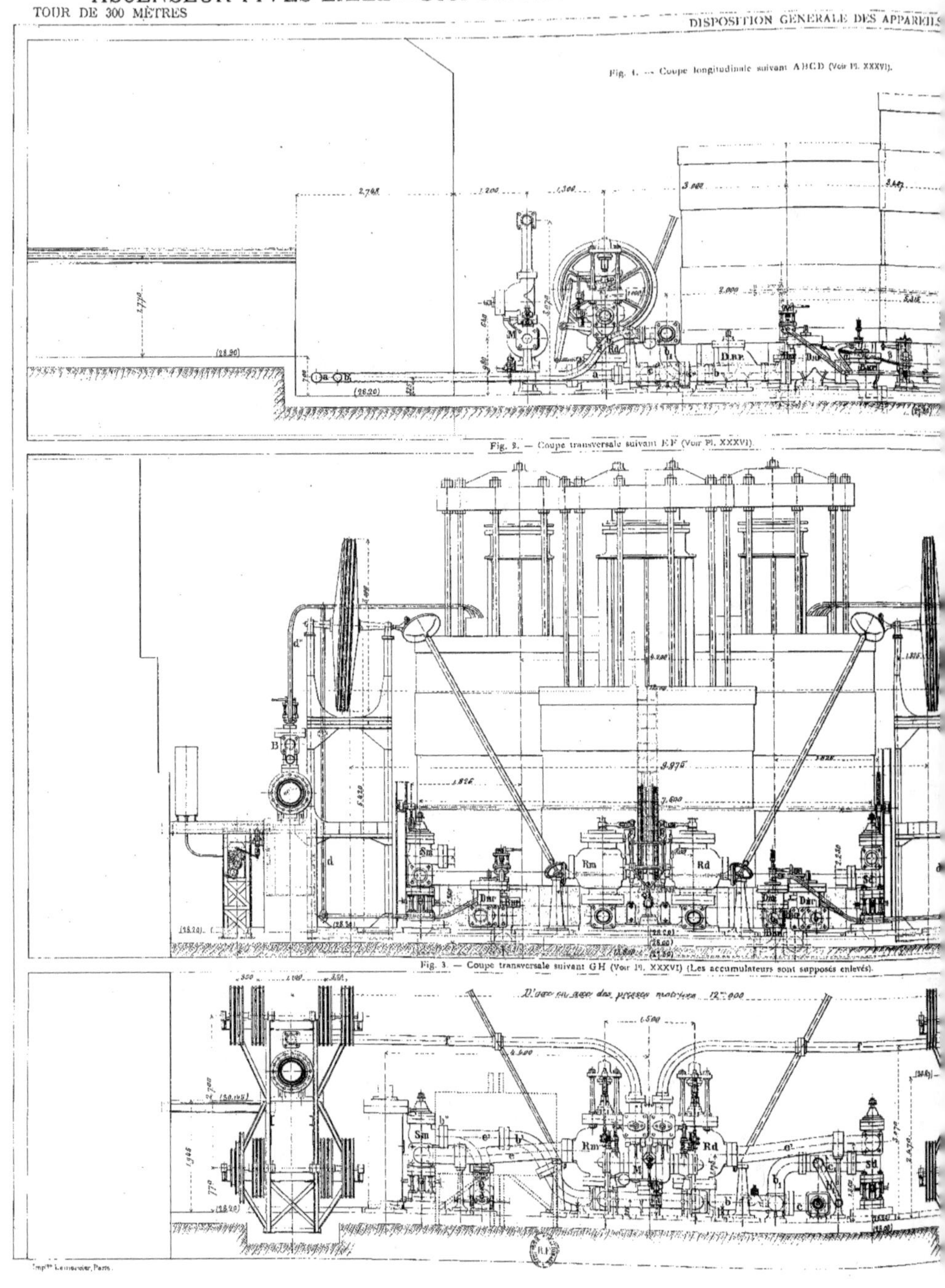

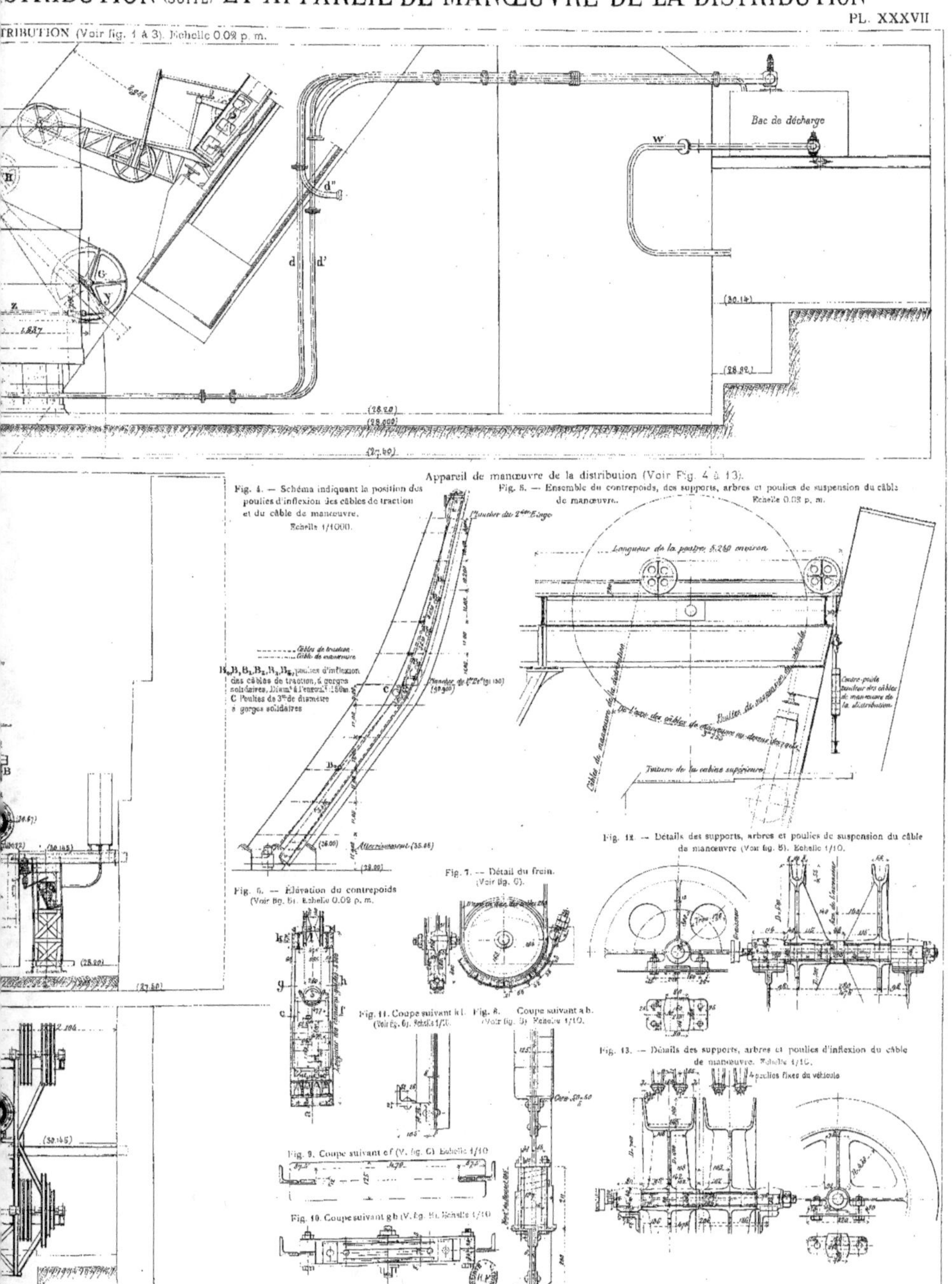

TRIBUTION (Voir fig. 1 à 3). Echelle 0.02 p. m.
Bac de décharge
Appareil de manœuvre de la distribution (Voir Fig. 4 à 13).
Fig. 4. — Schéma indiquant la position des poulies d'inflexion des câbles de traction et du câble de manœuvre. Echelle 1/1000.
Fig. 5. — Ensemble du contrepoids, des supports, arbres et poulies de suspension du câble de manœuvre. Echelle 0.02 p. m.
Longueur de la poutre 8.240 environ
Contre-poids tendeur des câbles de manœuvre de la distribution.
Fig. 12. — Détails des supports, arbres et poulies de suspension du câble de manœuvre (Voir fig. 5). Echelle 1/10.
Fig. 7. — Détail du frein. (Voir fig. 6).
Fig. 6. — Élévation du contrepoids (Voir fig. 5). Echelle 0.02 p. m.
Fig. 11. Coupe suivant kl. (Voir fig. 6). Echelle 1/10.
Fig. 8. Coupe suivant ab. (Voir fig. 6). Echelle 1/10.
Fig. 13. — Détails des supports, arbres et poulies d'inflexion du câble de manœuvre. Echelle 1/10.
Fig. 9. Coupe suivant ef (V. fig. 6) Echelle 1/10
Fig. 10. Coupe suivant gh (V. fig. 6). Echelle 1/10

ACCUMULATEURS ET LEURS ACCESSOIRES

(Voir page 337 du texte.)

Figures 1 à 3. — L'un des accumulateurs à haute pression, marqués HP N° 1 et HP N° 2 sur les plans d'ensemble, avec son cylindre et son piston en une seule pièce. Le piston porte à sa partie supérieure un tourteau, auquel il est relié par un axe vertical et une tige horizontale. Le tourteau porte les dix grands boulons de suspension de la caisse de charge en tôle qui repose, en bas de course, sur des sommiers en chêne. Le cylindre est monté sur un socle en fonte portant la conduite d'amenée de l'eau.

Figures 4 à 6. — Accumulateurs à basse pression marqués BP sur les plans d'ensemble, analogues de forme à ceux à haute pression. Le piston et le cylindre sont en deux pièces. Le fond du piston est muni d'une dalle en fonte pour recevoir le poids du lest qui l'emplit. Le piston est relié au tourteau par deux axes verticaux et une tige horizontale.

Figures 7 à 17. — Ces figures représentent les robinets d'arrêt des accumulateurs à haute et à basse pression, marqués D_HP et D_BP sur les plans d'ensemble, formés d'un clapet mobile dans un corps en fonte étanche. Le clapet est mis en mouvement par une tige filetée munie d'un carré, sur lequel on agit au moyen d'un levier. Pour équilibrer la pression sur les deux faces du clapet, au moment de l'ouverture, on a établi entre les capacités correspondantes une communication dont le détail est donné par les figures 15 à 17.

Figures 18 à 31. — Soupapes parachutes des accumulateurs à haute et à basse pression, marquées B_HP et B_BP sur les plans d'ensemble. Elles sont semblables comme principe. Chacune comprend un clapet, qui est levé en marche normale (fig. 18). Le clapet est solidaire d'un piston P, qui reçoit, sur sa face supérieure, l'action de l'eau en pression par deux conduits pratiqués dans le corps de la soupape. En marche normale, il y a équilibre de pression sur l'ensemble du clapet et du piston. Dans le cas d'une rupture de conduite, il se produit une dépression brusque en dessous du piston P, tandis que la pression en dessus reste à peu près celle de l'accumulateur. Le piston s'abaisse et le clapet s'applique sur son siège. L'accumulateur s'arrête dans sa chute.

La soupape parachute est surmontée d'une soupape de sûreté et de décharge, représentée figures 28 à 30. Elle ouvre automatiquement l'accumulateur à l'évacuation, lorsque ce dernier arrive en haut de course, au moyen d'une transmission qui agit sur le levier de la soupape et produit l'ouverture du clapet.

PRESSES MOTRICES — SOUPAPES D'ARRÊT ET DE MISE EN MARCHE AVEC SERVO-MOTEUR

(Voir pages 336 et 338 du texte.)

Figures 1 à 14. — Ces figures donnent le détail de la constitution du cylindre de presse et de son plongeur.

Les figures 1, 2 représentent la coupe en travers et en long de la culasse du cylindre et du plongeur en acier. *t* est l'arrivée de l'eau sur laquelle est montée une soupape de sûreté, contre la rupture des conduites, marquée B sur les plans d'ensemble.

La tubulure inférieure *t'*, munie d'un petit robinet, sert à la vidange du cylindre.

Les figures 3 à 7 représentent la tête des presses.

La figure 3 est une coupe horizontale, pour la partie située au-dessus de l'axe, et une coupe verticale pour la partie située en dessous.

On voit la garniture étanche en bronze avec cuir embouti, et les deux verrous V, logés dans les boîtes B, limitant la course du plongeur, par leur introduction dans deux crans de ce dernier.

Entre la culasse et la tête de presse, sont situés les trois tronçons du cylindre, assemblés comme le représentent les figures 13 et 14. La garniture en bronze comprise entre deux tronçons et serrée entre ces derniers par un manchon extérieur à brides, en deux parties, sert en même temps de guide intérieur au plongeur.

Celui-ci est formé également de trois tronçons assemblés suivant la disposition des figures 11 et 12.

La tête du piston, figures 8 à 10, porte une genouillère articulée au chariot des poulies mobiles.

Elle est munie d'un pointeau de purge pour chasser l'air qui pourrait se trouver au-dessus de l'eau contenue dans le plongeur et dans lequel elle pénètre par un petit orifice pratiqué dans sa culasse.

Figures 15 à 31. — Ces figures montrent la disposition générale et les détails de la soupape de mise en marche pour la montée, marquée S_M sur les plans d'ensemble. La soupape de descente lui est identique.

La figure 15 montre le clapet C, avec son profil, permettant une ouverture progressive (voir section, fig. 27), la tige avec ses deux pistons P P', et les deux galets G G', ce dernier servant de point d'appui à la came en forme de coin. Il est maintenu soulevé par le piston P'' de la presse de sûreté logée dans le socle et représentée en coupe transversale à la figure 28. On peut voir que si la presse de sûreté est mise à l'évacuation, tout le système de la came et du clapet s'abaisse et ce dernier ferme la soupape.

A l'extrémité supérieure de la tige se trouve l'écrou pour les manœuvres à faible vitesse.

La came est actionnée par un servo-moteur composé d'un cylindre mobile et d'un piston fixe. Le cylindre glisse sur deux tubes fixes (fig. 19), servant respectivement à l'arrivée de l'eau et à son évacuation.

Le tiroir du servo-moteur n'est pas équilibré.

L'eau agit sur l'extrémité de sa tige et tend toujours à produire la fermeture. Les lumières du tiroir, numérotées 1, 2, 3, 4, ont les destinations suivantes :

1. Alimentation de la section annulaire du cylindre, fermeture de la soupape.
2. Évacuation de l'eau.
3. Alimentation de la surface pleine du cylindre, ouverture de la soupape.
4. Arrivée de l'eau en pression.

Les lumières 1 et 4, n'étant pas situées sur la glace du tiroir, il s'ensuit que le servo-moteur tend toujours à revenir vers la droite, c'est-à-dire à fermer la soupape.

Un mouvement de droite à gauche du grand levier à contrepoids découvre 3 et produit le mouvement du servo-moteur de droite à gauche, c'est-à-dire l'ouverture de la soupape; l'eau de la section annulaire passe dans la section pleine. Si le levier s'arrête, le tiroir par son mouvement relatif avec le servo-moteur vient recouvrir 3 à nouveau et tout s'arrête. Si on cesse de maintenir le levier dans sa position, la pression de l'eau sur la tige du tiroir ramène l'ensemble vers la droite, et produit la fermeture.

L'eau arrive ou sort du tiroir, malgré la marche du servo-moteur, par les deux ouvertures O pratiquées dans les tubes fixes (fig. 19).

Le mouvement est donné au levier par un système de bielles et arbres représenté à la planche suivante.

TOUR DE 300 METRES

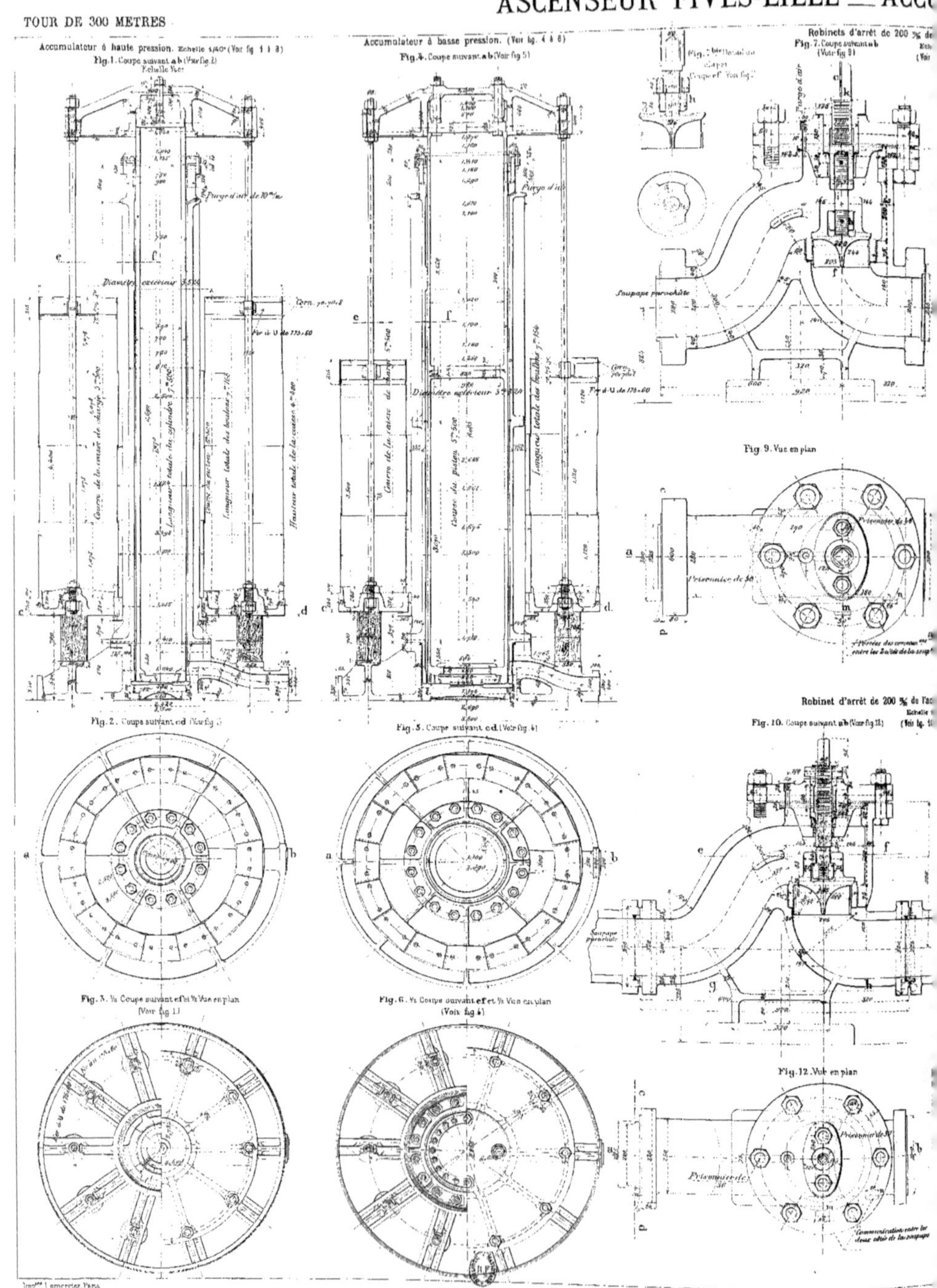

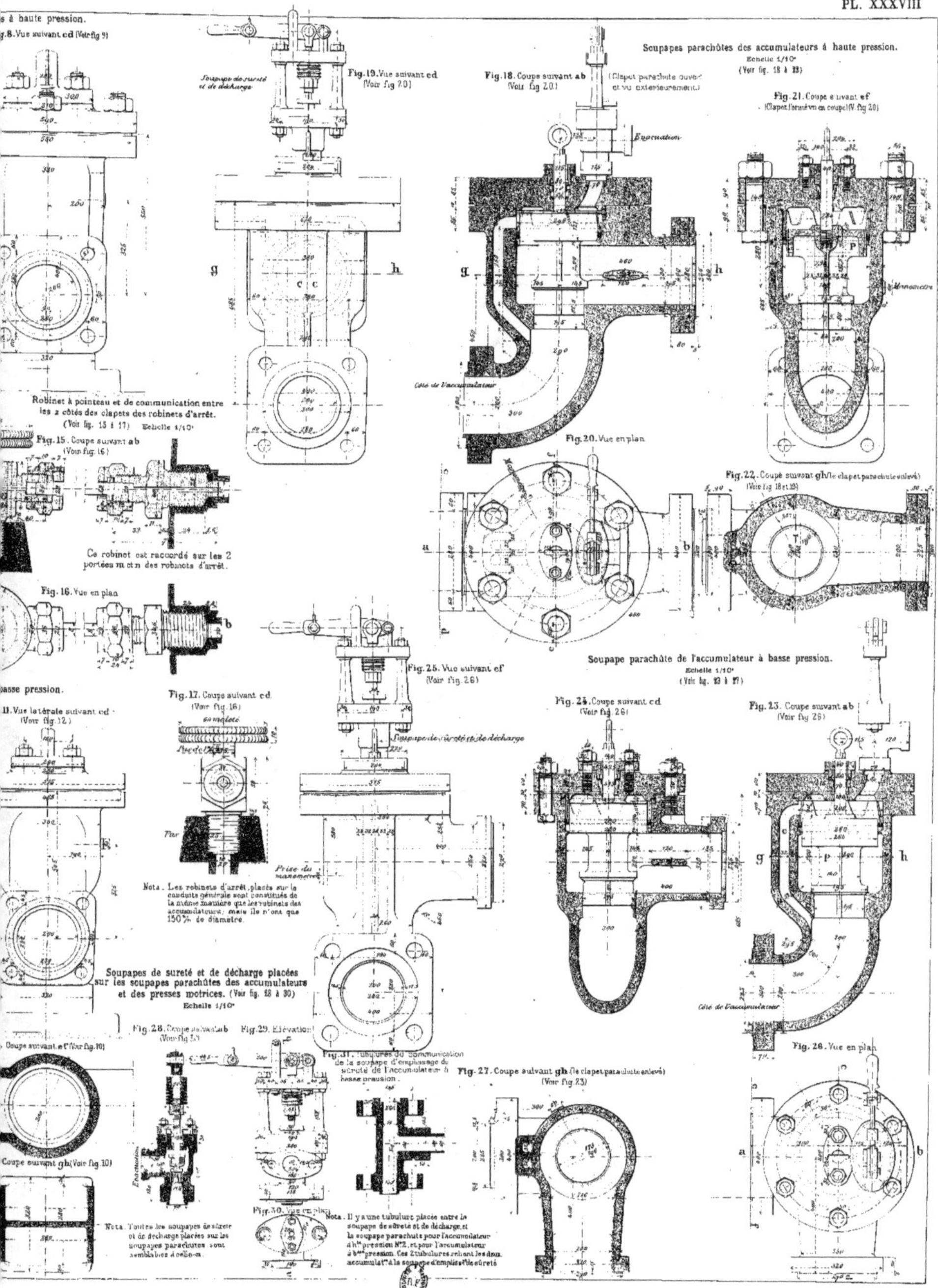
s à haute pression.
Fig.8.Vue suivant cd (Voir fig 9)
Soupape de sûreté et de décharge
Fig.19.Vue suivant cd (Voir fig 20)
Fig.18. Coupe suivant ab (Voir fig 20)
(Clapet parachûte ouvert et vu extérieurement.)
Soupapes parachûtes des accumulateurs à haute pression.
Echelle 1/10ᵉ
(Voir fig. 18 à 22)
Fig. 21. Coupe suivant ef
(Clapet fermé vu en coupe)(V. fig 20)
Evacuation
g   h
g   h
Côté de l'accumulateur
Fig.20.Vue en plan
Robinet à pointeau et de communication entre
les 2 côtés des clapets des robinets d'arrêt.
(Voir fig. 15 à 17)   Echelle 1/10ᵉ
Fig. 15. Coupe suivant ab
(Voir fig. 16)
Ce robinet est raccordé sur les 2
portées m et n des robinets d'arrêt.
Fig. 16. Vue en plan
Fig.22.Coupe suivant gh(le clapet parachûte enlevé)
(Voir fig 18 et 19)
basse pression.
11.Vue latérale suivant cd
(Voir fig 12)
Fig. 17. Coupe suivant cd
(Voir fig. 16)
complete
Vue de Clapet
Soupape de sûreté et de décharge
Fig.25. Vue suivant ef
(Voir fig. 26)
Soupape parachûte de l'accumulateur à basse pression.
Echelle 1/10ᵉ
(Voir fig. 23 à 27)
Fig. 24. Coupe suivant cd
(Voir fig. 26)
Fig. 23. Coupe suivant ab
(Voir fig 26)
Prise du manomètre
Nota. Les robinets d'arrêt placés sur la
conduite générale sont constitués de
la même manière que les robinets des
accumulateurs, mais ils n'ont que
150% de diamètre.
g   h
Soupapes de sûreté et de décharge placées
sur les soupapes parachûtes des accumulateurs
et des presses motrices. (Voir fig. 28 à 30)
Echelle 1/10ᵉ
Côté de l'accumulateur
Fig.28.Coupe suivant ab
(Voir fig 30)
Fig.29. Elévation
Coupe suivant ef (Voir fig.10)
Fig. 31. Tubulures de communication
de la soupape d'emplissage de
sûreté de l'accumulateur à
basse pression
Fig. 27. Coupe suivant gh (le clapet parachûte enlevé)
(Voir fig 23)
Fig. 26. Vue en plan
Coupe suivant gh(Voir fig.10)
Fig.30. Vue en plan
Nota. Toutes les soupapes de sûreté
et de décharge placées sur les
soupapes parachûtes sont
semblables à celle-ci.
Nota. Il y a une tubulure placée entre la
soupape de sûreté et de décharge et
la soupape parachûte pour l'accumulateur
à h^te pression N°2, et pour l'accumulateur
à b^se pression. Ces 2 tubulures relient les deux
accumulat^rs à la soupape d'emplissage et de sûreté
a   b

ASCENSEUR FIVES-LILLE. PRESSES MOTRICES.

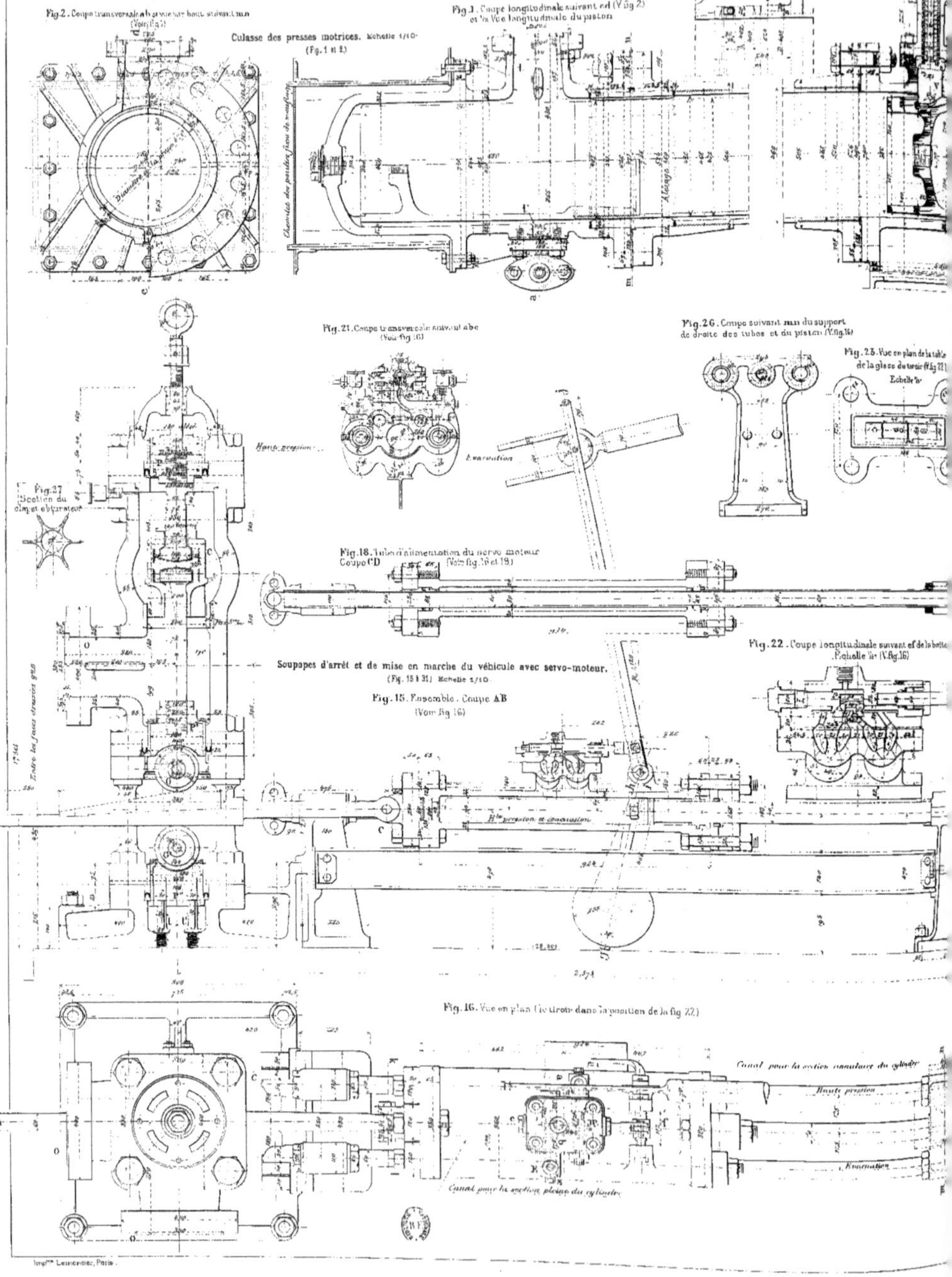
Fig. 2. Coupe transversale ab et vue par bout suivant mn (Voir fig. 1)
Culasse des presses motrices. Echelle 1/10. (Fig. 1 et 2)
Fig. 1. Coupe longitudinale suivant cd (V. fig. 2) et la Vue longitudinale du piston
Chemise des pointes jusqu'au manchon
Alésage
Fig. 7. Garniture de la tête de presse
Fig. 21. Coupe transversale suivant abc (Voir fig. 16)
Fig. 26. Coupe suivant mn du support de droite des tubes et du piston (V. fig. 16)
Fig. 25. Vue en plan de la table de la glace du tiroir (V. fig. 22) Echelle 1/5
Haute pression
Evacuation
Fig. 27 Section du clapet obturateur
Fig. 18. Tube d'alimentation du servo moteur Coupe CD (Voir fig. 16 et 19)
Soupapes d'arrêt et de mise en marche du véhicule avec servo-moteur. (Fig. 15 à 31) Echelle 1/10.
Fig. 15. Ensemble. Coupe AB (Voir fig. 16)
Fig. 22. Coupe longitudinale suivant ef de la boîte Echelle 1/5 (V. fig. 16)
Entre les faces dressées
Hte pression et évacuation
Fig. 16. Vue en plan (le tiroir dans la position de la fig. 22)
Canal pour la section annulaire du cylindre
Haute pression
Evacuation
Canal pour la section pleine du cylindre

Impie Lemercier, Paris.

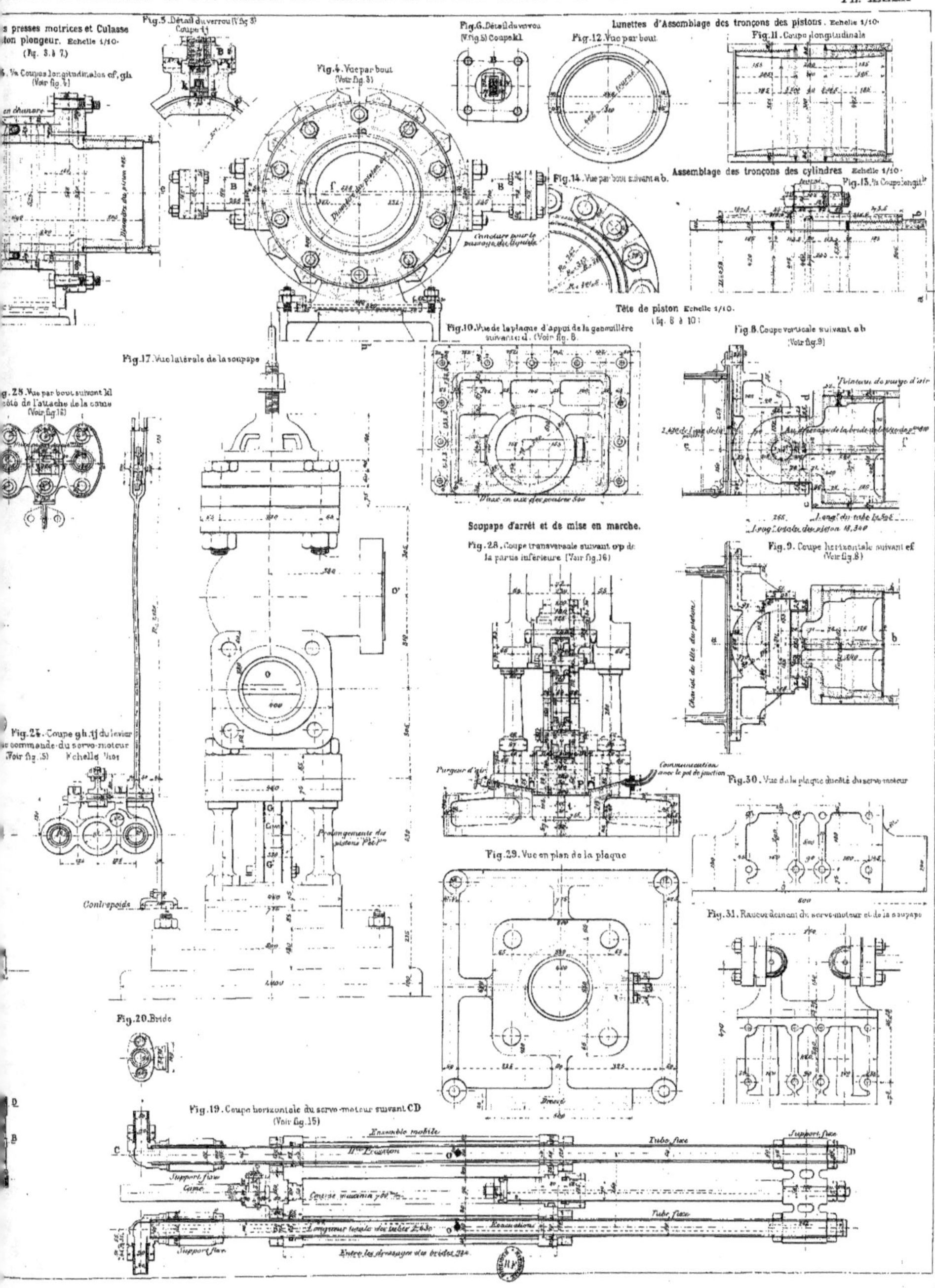
Fig.5. Détail du verrou (Vfig 3)
Coupe ij
Fig.4. Vue par bout (Voir fig.3)
Fig.6. Détail du verrou (Vfig.5) Coupe kl
Fig.12. Vue par bout
Lunettes d'Assemblage des tronçons des pistons. Echelle 1/10.
Fig.11. Coupe longitudinale
Assemblage des tronçons des cylindres Echelle 1/10.
Fig.13. 1/2 Coupe longit.
Fig.14. Vue par bout suivant a.b.
Tête de piston Echelle 1/10.
(fig. 8 à 10)
Fig.17. Vue latérale de la soupape
Fig.10. Vue de la plaque d'appui de la genouillère suivant cd. (Voir fig.8)
Fig.8. Coupe verticale suivant ab (Voir fig.9)
Soupape d'arrêt et de mise en marche.
Fig.28. Coupe transversale suivant op de la partie inférieure (Voir fig.16)
Fig.9. Coupe horizontale suivant ef (Voir fig.8)
Fig.30. Vue de la plaque de côté du servo-moteur
Fig.29. Vue en plan de la plaque
Fig.31. Raccordement du servo-moteur et de la soupape
Fig.20. Bride
Fig.19. Coupe horizontale du servo-moteur suivant CD (Voir fig.15)
Contrepoids

Planche XL

RÉGULATEURS DE VITESSE — MÉCANISME DE RALENTISSEMENT — COUPLEUR
APPAREILS DIVERS DE LA DISTRIBUTION

(Voir pages 339, 340 et 341 du texte.)

Figures 1 à 5. — Ces figures représentent l'un des supports fixes des plongeurs placés dans les galeries souterraines, et figurés dans les planches XXXV et XXXVI. C'est une lunette en bois de gaïac montée à l'extrémité d'une tige d'acier réglable en hauteur par un système d'écrous et de douilles.

Figures 6 à 22. — Détail de la commande des servo-moteurs des soupapes de mise en marche et d'arrêt, représentée dans son ensemble à la planche XXXVI et à la figure 1 de la Pl. XXXVII.

G est une poulie à deux gorges sur trois quarts de sa circonférence (fig. 12 à 14), montée sur le milieu d'un arbre tubulaire X (fig. 11). A chacune de ses extrémités cet arbre porte un levier y et y', articulé à une bielle z et z' qui agit par son autre extrémité en forme de fourche (fig. 21 et 22) sur les leviers des servo-moteurs.

Le calage des leviers y et y' des extrémités de l'arbre X est tel, que lorsqu'une bielle avance, l'autre recule, et par suite la première seule a une action sur la soupape correspondante de mise en marche.

La poulie à deux gorges G est mise en mouvement par le câble sans fin de manœuvre mû du véhicule et dont les extrémités viennent s'y rattacher en sens inverse (voir fig. 17 à 19). Le câble, avant d'arriver à la poulie G, passe sur les deux poulies H, représentées figures 6 et 20.

Figures 23 à 44. — Ces figures donnent les ensembles (fig. 23 à 26) et les détails des régulateurs de vitesse et mécanisme de ralentissement marqués Rm et Rd sur les plans d'ensemble et dont le principe et la description générale ont été donnés page 339 du texte.

Régulateurs proprement dits. — Le corps d'un régulateur est représenté figures 27 et 28. La figure 27 montre les deux lanternes fixes en bronze, munies de fenêtres verticales, devant lesquelles peuvent se déplacer les deux lanternes mobiles, percées de trous. Ces dernières sont munies de cloisons qui rayonnent vers un axe creux, dans lequel passe la tige verticale du régulateur. L'eau est amenée à la périphérie des lanternes fixes par deux paires de conduits circulaires représentés également dans la petite coupe $a\,b\,c$, à gauche de la figure 27.

Les figures 29 à 31, donnent le détail du servo-moteur qui actionne les lanternes mobiles, dans le sens vertical. P, piston antagoniste se déplaçant dans une presse dont le fond supérieur est mis soit en pression, soit à l'évacuation, par un tiroir de distribution (voir fig. 32 à 35).

Ce tiroir est actionné par une petite presse appelée balance régulatrice, et recevant la pression de l'intérieur du régulateur par le conduit O. Quand la pression augmente dans le régulateur, c'est-à-dire dans la presse, l'eau fait monter le piston de la balance régulatrice qui, par l'intermédiaire du balancier articulé B, transmet ce mouvement au tiroir. La figure 32 permet de voir, que la montée du tiroir met à l'évacuation la presse du piston P. Par suite, l'eau en pression du régulateur fait monter les lanternes mobiles, en agissant sur sa tige, et augmente le passage de l'eau à travers ces lanternes, ceci pour le régulateur de montée. Si, au contraire, la pression diminue dans le régulateur, le cylindre antagoniste est mis en pression par la descente du tiroir, et les lanternes s'abaissent, en étranglant l'arrivée d'eau.

La pile de rondelles, située sur le piston de la balance régulatrice, fait équilibre à la pression de l'eau.

La figure 23 montre la communication du tiroir et de la presse antagoniste. L'eau qui arrive au tiroir passe d'abord dans une petite poche filtrante qui retient les matières en suspension (voir détails, fig. 43 et 44).

Ralentissement automatique. — Les figures 23 à 26 montrent le mécanisme de ralentissement aux stations. Il comprend une petite presse motrice à double effet (voir fig. 23 et 24 et détails fig. 36 à 39), dont la tige agit sur la branche inférieure d'un grand balancier B, (fig. 23 et 24), qui transforme ce mouvement rectiligne en un mouvement angulaire des lanternes mobiles, par l'intermédiaire des bielles b et b_1 (voir fig. 24 et 25). Ce mouvement angulaire produit une diminution de passage de l'eau dans le régulateur et, par suite, le ralentissement du véhicule.

La petite presse de ralentissement n'agit sur le balancier B_1 que lorsque le véhicule arrive près d'une station. Le mécanisme automatique qui produit cette action comprend : deux grands tambours dentés TT (fig. 23, 24, 25), munis chacun de deux cames, qui correspondent aux stations. Ces deux tambours tournent au moyen d'une transmission à engrenage (voir fig. 40 à 42), qui prend son mouvement sur la grande poulie de renvoi inférieure. Le développement des tambours et l'intervalle de deux cames sont proportionnels aux longueurs du chemin total du véhicule, et aux longueurs des chemins entre deux stations. En outre, la tige du tiroir de la petite presse est liée à un levier l (fig. 24 et 26), dont la petite branche porte deux galets g. Si une came du tambour T rencontre le galet g, elle agit donc sur le tiroir de la presse, qui se déplace de droite à gauche (fig. 36), ce qui entraîne, par l'intermédiaire du balancier B_1, et des bielles b et b_1 la rotation des lanternes mobiles, et par suite le ralentissement du véhicule.

Figures 45 à 48. — C'est une soupape de décharge, marquée C sur la Pl. XXXVI, et placée sur le bac de décharge, à l'extrémité d'une dérivation de la conduite de retour à basse pression.

Elle laisse échapper une certaine quantité d'eau sous l'effet d'un choc dans la conduite à basse pression.

Figures 49 à 54. — Coupleur des presses motrices égalisant les pressions (pages 340 et 341 du texte). Il est marqué M sur les plans d'ensemble. La figure 51 permet de voir l'attelage des deux pistons avec leur tige de réunion à crémaillère actionnant un disque extérieur; chacun d'eux se déplace dans un manchon fixe percé de fenêtres. Elle montre également les boîtes à ressorts munies d'une ouverture à bride, sur laquelle est montée un robinet à pointeau de 30 mm., qui établit par un tube la communication avec la face antérieure des tendeurs hydrauliques (voir fig. 49). Le coupleur est surmonté de deux robinets d'arrêt de 150 mm. pour l'isolement des presses motrices.

Figures 55 à 62. — Clapets d'isolement à haute et à basse pression marqués Ihp et Ibp, sur les plans d'ensemble.

Le premier évite le retour de l'eau des accumulateurs HP vers la pompe, le deuxième le retour de l'eau de la pompe vers l'accumulateur BP. Composés chacun d'un attelage de deux clapets de section différente, reposant sur un siège. L'eau à la pression la plus forte vient par celle des deux brides aboutissant à l'extérieur des clapets. Elle applique l'équipage sur son siège avec une pression correspondant à la différence de section des deux clapets.

Figures 63 à 67. — Ces figures représentent la soupape parachute placée sur la culasse des presses motrices. Elle est marquée B sur les plans d'ensemble. Cette soupape est analogue à celles décrites pour les accumulateurs, et fondée sur le même principe.

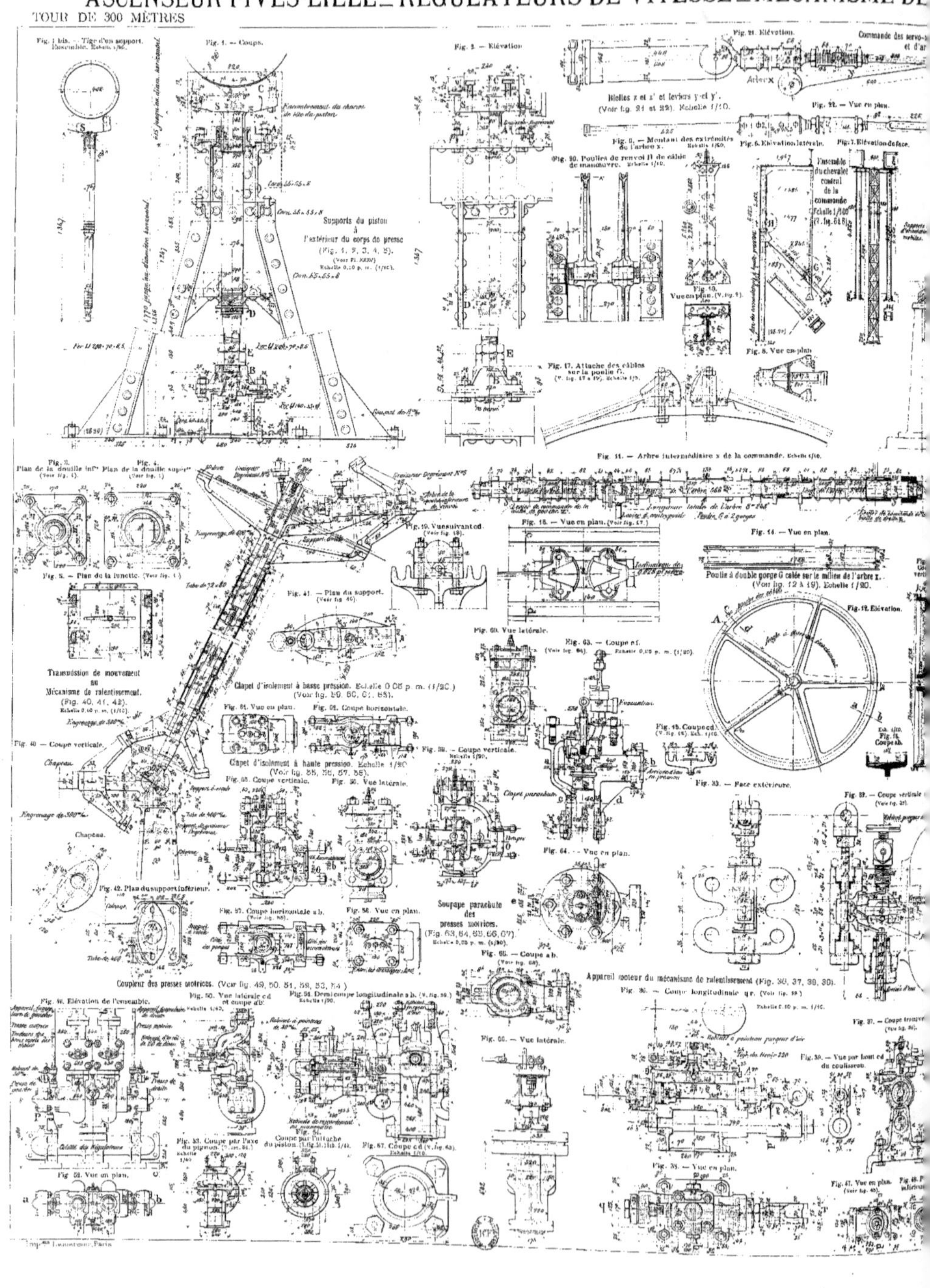

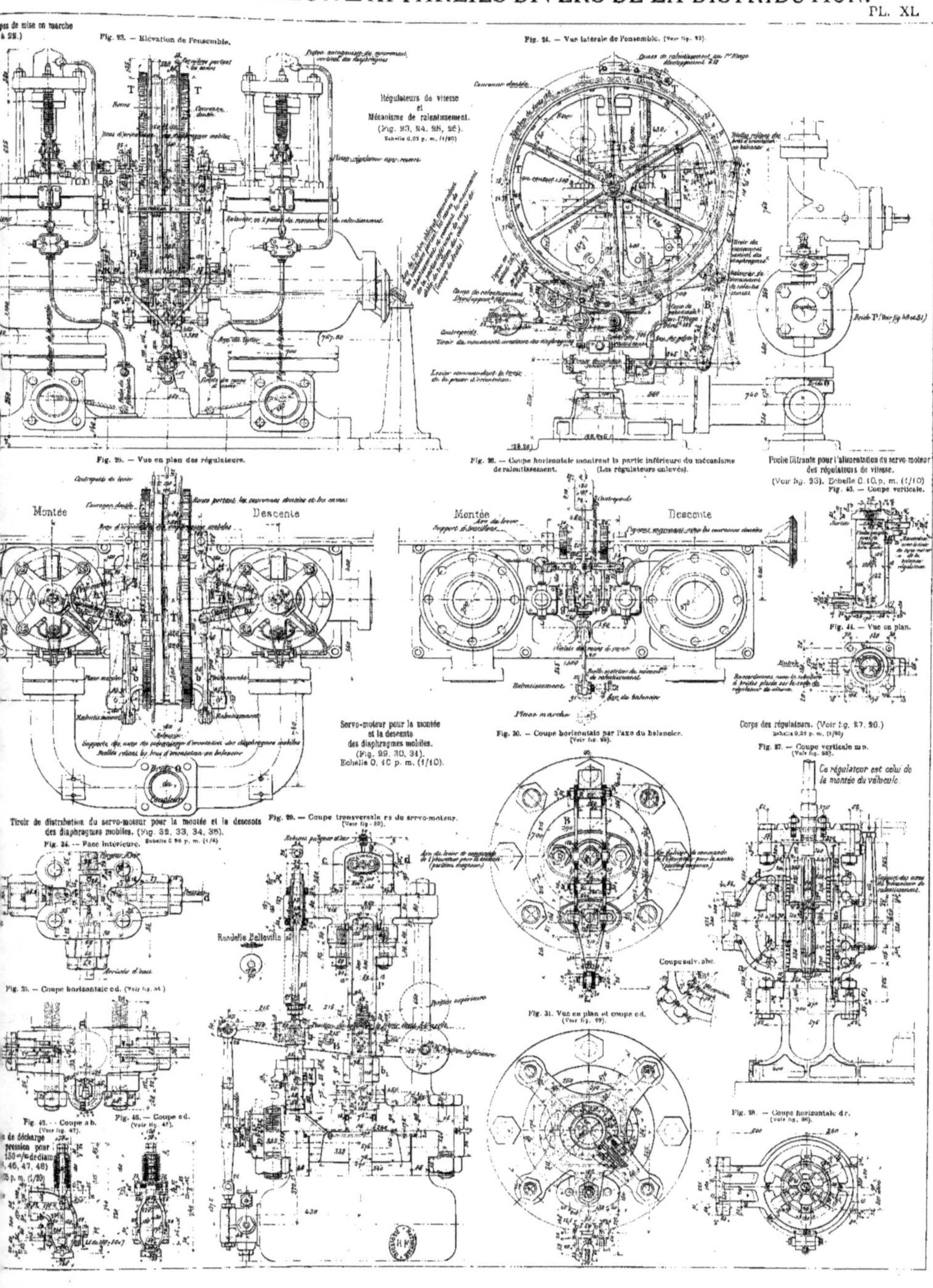
Fig. 23. — Élévation de l'ensemble.
Fig. 24. — Vue latérale de l'ensemble. (Voir fig. 23).
Régulateurs de vitesse et Mécanisme de ralentissement.
(Fig. 23, 24, 25, 26).
Echelle 0,05 p. m. (1/20)
Fig. 25. — Vue en plan des régulateurs.
Fig. 26. — Coupe horizontale montrant la partie inférieure du mécanisme de ralentissement. (Les régulateurs enlevés).
Poche filtrante pour l'alimentation du servo-moteur des régulateurs de vitesse.
(Voir fig. 23). Echelle 0.10 p. m. (1/10)
Fig. 43. — Coupe verticale.
Montée
Descente
Servo-moteur pour la montée et la descente des diaphragmes mobiles.
(Fig. 29, 30, 31).
Echelle 0,10 p. m. (1/10).
Fig. 44. — Vue en plan.
Fig. 30. — Coupe horizontale par l'axe du balancier. (Voir fig. 29).
Corps des régulateurs. (Voir fig. 27, 28.)
Echelle 0,05 p. m. (1/20)
Fig. 27. — Coupe verticale m n. (Voir fig. 28).
Tiroir de distribution du servo-moteur pour la montée et la descente des diaphragmes mobiles. (Fig. 32, 33, 34, 35).
Fig. 34. — Face intérieure. Echelle 0,25 p. m. (1/4).
Fig. 29. — Coupe transversale r s du servo-moteur. (Voir fig. 30).
Fig. 31. Vue en plan et coupe c d. (Voir fig. 29).
Fig. 33. — Coupe horizontale c d. (Voir fig. 34.)
Fig. 28. — Coupe horizontale d r. (Voir fig. 27).
Fig. 45. — Coupe a b. (Voir fig. 47).
Fig. 46. — Coupe c d. (Voir fig. 47).

APPAREIL FUNICULAIRE

(Voir pages 336 et 337 du texte.)

Figures 1 à 14. — Tendeurs hydrauliques des brins fixes des câbles, au nombre de trois par presse, marqués T sur les plans d'ensemble.

Les tendeurs sont supportés par deux petits chevalets en tôlerie, placés l'un à la tête, l'autre à la culasse. Chaque tendeur est formé d'un cylindre en acier et d'un piston avec tige. L'extrémité de la tige porte l'attache conique du câble. L'attache est munie d'une frette f pour le fonctionnement de la soupape de sûreté, qui sera examinée à la planche suivante. Les trois cylindres communiquent entre eux par l'avant. La pièce A (fig. 2 et 3) qui supporte la tête des cylindres porte la bride sur laquelle aboutit le tuyau de communication avec la boîte à ressort du coupleur.

La face arrière des pistons des tendeurs est baignée par l'eau d'un petit réservoir (fig. 14).

Les figures 10 à 13 représentent l'un des robinets à pointeau de 30 mm. montés sur les boîtes à ressort du coupleur, et qui établissent la communication entre ces derniers et la face avant des tendeurs.

Ces capacités sont remplies une fois pour toutes au moyen du petit robinet de 10 mm., par lequel on introduit l'eau en pression qui assure l'égalité dans la tension des câbles.

Figures 15 à 19. — Poulies de renvoi à trois gorges indépendantes de 4 mètres de diamètre placées au deuxième étage, pour la suspension du véhicule. Chaque poulie comprend trois poulies élémentaires en acier à une gorge ayant un libre mouvement, l'une par rapport à l'autre. L'une des poulies est clavetée sur l'arbre ; les deux autres ont des coussinets indépendants (voir la disposition de poulies analogues fig. 44 et 47).

Figures 22 à 36. — Elles donnent le détail du chariot de tête d'un plongeur de presse avec ses poulies mobiles de mouflage à trois gorges indépendantes de 3 m. de diamètre.

Le chariot est rectangulaire en plan. Il est formé d'un châssis porté par quatre galets de roulement (voir fig. 29 à 32). Il est, en outre, guidé latéralement par quatre galets horizontaux (voir fig. 36). A l'intérieur du châssis sont logées les quatre poulies mobiles de mouflage (détail fig. 37 à 40), analogue comme construction aux poulies de 4 m. décrites plus haut. Toutes les poulies de mouflage de l'installation sont semblables à celle représentée figures 37 à 40, l'alésage du moyeu seul diffère.

Les figures 14 et 35 donnent les profils de la voie du chariot avec les rails pour les galets de roulement et les galets de guidage.

Figures 20 et 21 et 41 à 47. — Ces figures donnent le détail des arbres, des poulies de renvoi inférieures, et des poulies fixes de culasse de presse, avec leur inclinaison différente. Les supports de ces arbres sont également figurés.

Figures 48 à 52. — Poulies montées sur les chevalets marqués S sur les plans d'ensemble, et dites poulies de support intermédiaire. Chaque support comprend huit poulies montées par paire. Dans chaque paire, une poulie est fixe sur l'arbre et l'autre folle (fig. 48).

La paire inférieure qui se trouve en regard des tendeurs comprend une poulie comme ci-dessus, et une deuxième poulie à trois gorges étagées, recevant les trois câbles également étagés des tendeurs (voir fig. 49).

Planche XLII

APPAREILS DE SÛRETÉ INDÉPENDANTS DU VÉHICULE

(Voir page 341 du texte.)

Les appareils de sûreté entrant dans cette planche sont ceux placés dans la salle de l'ascenseur, indépendants de ceux portés par le véhicule. Cette planche contient en outre quelques appareils accessoires de la distribution.

La figure 1 représente l'ensemble de tous les organes de sûreté et de la petite tuyauterie, nous la décrirons après les appareils de sûreté.

Figures 2 à 7. — Soupapes d'arrêt de sûreté, au nombre de deux, commandées par les tendeurs des câbles, et marquées N sur les plans d'ensemble.

b, tige reliée au cadre à charnières porté par la tête des tendeurs (fig. 6).

T, levier de déclenchement avec sa fourchette f sur laquelle posent les taquets du levier contrepoids.

La soupape s'ouvre de haut en bas. Elle communique, d'une part, avec la presse de sûreté de la soupape de mise en marche correspondante, par l'intermédiaire du pot de jonction et, d'autre part, avec l'évacuation.

Si un câble vient à mollir ou à se rompre, le tendeur rentre dans son cylindre par suite de l'excès de pression qui lui est transmis par les deux autres tendeurs. La frette de la tête du tendeur rencontre le cadre qui entraîne b, de droite à gauche et déclenche le grand levier à contrepoids.

La soupape s'ouvre, l'eau de la presse de sûreté de la soupape de mise en marche est évacuée, et l'ascenseur s'arrête.

Figures 8 à 11. — Soupape d'arrêt de sûreté identique à la précédente, placée sur le coupleur des presses motrices. C'est cette soupape que l'on voit sur la figure 3 de la Pl. XXXVII d'ensemble. Le mécanisme de déclenchement diffère un peu du précédent.

T, levier à fourche, dont l'extrémité supérieure est guidée par une pièce en bronze, et se trouve en regard du disque indicateur du coupleur portant deux tocs gg'.

Les branches de la fourche du levier T supportent, par l'intermédiaire de deux taquets d, le levier à contrepoids.

Si l'équipage des pistons du coupleur se déplace d'une façon anormale, d'un côté ou de l'autre, les tocs g ou g' viennent buter contre le levier T, qui est chassé soit à droite, soit à gauche, et les taquets d échappent les pièces c du levier à contrepoids.

La soupape est mise ainsi à l'évacuation et l'ascenseur s'arrête, par suite de l'abaissement de la presse de sûreté de la soupape de mise en marche.

TOUR DE 300 MÈTRES

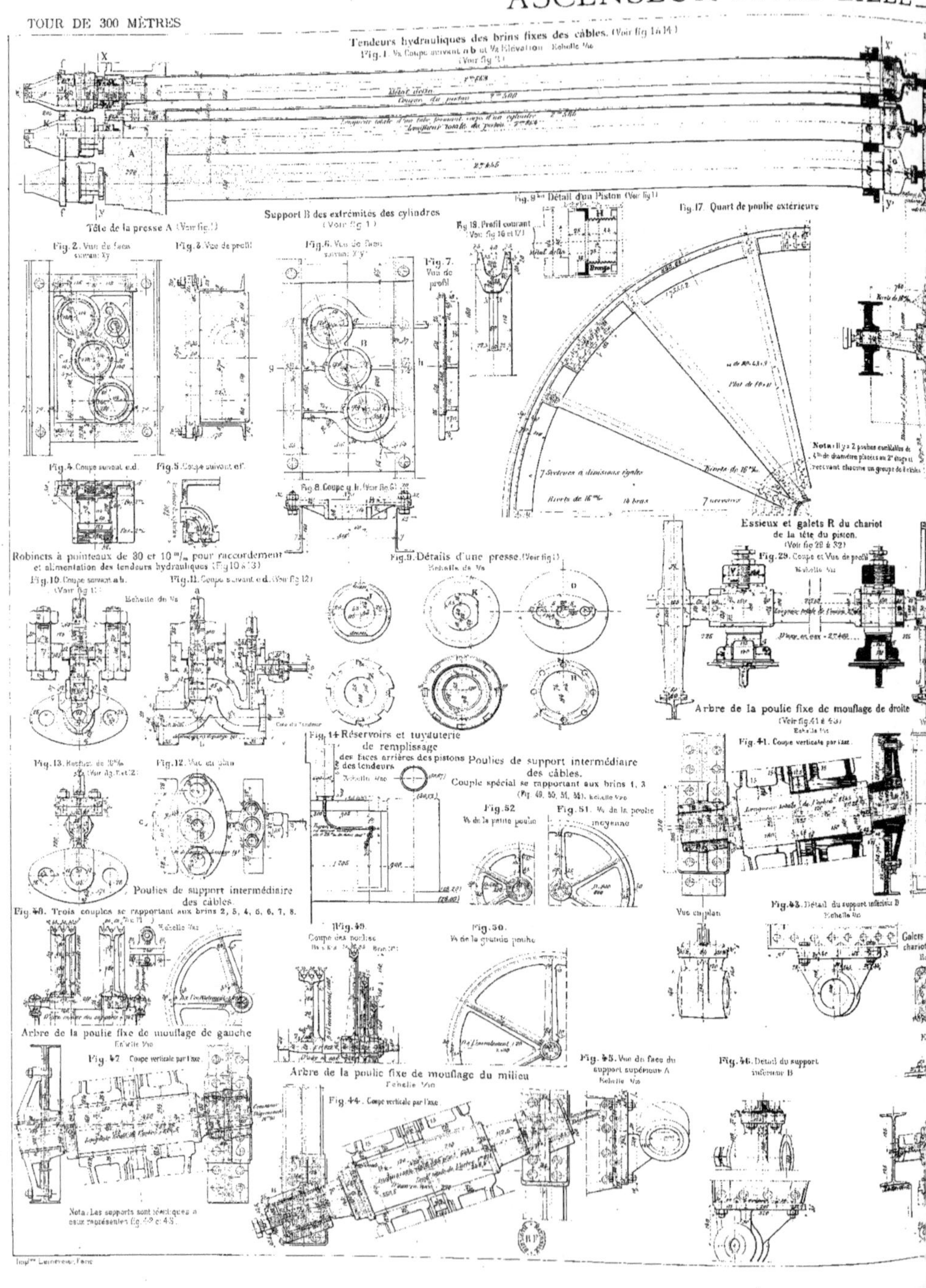

APPAREIL FUNICULAIRE

Pl. XLI

Poulies de renvoi à trois gorges indépendantes de 4 mètres de diamètre placées au 2e étage.
Fig. 16
½ de poulie inférieure
Fig. 18. Profil d'un encissage
Chariots de tête des pistons des presses motrices.
Fig. 22. Élévation (Voir fig. 22 à 32 et fig. 36)
Fig. 23. Coupe suivant a b (Voir fig. 25)
Arbre des poulies inférieures de renvoi des câbles vers la tour. (Fig. 20 et 21)
Fig. 21. Détails de la douille.
Fig. 24. Coupe horizontale suivant cd. (Voir fig. 23)
½ Vue du galet R
Fig. 27. Coupes diverses (Voir fig. 28)
Coupe g h.
Coupe i j.
Coupe e f.
Fig. 31. Élévation du support.
Fig. 25. Vue en plan
Fig. 32. Plan du support (Voir fig. 31)
Fig. 28. Arbre des poulies de mouflage des chariots de tête des pistons
Voie de roulement de gauche
Fig. 33.
Fig. 26. Vue par bout de la tête de piston.
Fig. 34.
Voie de roulement de droite.
Coupe
Élévation
Plan
Partie de la voie de roulement de droite scellée au pilier.
Fig. 35
Fig. 37. Coupe par l'axe
Fig. 39. Profil courant
Fig. 40. Profil d'un échassage
Poulie de mouflage des chariots de tête des pistons
Fig. 38. Élévation
½ Poulie extérieure
½ Poulie intérieure
Nota: Toutes les poulies de mouflage et celles de renvoi inférieures sont semblables à celle-ci. Elles ne diffèrent que par l'alésage des moyeux

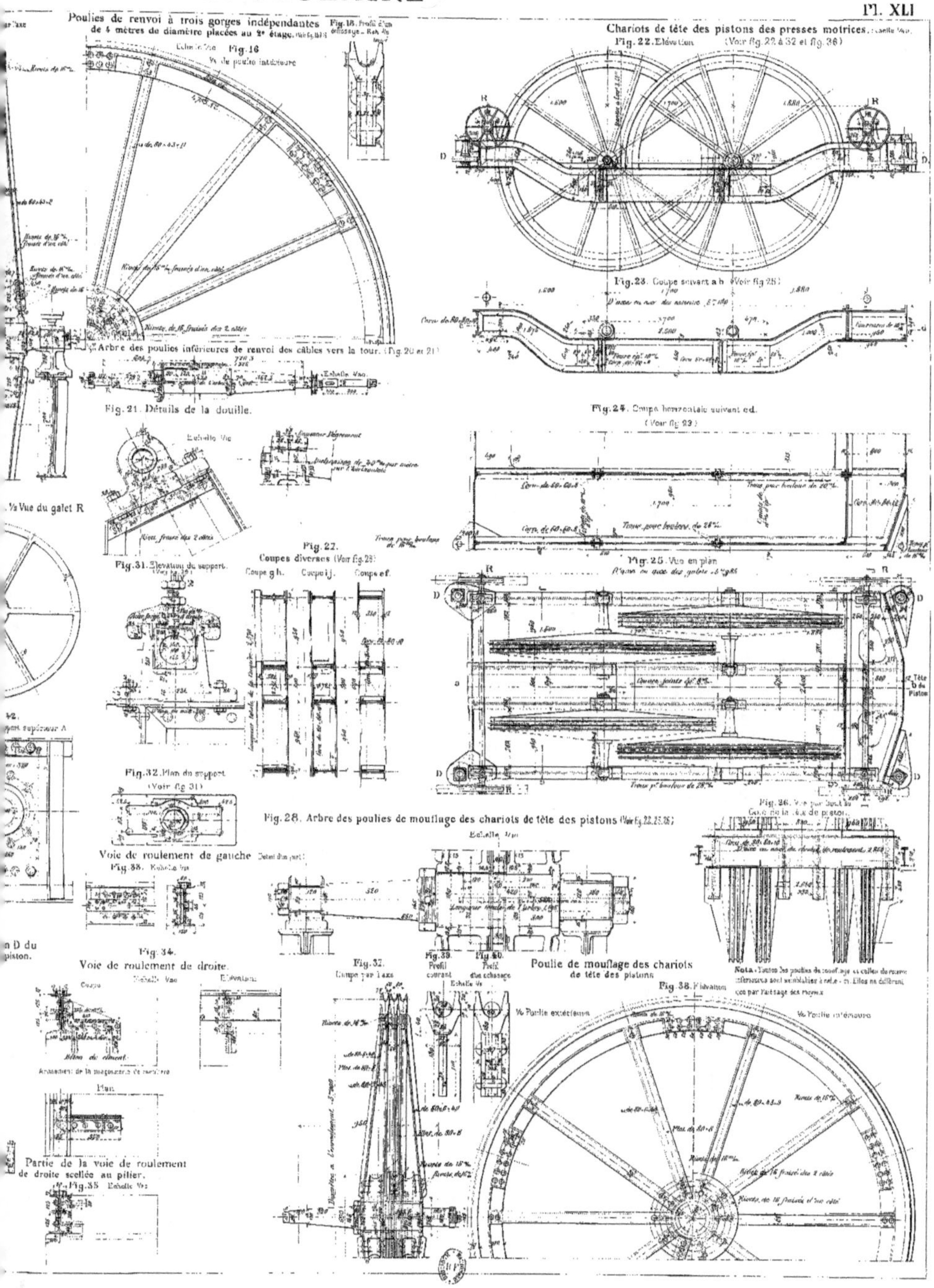

APPAREILS DE SURETÉ INDÉPENDANTS DU VÉHICULE *(Suite)*

(Voir page 341 du texte.)

Figures 12 à 17. — Pot de jonction des soupapes d'arrêt de sûreté et des presses de sûreté des soupapes de mise en marche, marqué L sur les plans d'ensemble. Il est composé d'une capacité supérieure avec clapet à piston différentiel et d'une capacité inférieure dans laquelle aboutissent les petits tuyaux qui relient le pot de jonction aux différentes soupapes (voir fig. 16).

La capacité supérieure porte la tubulure d'arrivée de l'eau en pression venant de la poche filtrante.

Elle se rend au-dessus du piston, et également au-dessous par le pointeau p, dont on peut régler le débit.

Le pointeau p' est fermé en marche normale.

La capacité inférieure peut être mise à l'évacuation par le pointeau p'' (fig. 13).

Si l'une des soupapes d'arrêt de sûreté, que nous venons de décrire fonctionne, la capacité inférieure du pot de jonction tend à se vider, l'eau en pression continue à arriver par le pointeau p, où elle subit une dépression. Il y a donc prépondérance de pression au-dessus du piston qui descend, applique le clapet sur son siège, et l'y maintient. A ce moment, l'eau en pression cesse de passer, l'abaissement du clapet arrête la vidange des accumulateurs à haute pression, qui continuerait à se produire, sans cette intervention, par la soupape qui a fonctionné.

Cette disposition du pot de jonction a donc pour but : 1° en marche normale, de permettre de compenser les fuites qui se produisent par les soupapes de sûreté, en amenant constamment de l'eau en pression. Si ces fuites n'étaient pas compensées, elles produiraient, au bout d'un certain temps, la vidange des presses de sûreté des soupapes de mise en marche et la fermeture de ces dernières ; 2° au moment du fonctionnement de l'une des soupapes, la vidange des accumulateurs est arrêtée par le piston différentiel qui ferme le clapet.

Pour remettre l'appareil en fonction, on ouvre le pointeau p' qui rétablit la pression partout et soulève le piston.

Le pot de jonction sert, de plus, comme appareil de sécurité à la main. Il suffit de mettre à l'évacuation l'eau qui y est contenue par le pointeau p''. Le même fonctionnement que pour celui d'une soupape de sûreté se reproduit.

Figure 18 à 20. — Poche filtrante des prises d'eau accessoires pour la haute pression, marquée R sur les plans d'ensemble. Elle est remplie d'éponges lavées et de billes en cristal contenues dans une poche d'amiante.

Les diverses tubulures partant de la poche filtrante sont indiquées figure 19.

Figures 21 à 23. — Soupape d'emplissage de sûreté de l'accumulateur à basse pression, marquée E sur les plans d'ensemble et placée entre l'accumulateur HP N° 2 et BP, avec lesquels elle communique par un tuyau.

En maintenant cette soupape soulevée au moyen de l'écrou E supérieur, on peut faire le remplissage initial de l'accumulateur BP, expliqué à la page 342 du texte.

En outre, lorsque l'accumulateur BP arrive en bas de course, il agit sur l'extrémité du levier Y ; la soupape s'ouvre, et l'eau de l'accumulateur HP N° 2 passe dans l'accumulateur BP, ce qui évite la vidange complète de ce dernier.

Figures 24 à 34. — Multiplicateur de pression pour les manœuvres de sauvetage, avec son robinet à pointeaux. Il est marqué V sur les plans d'ensemble (voir page 341 du texte). On voit le corps du multiplicateur en fonte avec son piston et sa large tige laissant un espace annulaire entre elle et le cylindre.

Les figures 28 à 34 donnent le détail du robinet à cinq pointeaux monté sur le corps du multiplicateur et servant aux manœuvres suivantes :

1° Faire communiquer directement, sans multiplication de pression, l'eau des accumulateurs avec la conduite de sauvetage, par exemple dans le cas où le sauvetage a lieu vers le rez-de-chaussée, auquel cas la pression de l'accumulateur à haute pression suffit.

Pour cela on ouvre le pointeau o, les autres restant fermés.

2° Remplir d'eau l'espace annulaire du cylindre, multiplier la pression, pour un sauvetage dans la partie haute du chemin en faisant arriver également de l'eau en pression sous le piston.

On commence par ouvrir o et 4 pour emplir la conduite et l'espace annulaire du multiplicateur. On ferme o en laissant 4 ouvert et on ouvre 1, qui amène l'eau sous le piston et élève ce dernier.

3° Effectuer la descente du piston et le ramener en bas de sa course.

On ouvre 2 et 3, les autres pointeaux étant fermés. L'eau passe ainsi de la capacité pleine du cylindre dans la capacité annulaire et l'excédent se rend par le pointeau 2 à l'évacuation.

Figure 1. — Elle donne la disposition générale de la petite tuyauterie de ces appareils (voir aussi Pl. XXXVI).

Q, poche filtrante des prises d'eau accessoires. Elle est reliée : par les tuyaux r et s avec les servo-moteurs des soupapes de mise en marche, dont l'évacuation au bac de décharge se fait par les tuyaux v et w ; par le tuyau n à la presse de ralentissement des régulateurs, dont l'évacuation a lieu par les tuyaux l et o ; par les tuyaux p, q, a, b au coupleur et aux tendeurs des presses motrices ; par le tuyau x au pot de jonction L et par le tuyau t au multiplicateur de pression V, qui communique avec la conduite de sauvetage u et avec le tuyau d'évacuation l.

L, pot de jonction son tuyau d'évacuation m, relié par les tuyaux g, h aux presses inférieures des soupapes de mise en marche ; par les tuyaux c, d aux soupapes de sûreté N des tendeurs, dont les tuyaux d'évacuation sont marqués e et f, et par le tuyau i à la soupape de sûreté du coupleur O, avec son tuyau d'évacuation j.

E, soupape d'emplissage de sûreté, communiquant par les tuyaux y et z avec l'accumulateur H. P. n° 2 et avec l'accumulateur B. P.

β, tubulure de retour de la conduite de sauvetage à basse pression marquée x.

Figures 35 à 40. — Tableau des appareils indicateur de marche, portant le pot de jonction des soupapes d'arrêt de sûreté. Il est muni d'un curseur, se déplace devant une règle, et qui indique la marche du véhicule.

Les appareils du tableau sont : Manomètres divers raccordés suivant détail : 1 et 2 avec les soupapes parachute des accumulateurs à haute pression, 3 avec la soupape parachute de l'accumulateur à basse pression, 4 et 5 avec le coupleur des presses motrices, 6 et 7 avec les tendeurs de droite et de gauche, 8 avec le pot de jonction, 9 avec le multiplicateur de pression.

Pot de jonction (N° 10) des soupapes d'arrêt de sûreté et des presses de sûreté.

Tableau noir et règlement pour le mécanicien (N°⁽ˢ⁾ 11 et 12).

Poste téléphonique (N° 13).

Près du pot de jonction se trouve la clef qui permet de mettre ce dernier à l'évacuation et de produire l'arrêt du véhicule en manœuvrant le pointeau p''.

Figures 41 et 42. — Ces deux figures représentent le schéma de la tuyauterie placée sur le véhicule, pour la manœuvre de sauvetage de ce dernier, qui sera examinée dans les planches suivantes.

ASCENSEUR FIVES-LILLE

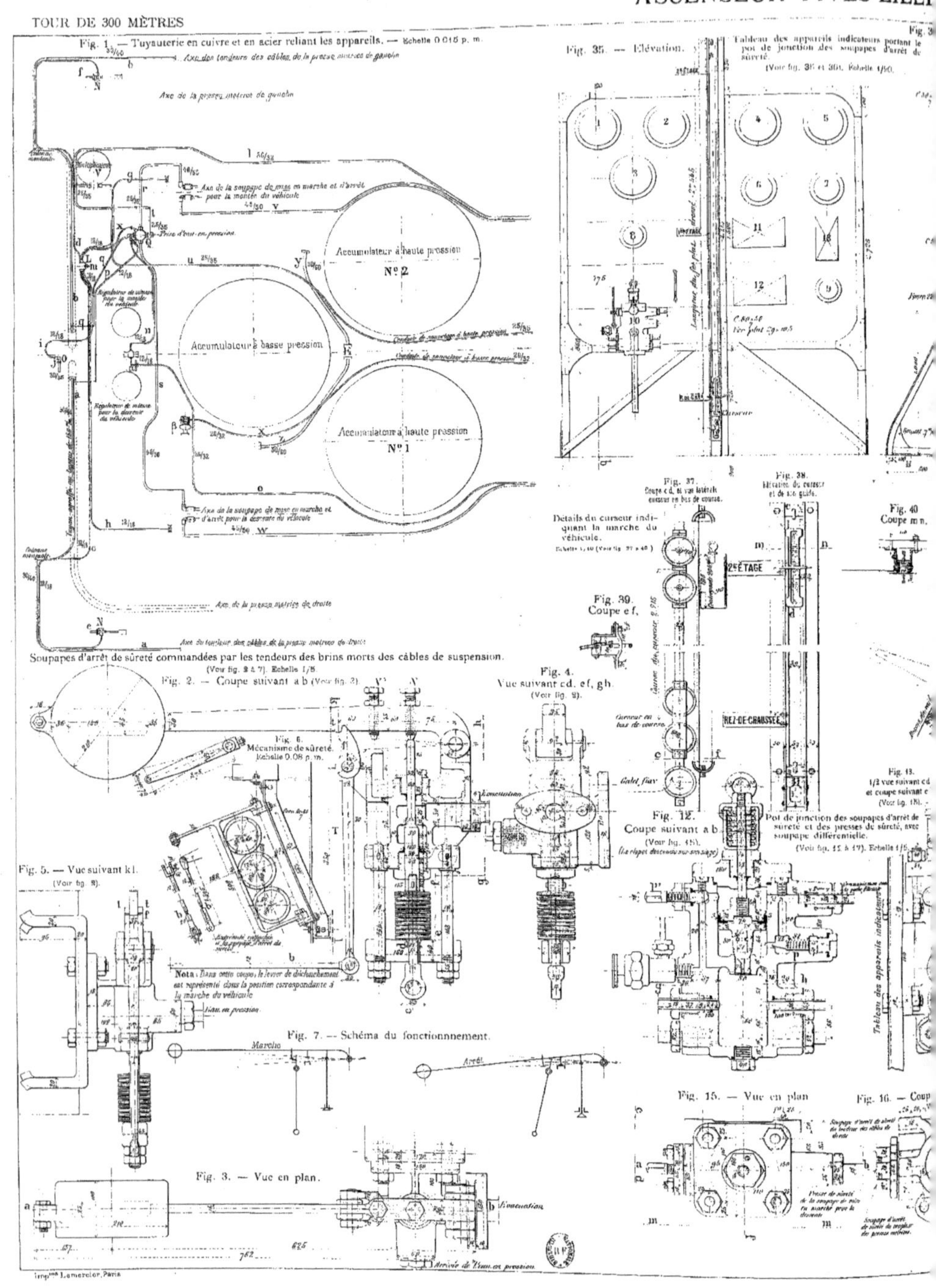

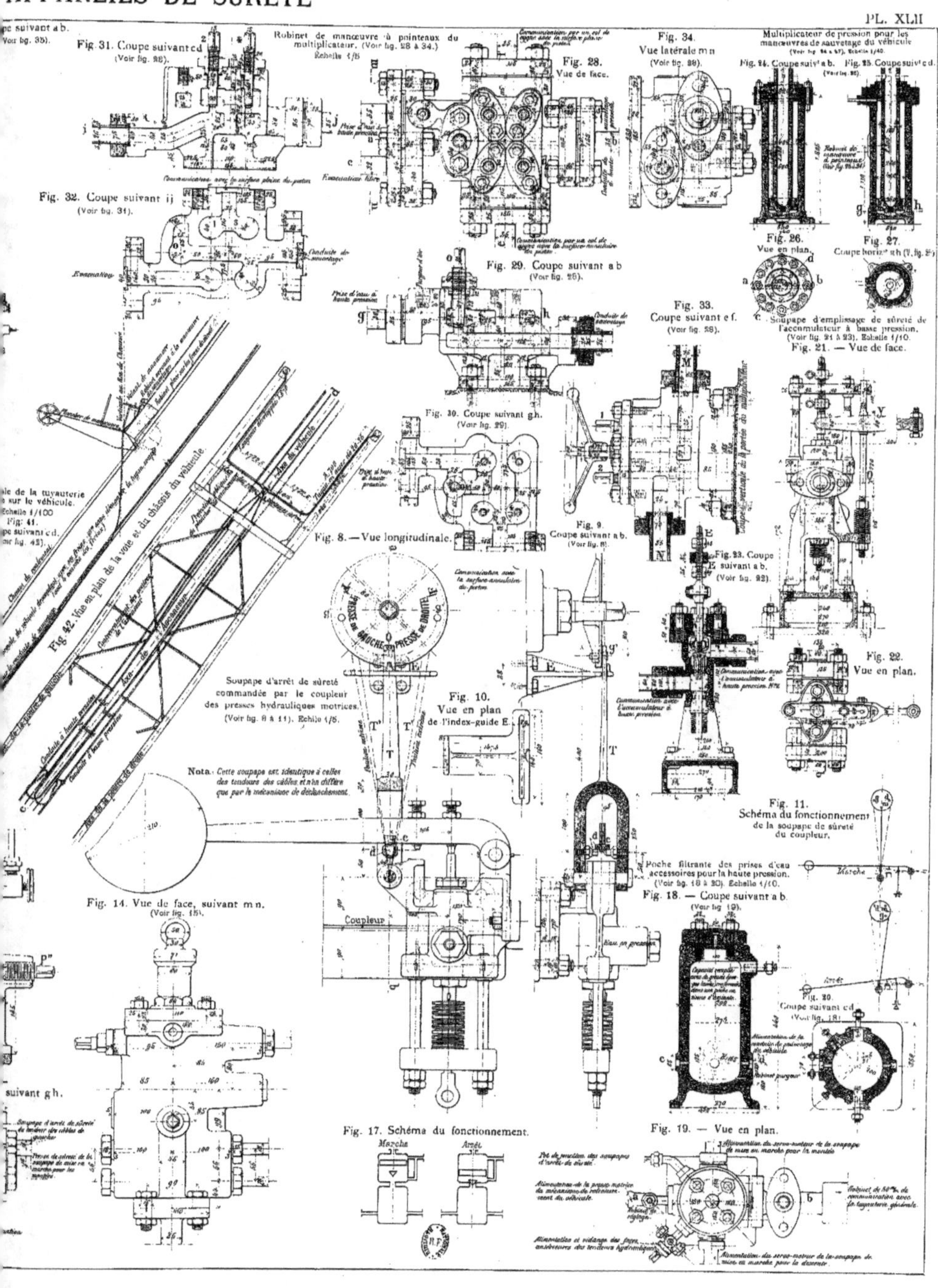

VÉHICULE

(Voir page 333 du texte.)

Ces trois planches donnent les ensembles du véhicule et tous les détails du mécanisme.

Pl. XLIII. — Figures 1, 2, 3. — Vue d'ensemble du châssis du véhicule, avec ses deux longerons portant les galets de roulement, les deux entretoises supérieure et inférieure, les deux planchers articulés des cabines avec les bielles d'accouplement, la bielle et le mécanisme de redressement.

A la partie inférieure du châssis se trouve le poste de manœuvre, sur les côtés du châssis l'attache des câbles de traction. A l'intérieur de chaque longeron sont logés les cylindres de frein avec leurs griffes mobiles, et plus bas les griffes fixes, le tuyau d'évacuation des freins allant au réservoir placé dans l'entretoise supérieure.

Figures 4 à 6. — Détail de l'attache des câbles dont il sera reparlé à la Pl. XLV.

Figures 7 à 10. — Vérin à main pour dégager les griffes mobiles du frein des crémaillères de sûreté, dans le cas de la manœuvre de sauvetage. Lorsque le véhicule repose sur la crémaillère par les griffes fixes, il faut faire reculer les pistons de frein pour dégager les extrémités des griffes mobiles des crans de la crémaillère. On se sert du vérin à mains.

V, tige filetée fixe.

t, tourillons de l'écrou mobile. Ces tourillons, dans le déplacement de l'écrou, mettent en mouvement les deux griffes I., dont les extrémités viennent rencontrer la tête des pistons de frein, en forçant ces derniers à reculer.

C'est à ce moment que l'on peut dégager les griffes mobiles des freins de leurs crémaillères.

Figure 11. — Coupe du secteur denté du mécanisme de redressement dont on voit la disposition sur les figures d'ensemble 1 à 3.

Figures 12 à 25. — Caisse des cabines et planchers. Les caisses en tôle et profilées d'aluminium peuvent contenir chacune 50 personnes. Elles sont munies de glaces fixes et de deux portes.

Elles reposent sur un plancher en acier (fig. 21 à 25) recouvert d'un parquet de sapin et peuplier. En face de chaque porte le plancher forme seuil. Ce seuil est muni d'un panneau mobile, sorte de trappe, permettant au conducteur de passer de l'étage inférieur à l'étage supérieur.

Pl. XLIV. — Figure 1. — Coupe parallèlement à la voie de l'entretoise inférieure contenant les mécanismes qui provoquent l'enclenchement des griffes mobiles des freins.

Le détail de ces mécanismes est donné à la planche suivante, à propos de laquelle cette figure sera expliquée.

Figures 2 à 25. — Poste et appareil de manœuvre contenant le volant manœuvré par le conducteur, et qui donne un mouvement inverse aux deux crémaillères c, portant chacune une poulie p.

La chape de chaque crémaillère, dans laquelle est logée la poulie p, glisse dans un support fixe s.

Les deux crémaillères se déplacent dans un bras en tôlerie, portant à son extrémité quatre poulies p'. L'un des deux brins du câble de manœuvre, venant de la partie supérieure du chemin, s'enroule sur 1, puis sur la poulie p de gauche et sort en 4. Le deuxième brin, venant également de la partie supérieure, entre par 2, passe sur la poulie p de droite et sort en 3. Les brins 3 et 4, qui descendent vers la salle de l'ascenseur, vont s'attacher par leur extrémité sur la poulie à double gorge G, dont il a été parlé Pl. XL.

Quand le volant tourne dans un sens ou dans l'autre, l'une des crémaillères avance, l'autre recule, l'un des brins s'allonge, l'autre se raccourcit, en produisant la rotation de la poulie G et l'ouverture de l'une des soupapes de mise en marche.

Les poulies p et p', ainsi que les détails de l'arbre de manœuvre sont donnés aux figures 13 à 25.

Pl. XLV. — Cette planche donne les détails des freins de sûreté et des divers mécanismes de déclenchement.

Nous ne décrirons pas les appareils dans l'ordre des numéros de figure, mais dans l'ordre qui facilite le plus leur compréhension.

Figures 21 à 36. — Tête des corps de frein (21 à 28) avec robinet (fig. 33 à 36), et fond des corps de frein (29 à 32). La tête est fixée au moyen d'un manchon sur les bords du longeron, elle porte les cuirs emboutis des deux cylindres, et la bride sur laquelle est monté le robinet de frein, représenté figure 33 à 36 et qui est toujours ouvert. Les coupes 23 et 24 montrent les rainures pratiquées dans la paroi des cylindres.

Le fond des cylindres (29 à 32) est également relié aux deux côtés du longeron par un fer à U. Chaque fond est muni d'un robinet à pointeau purgeur d'air.

Figures 11 à 20. — Tête de pistons et griffes mobiles des freins.

Les deux têtes de piston jumellées par une pièce en bronze sur laquelle est articulée la griffe mobile. Cette dernière, formée d'un seul morceau en acier forgé, porte deux cornes qui peuvent s'engager dans les crémaillères de sûreté. Les griffes mobiles sont maintenues soulevées par un loquet de retenue.

Les deux pistons sont en laiton. Un frotteur formé d'une bague double et placé à la tête des cylindres (fig. 19 et 20) empêche les pistons de sortir hors des freins par l'effet de leur poids.

Figures 5 à 7 et 8 à 10. — Les figures 5 à 7 représentent l'organe de manœuvre du loquet de retenue des griffes mobiles.

q est le loquet articulé sur la pièce de tête des pistons.

La queue du loquet est engagée dans la chape e d'un étrier double, dont la deuxième chape e' reçoit l'extrémité de l'une des trois branches d'un levier étoilé s, s', s''.

La branche s' est sollicitée à se déplacer de droite à gauche par un ressort en spirales, mais elle en est empêchée par la troisième branche s'', qui s'appuie contre un levier l' faisant partie de l'arbre des leviers à déclics.

Les mécanismes de déclenchement ont tous pour but de faire tourner cet arbre de manière que le levier l' échappe la branche s'' du levier à trois branches et que le ressort soulève l'étrier double ll' qui produit le déclenchement des griffes mobiles qui s'abattent dans les crémaillères de sûreté. Les griffes mobiles sont, du reste, sollicitées à s'abattre par les deux leviers d'enclenchement r (fig. 8 à 10) qui appuient sur chacune des branches par l'action de deux ressorts en spirales (voir l'ensemble de ce mécanisme fig. 1, pl. XLIV).

ASCENSEUR FIVES

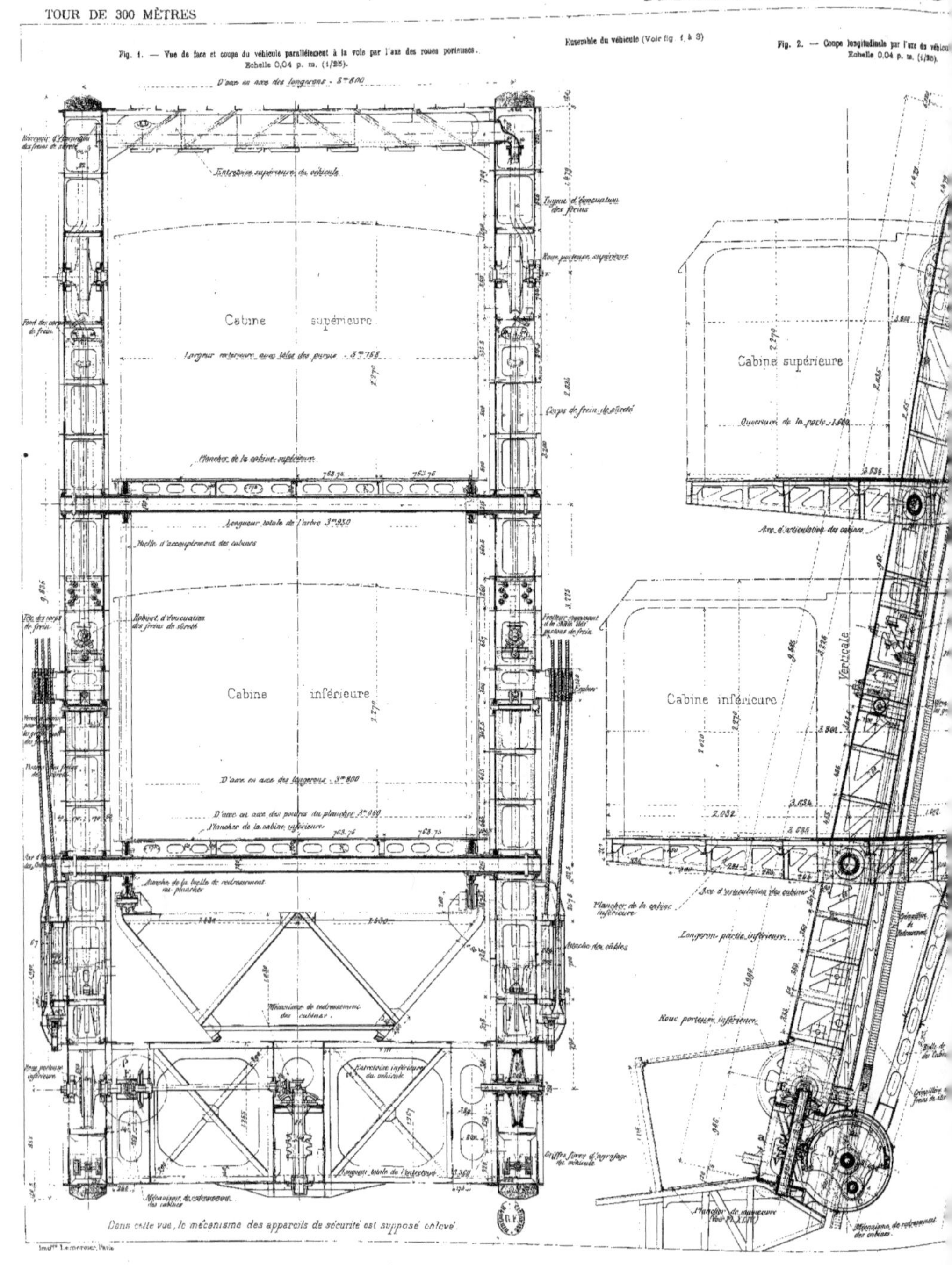

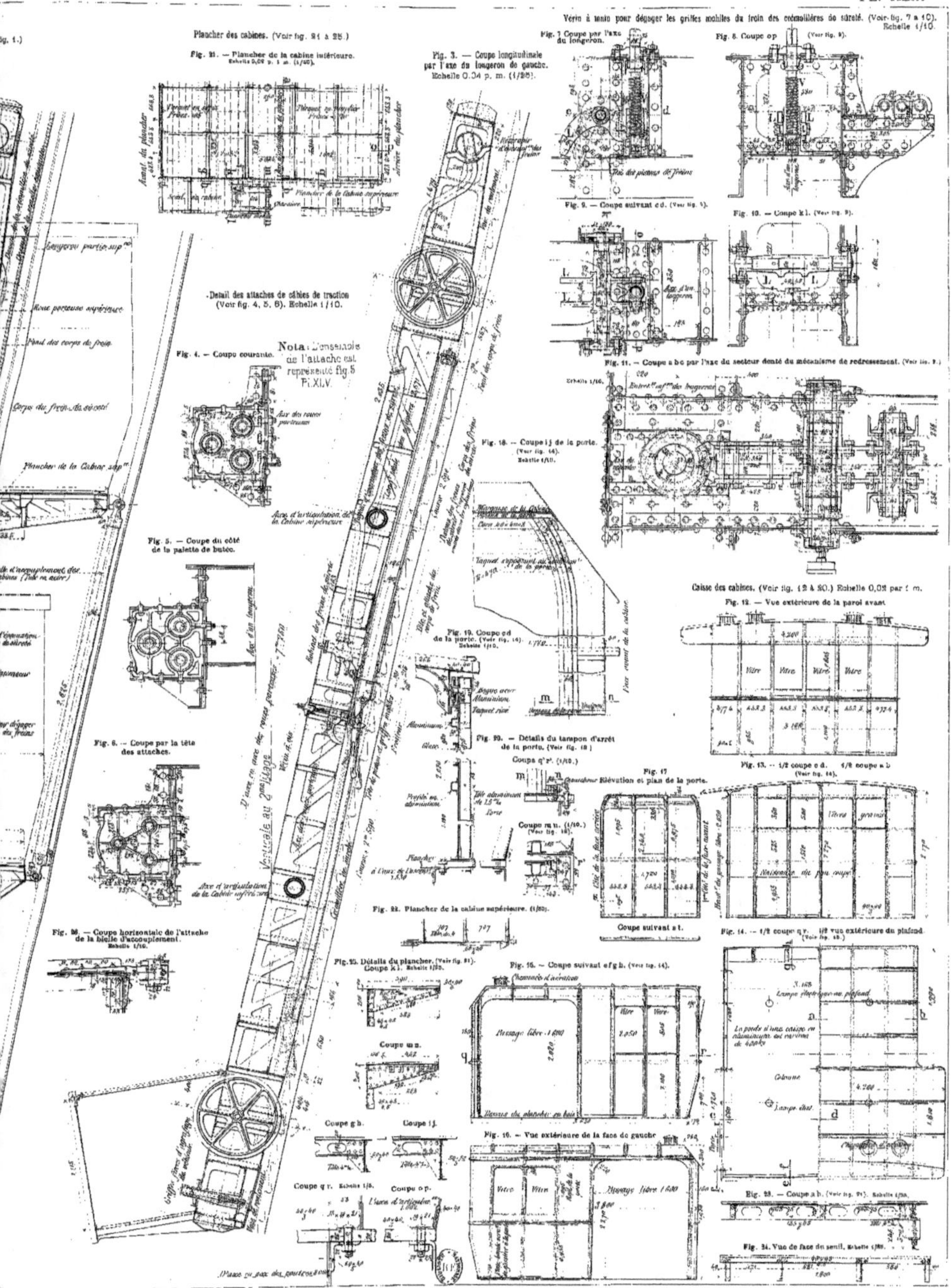

Plancher des cabines. (Voir fig. 21 à 25.)
Fig. 21. — Plancher de la cabine intérieure.
Vérin à main pour dégager les griffes mobiles du frein des crémaillères de sûreté. (Voir fig. 7 à 10.)
Echelle 1/10.
Fig. 7 Coupe par l'axe du longeron.
Fig. 8. Coupe op. (Voir fig. 5).
Fig. 3. — Coupe longitudinale par l'axe du longeron de gauche. Echelle 0,04 p. m. (1/25).
Détail des attaches de câbles de traction (Voir fig. 4, 5, 6). Echelle 1/10.
Fig. 4. — Coupe courante.
Nota : L'ensemble de l'attache est représenté fig. 5 Pl. XLV.
Fig. 9. — Coupe suivant cd. (Voir fig. 5).
Fig. 10. — Coupe kl. (Voir fig. 9).
Fig. 11. — Coupe abc par l'axe du secteur denté du mécanisme de redressement.
Fig. 5. — Coupe du côté de la palette de butée.
Fig. 18. — Coupe ij de la porte. (Voir fig. 14). Echelle 1/10.
Fig. 6. — Coupe par la tête des attaches.
Fig. 19. Coupe cd de la porte. (Voir fig. 14). Echelle 1/10.
Fig. 20. — Détails du tampon d'arrêt de la porte. (Voir fig. 18.)
Fig. 17 Élévation et plan de la porte.
Caisse des cabines. (Voir fig. 12 à 20.) Echelle 0,02 par 1 m.
Fig. 12. — Vue extérieure de la paroi avant
Fig. 13. — 1/2 coupe cd. 1/2 coupe ab (Voir fig. 14).
Fig. 22. Plancher de la cabine supérieure. (1/25).
Fig. 25. Détails du plancher. (Voir fig. 21). Coupe kl. Echelle 1/25.
Fig. 16. — Coupe suivant efgh. (Voir fig. 14).
Fig. 14. — 1/2 coupe qr. 1/2 vue extérieure du plafond. (Voir fig. 15).
Fig. 15. — Vue extérieure de la face de gauche
Fig. 23. — Coupe ab. (Voir fig. 21). Echelle 1/25.
Fig. 24. Vue de face du seuil. Echelle 1/25.

ASCENSEUR FIVES-LI[LLE]

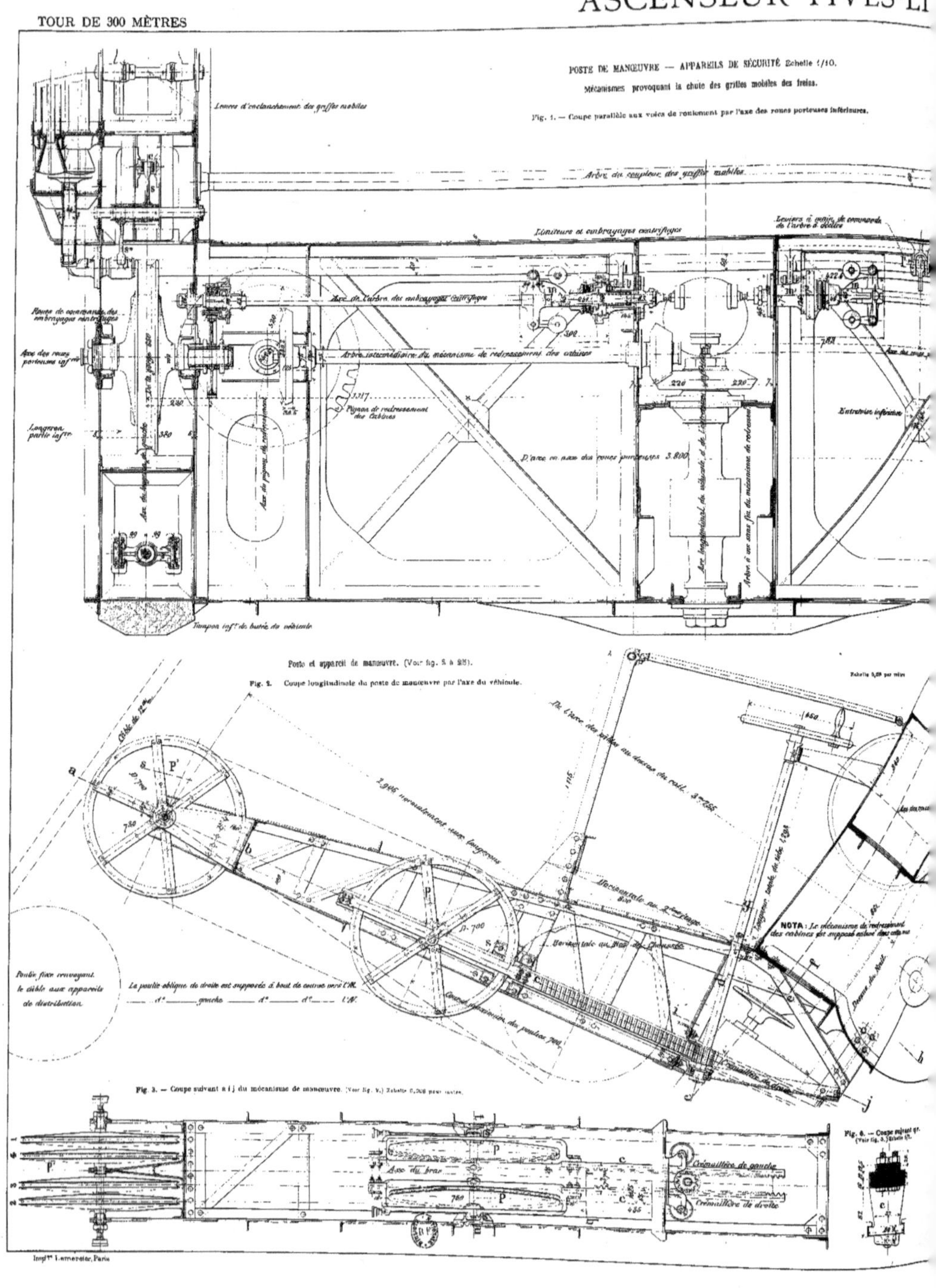

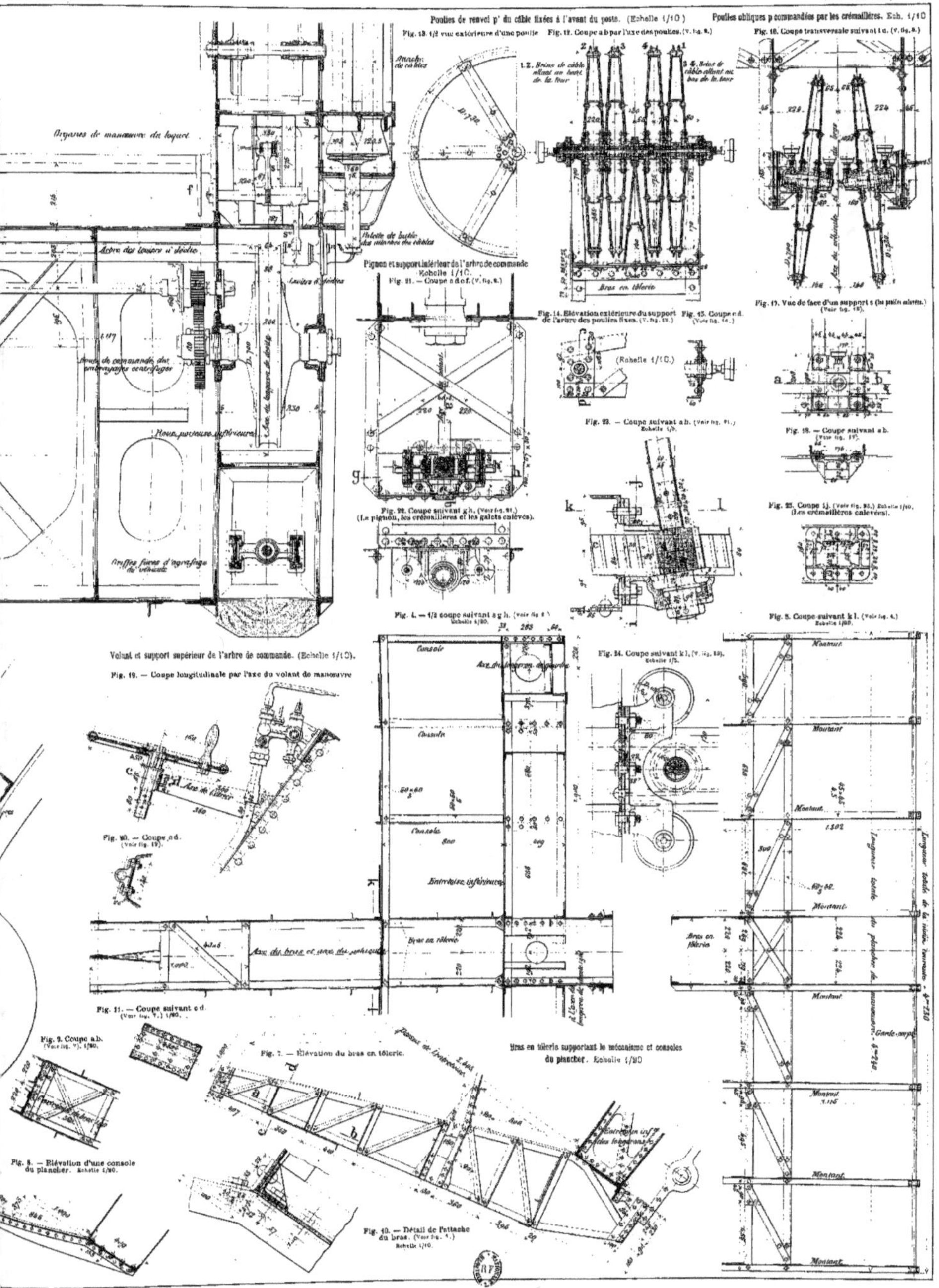

Poulies de renvoi p' du câble fixées à l'avant du poste. (Echelle 1/10)
Fig. 13. 1/2 vue extérieure d'une poulie   Fig. 12. Coupe a b par l'axe des poulies. (V. fig. 8.)
Poulies obliques p commandées par les crémaillères. Ech. 1/10
Fig. 16. Coupe transversale suivant i d. (V. fig. 8.)

Organes de manœuvre du loquet.
Arbre des leviers d'éclisse
Leviers d'éclisse
Arbre de commande des embrayages centrifuges
Roue porteuse inférieure
Griffes fixes d'engrenage du véhicule

Pignon et support intérieur de l'arbre de commande
Echelle 1/10.
Fig. 21. — Coupe e d e f. (V. fig. 8.)

Fig. 14. Élévation extérieure du support de l'arbre des poulies fixes. (V. fig. 19.)
Fig. 15. Coupe e d. (Voir fig. 14.)
(Echelle 1/10.)

Fig. 23. — Coupe suivant a b. (Voir fig. 21.)
Echelle 1/3

Fig. 22. Coupe suivant g h. (Voir fig. 21.)
(Le pignon, les crémaillères et les galets enlevés).

Fig. 17. Vue de face d'un support s (les poulies enlevées.)
(Voir fig. 19.)

Fig. 19. — Coupe suivant a b.
(Voir fig. 17.)

Fig. 25. Coupe i j. (Voir fig. 21.) Echelle 1/10.
(Les crémaillères enlevées).

Volant et support supérieur de l'arbre de commande. (Echelle 1/10).
Fig. 19. — Coupe longitudinale par l'axe du volant de manœuvre

Fig. 24. Coupe suivant k l. (V. fig. 19.)
Echelle 1/3.

Fig. 8. Coupe suivant k l. (Voir fig. 4.)
Echelle 1/20.

Fig. 20. — Coupe a d.
(Voir fig. 19.)

Fig. 4. — 1/2 coupe suivant g h. (Voir fig. 8)
Echelle 1/20.

Console
Console
Console
Entretoise inférieure
Bras en tôlerie

Montant
Montant
Montant
Montant
Montant
Montant
Montant

Fig. 11. — Coupe suivant c d.
(Voir fig. 7.) 1/20.

Fig. 9. Coupe a b.
(Voir fig. 7.) 1/20.

Fig. 7. — Élévation du bras en tôlerie.

Bras en tôlerie supportant le mécanisme et consoles du plancher. Echelle 1/20.

Fig. 5. — Élévation d'une console du plancher. Echelle 1/10.

Fig. 10. — Détail de l'attache du bras. (Voir fig. 7.)
Echelle 1/10.

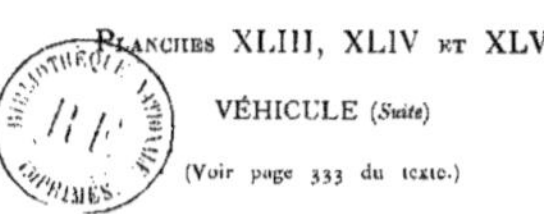

Figures 37 à 43. — Embrayages centrifuges produisant le déclenchement automatique des freins. Nous avons vu (page 334 du texte) qu'il y a trois mécanismes produisant ce déclenchement :

Mécanisme automatique par l'emploi d'un embrayage centrifuge;

Mécanisme automatique fonctionnant par la rupture d'un ou plusieurs câbles;

Mécanisme à la main.

Les figures 37 à 43 donnent le mécanisme automatique par l'emploi d'un embrayage centrifuge (voir ensemble fig. 1, Pl. XLIV).

m, manchon pouvant glisser sur l'arbre (fig. 39).

p, plateau muni de crans à rochets (fig. 39 et 41) et maintenu par friction entre 4 rondelles Belleville et une embase du manchon m.

m', manchon pourvu d'une boîte à cliquets.

Ce manchon est concentrique extérieurement à un deuxième manchon fixe servant de support à l'arbre.

Le plateau p est maintenu dans sa position par un ressort en spirales, qui fait équilibre à l'action des masses centrifuges.

Le manchon m' porte à l'extérieur une chape (fig. 37 et 38), sur laquelle est articulée l'extrémité d'un levier à fourchette l, qui fait partie de l'arbre des leviers à déclics (voir aussi fig. 1, Pl. XLIV).

Au moment où la vitesse du véhicule dépasse les limites imposées, les prolongements t des masses centrifuges (fig. 39 et 40) poussent le manchon m; les crans du plateau p viennent en contact avec les cliquets de la boîte m', le manchon m' tourne, entraînant le levier à fourchette qui, à son tour, oblige l'arbre des leviers à déclics à tourner. Par la rotation de cet arbre, le levier l'' (fig. 5) abandonne la branche s'' du levier étoilé et les griffes mobiles sont déclenchées.

Les embrayages centrifuges sont mis en mouvement par un engrenage fixé sur l'axe des roues porteuses du véhicule (fig. 43) (voir aussi fig. 1, Pl. XLIV). Une boîte à rochets et cliquets permet de ne faire tourner les masses centrifuges que pendant la descente.

Figure 51. — Le deuxième moyen de déclenchement est obtenu par la rupture d'un ou plusieurs câbles. Nous avons vu dans la description (page 334 du texte), que cette rupture chasse en arrière l'attache conique, au moyen d'un ressort en spirales. Cette attache agit sur la palette de butée (fig. 1, Pl. XLIV), dont la tige fait tourner l'arbre des leviers à déclics, au moyen du levier l''', et, par suite, déclenche les griffes mobiles.

Figures 1 à 4. — Enfin, le troisième moyen de déclenchement est obtenu à la main. En tirant sur le levier représenté en pointillé figure 1, on agit sur le levier l' qui fait tourner l'arbre des leviers à déclics, en provoquant le fonctionnement des freins (voir aussi ensemble fig. 1, Pl. XLIV).

Figures 48 à 50. — Coupleur des griffes mobiles. C'est un arbre traversant l'entretoise inférieure du véhicule (voir aussi fig. 1, Pl. XLIV) et muni à ses extrémités de deux leviers à fourchette, articulés chacun sur le côté des griffes mobiles. Cette disposition permet d'assurer que les griffes mobiles de chaque côté tombent en même temps dans les crans de crémaillère situés sur la même horizontale.

Figures 44 à 47. — Griffes fixes d'agrafage du véhicule servant à faire reposer ce dernier sur les crémaillères de sûreté en un point quelconque de la course.

Ces griffes servent aussi pour la manœuvre de sauvetage.

V, vis fixe, mais dont la partie non filetée peut glisser dans la douille supérieure.

E, écrou mobile solidaire des deux griffes formées chacune d'un fer I arrondi à son extrémité inférieure. Ces griffes sont guidées dans des douilles supérieures et inférieures.

En tournant la vis on fait descendre l'écrou et les griffes qui viennent en contact avec la crémaillère.

Il est à remarquer que si les griffes fixes, étant abaissées, le véhicule vient à s'élever, les griffes, l'écrou et la vis glissent en remontant dans leur douille par suite de l'inclinaison du cran de la crémaillère et le ressort à spirales qui agit sur l'écrou ramène les griffes à fond dans le cran suivant.

Pour la manœuvre de ces griffes, ainsi que pour celle du vérin à main, décrit Pl. XLIII, on emploie un volant à manette représenté figures 53 et 54.

Figures 55 à 59. — Robinet à pointeaux servant à la manœuvre de sauvetage, et placé près du conducteur. Il sert à raccorder les conduites de sauvetage, placées le long de la voie, avec les corps de frein. Pour cela, les conduites de la voie sont munies de distance en distance de raccords à robinet sur lesquels on visse un tuyau souple, dont l'autre extrémité est raccordée avec le robinet du véhicule, représenté figures 55 à 59. Nous avons vu figures 41 et 42, Pl. XLII, le schema de la canalisation avec les tuyaux souples et la tuyauterie du véhicule.

En marche normale les raccords avec le robinet du véhicule sont remplacés par des bouchons vissés sur les tubulures.

Le robinet communique, au moyen de deux tuyaux, avec chacun des robinets placés à la tête des freins (fig. 60 et 61).

On peut donc amener l'eau en pression provenant du multiplicateur dans les corps de frein, ou bien l'évacuer par la conduite à basse pression.

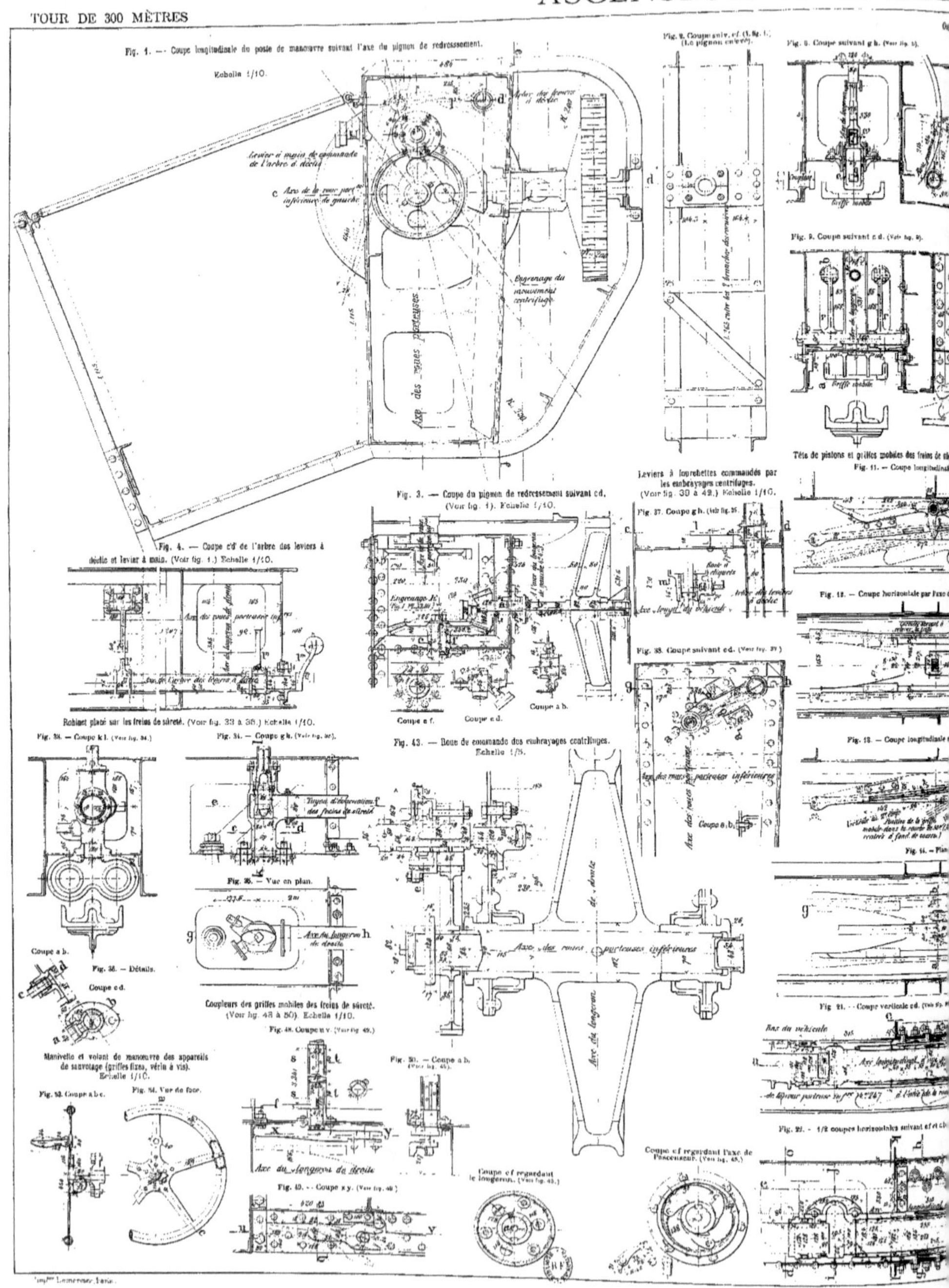
Fig. 1. — Coupe longitudinale du poste de manœuvre suivant l'axe du pignon de redressement.
Echelle 1/10.
Fig. 2. Coupe suivant ef (Voir fig. 1).
(Le pignon enlevé).
Fig. 3. Coupe suivant g h. (Voir fig. 1).
Fig. 3. — Coupe du pignon de redressement suivant cd.
(Voir fig. 1). Echelle 1/10.
Fig. 4. — Coupe cd de l'arbre des leviers à déclic et levier à main. (Voir fig. 1.) Echelle 1/10.
Leviers à loquebettes commandés par les embrayages centrifuges.
(Voir fig. 39 à 42.) Echelle 1/10.
Fig. 37. Coupe g h. (voir fig. 38.)
Fig. 38. Coupe suivant cd. (Voir fig. 37.)
Robinet placé sur les freins de sûreté. (Voir fig. 33 à 36.) Echelle 1/10.
Fig. 33. — Coupe kl. (Voir fig. 34.)
Fig. 34. — Coupe g h. (Voir fig. 36.)
Fig. 43. — Roue de commande des embrayages centrifuges.
Echelle 1/8.
Fig. 36. — Vue en plan.
Fig. 35. — Détails.
Coupleurs des grilles mobiles des freins de sûreté.
(Voir fig. 48 à 50). Echelle 1/10.
Fig. 48. Coupe u v. (Voir fig. 49.)
Manivelle et volant de manœuvre des appareils de sauvetage (grilles fixes, vérin à vis).
Echelle 1/10.
Fig. 53. Coupe a b c.
Fig. 54. Vue de face.
Fig. 50. — Coupe a b. (Voir fig. 49.)
Fig. 49. — Coupe x y. (Voir fig. 48.)
Coupe ef regardant le longeron. (Voir fig. 48.)
Coupe ef regardant l'axe de l'ascenseur. (Voir fig. 48.)
Coupe a b.
Coupe c d.
Coupe e f.
Coupe c d.

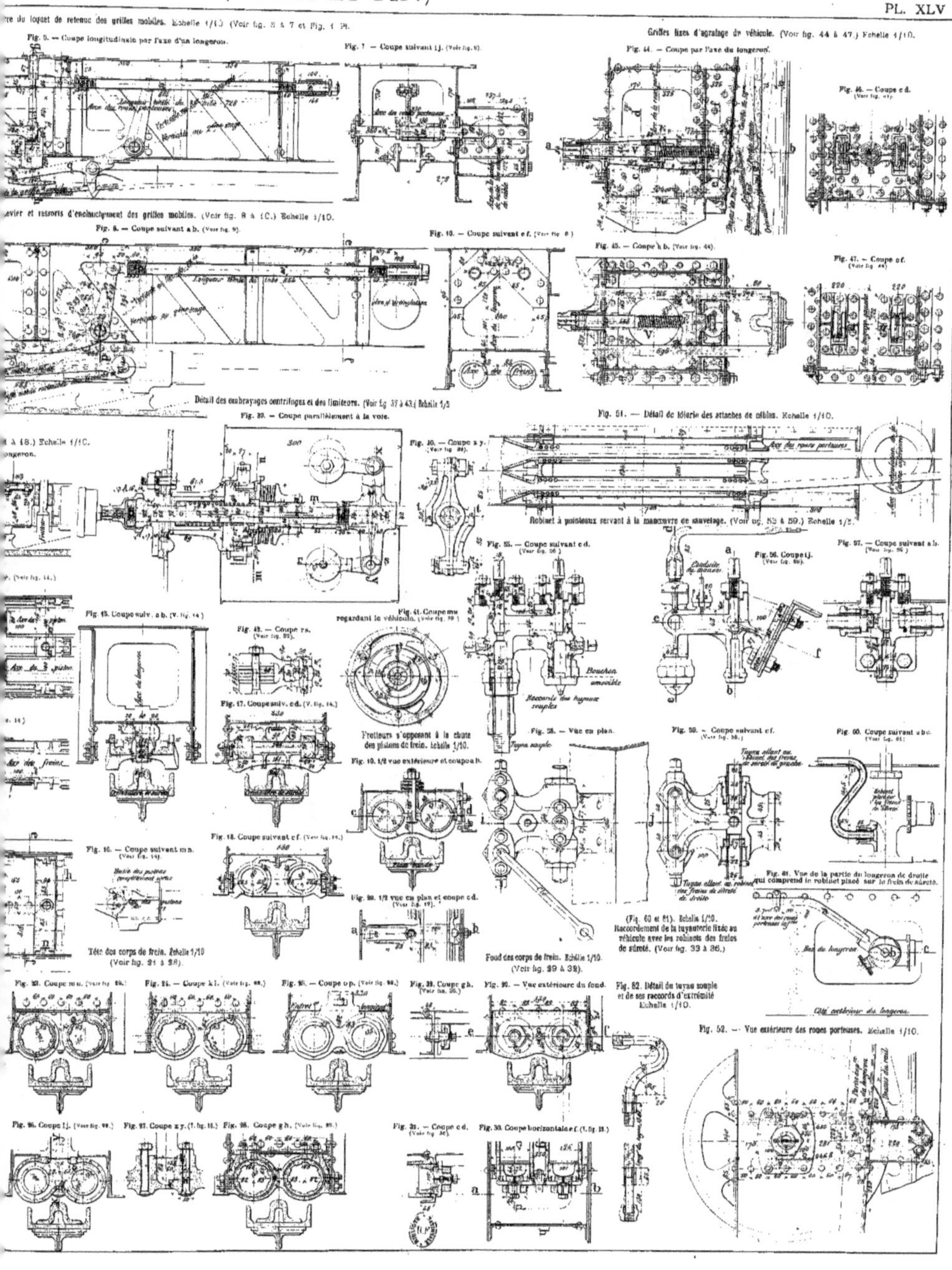

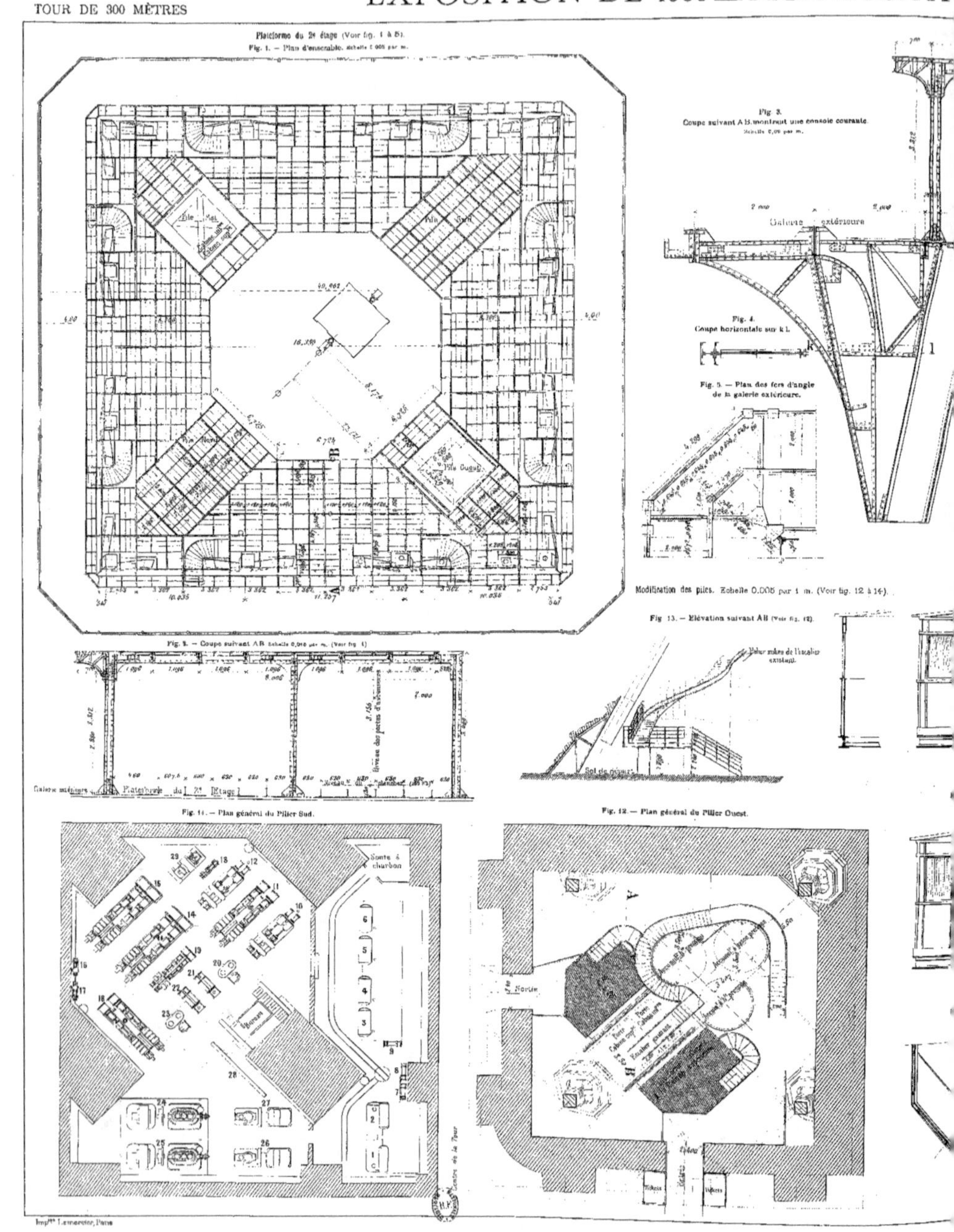
Plateforme du 2e étage (Voir fig. 1 à 5).
Fig. 1. — Plan d'ensemble. Échelle 0.005 par m.
Fig. 3.
Coupe suivant A B montrant une console courante.
Galerie extérieure
Fig. 4.
Coupe horizontale sur k l.
Fig. 5. — Plan des fers d'angle de la galerie extérieure.
Fig. 2. — Coupe suivant A B. Échelle 0.010 par m. (Voir fig. 1)
Galerie intérieure
Plateforme du 2e Étage
Modification des piles. Échelle 0.005 par 1 m. (Voir fig. 12 à 14).
Fig. 13. — Élévation suivant A B (Voir fig. 12).
Fig. 11. — Plan général du Pilier Sud.
Fig. 12. — Plan général du Pilier Ouest.
Imp^ie Lemercier, Paris

Plateforme supérieure et 4ᵉ étage (Voir fig. 6 à 13).

Fig. 6. — Élévation suivant une diagonale. Echelle 0,01 par m.

Fig. 7. — Plan de la plateforme supérieure. Echelle 0,005 par m

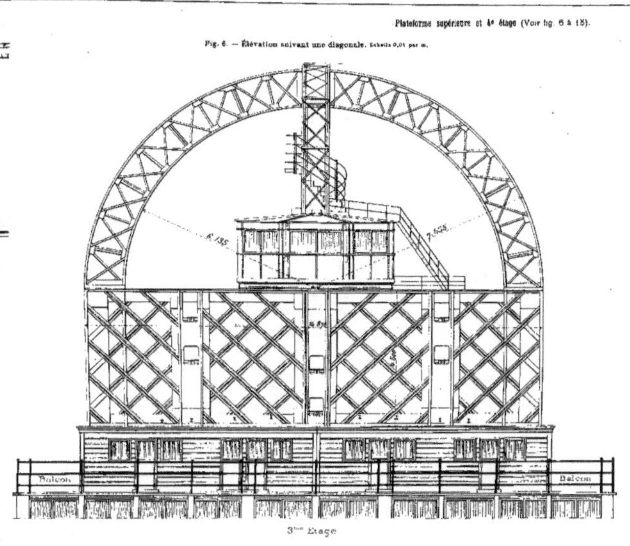

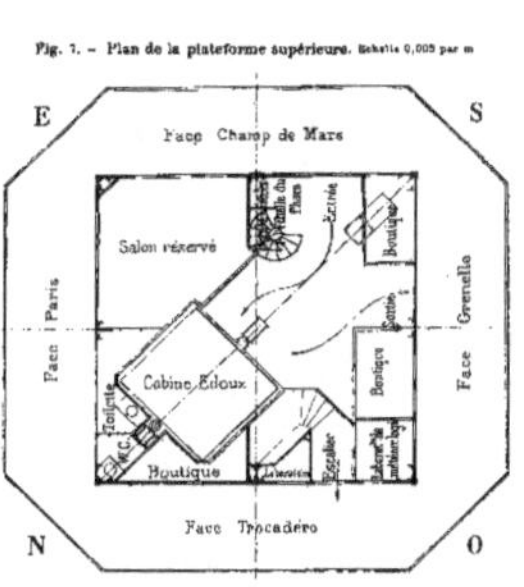

Fig. 8. — Plan du Pavillon au-dessus des poutres en croix.
Echelle 0,005 par m.

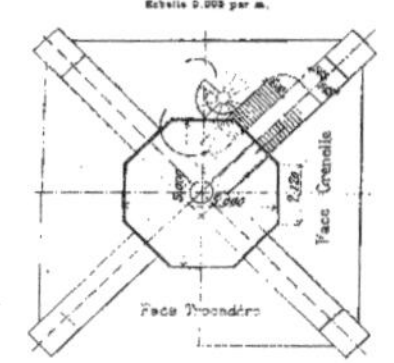

— Façade courante du Pavillon du 4ᵉ étage
Echelle 0,04 par m. (Voir fig. 8).

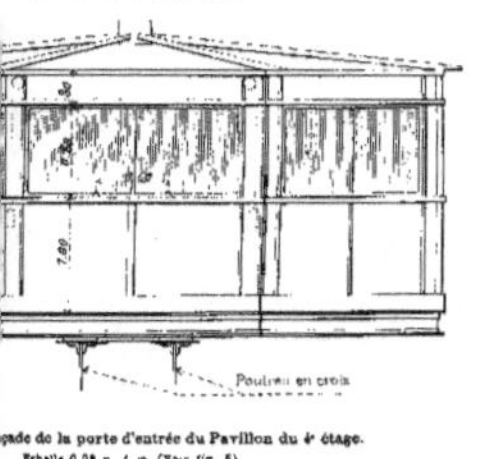

ade de la porte d'entrée du Pavillon du 4ᵉ étage.
Echelle 0,04 p. 1 m. (Voir fig. 6).

plan des parois avec chassis à contre-poids.
Echelle 0,04 par 1 m. (Voir fig. 9).

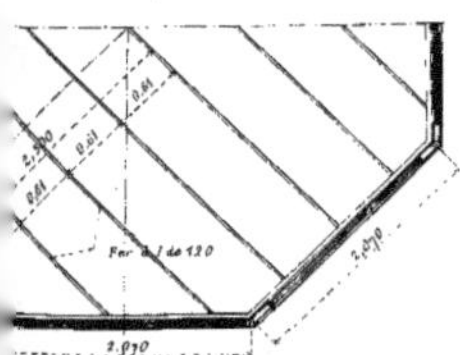

Nomenclature des Appareils de la Salle des Machines (Voir fig. 14)

1ᵉ POMPES WORTHINGTON.

| N° de la MACHINE | DONNÉES DU MOTEUR | | | | DONNÉES DE LA POMPE | | | | |
| | EMPLOI | NATURE du Moteur. | PUISSANCE EN CHEVAUX | | PUISSANCE du Groupe. | DÉBIT en litre par minute et par pompe | HAUTEUR EN MÈTRES | | DIAMÈTRE des Plongeurs. | COURSE des Plongeurs. |
			par Unité.	de l'Ensemble.			d'Aspiration	de refoulement		
7-8-9	Alimentation des Chaudières......	1 Cylindre	»	»	»	198	0	140	» mm.	» mm.
10-12	Ascenseur Edoux..............	Compound	36	72	115	1100	170	318	195	340
11	dᵒ	Triple Expⁿ	43	»		1300	170	318	178	381
13	Eau de Source.................	1 Cylindre	2	»	2	»	»	»	»	»
14-15	Ascenseur Fives-Lille...........	Triple Expⁿ	150	300	304	1500	180	520	165	457
16-17	Emplissage des Accumulateurs BP.	1 Cylindre	2	4		60	0	180	51	102
18	Ascenseur Otis...............	Triple Expⁿ	41	»	63	1400	— 2	131	178	381
19	dᵒ	dᵒ	22	»		750	— 2	131	140	254
20-23	Condenseurs de 6000 kil. de vapeur	Compound	7	14	14	»	»	».	508	305
21-22	Condenseurs de 1200 kg. de vapeur	dᵒ	2	4	4	»	»	»	»	»
	Puissance totale des pompes.				502					

2ᵉ MACHINES ÉLECTRIQUES.

| N° de la MACHINE | DONNÉES DU MOTEUR | | | | DONNÉES DE LA DYNAMO | | | | |
| | FOURNISSEUR | PUISSANCE | | NOMBRE de tours par minute | FOURNISSEUR | Débit en Ampères sous 120 Volts | | KILOWATTS par Groupe | DESTINATION DES MACHINES |
		Pour l'Unité.	Pour le Groupe			Par Unité.	Pour l'Ensemble		
24-25	Carels........	340	680	325	Sautter Harlé...	1770	3540	460	Circuit généraux
26-27	Sautter Harlé.	70	140	300	......dᵒ......	385	770	100	dᵒ
29	......dᵒ......	10	10	450	......dᵒ......	60	60	8	Circuit de jour
	Totaux.		830		Totaux.		4370	568	

La puissance totale en chevaux de la Salle des Machines est donc de 830 + 502 = 1332.

3ᵉ GÉNÉRATEURS.

N° de la CHAUDIÈRE	FOURNISSEUR	SURFACE DE CHAUFFE en m² PAR CHAUDIÈRE.	PRODUCTION DE VAPEUR en kilg. PAR CHAUDIÈRE.	TIMBRE en Kilogrammes.
1-2	Babcok & Willcox..........	102	2000	12
3-4-5-6	Collet & Niclausse..........	80	1500	12

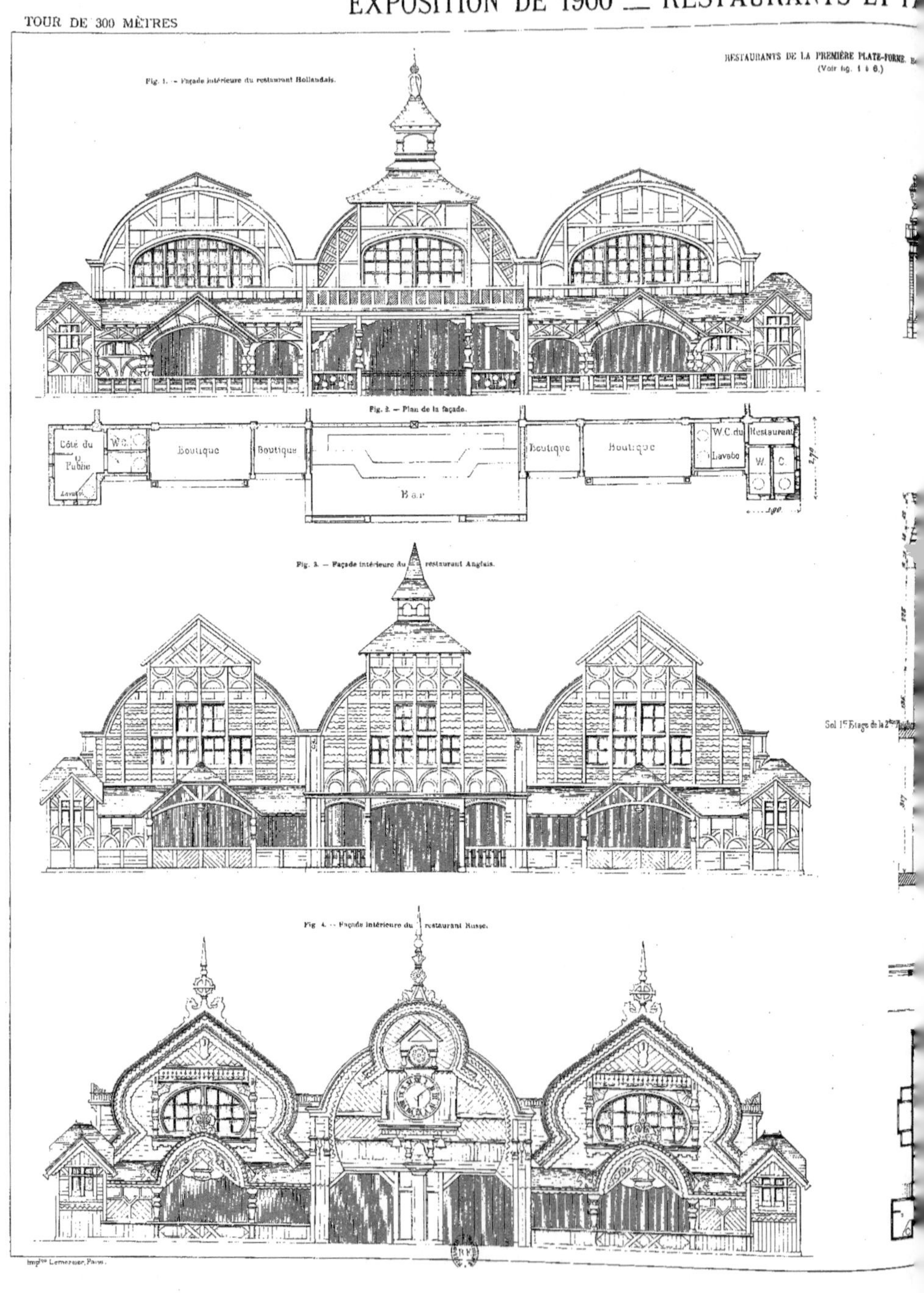

Fig. 1. — Façade intérieure du restaurant Hollandais.

Fig. 2. — Plan de la façade.

Fig. 3. — Façade intérieure du restaurant Anglais.

Fig. 4. — Façade intérieure du restaurant Russe.

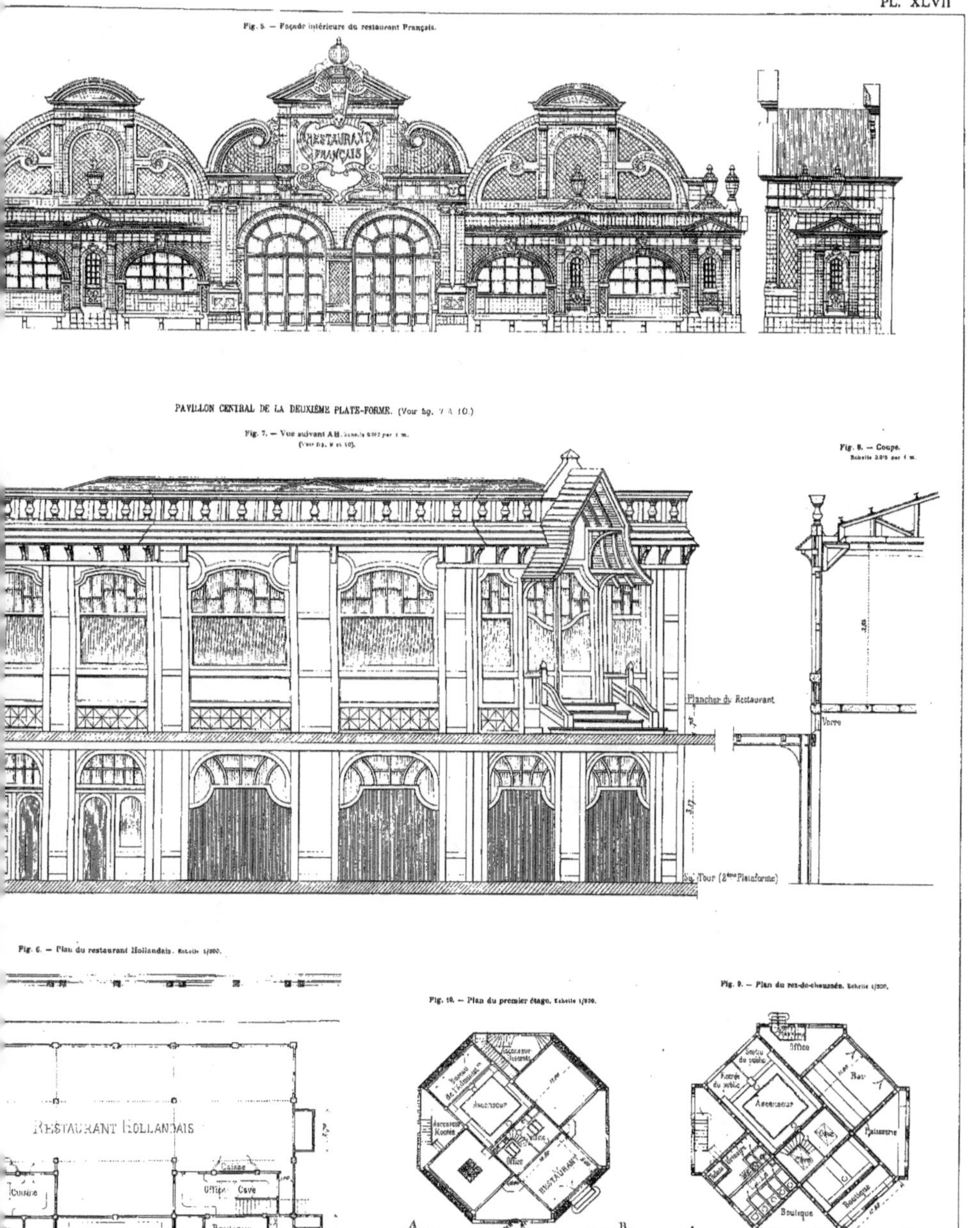

Fig. 5. — Façade intérieure du restaurant Français.
RESTAURANT FRANÇAIS
PAVILLON CENTRAL DE LA DEUXIÈME PLATE-FORME. (Voir fig. 7 à 10.)
Fig. 7. — Vue suivant AB.
Fig. 8. — Coupe.
Plancher du Restaurant
Verre
Sur Tour (2ème Plateforme)
Fig. 6. — Plan du restaurant Hollandais.
RESTAURANT HOLLANDAIS
Caisse
Office
Cave
Cuisine
Boutique
Bar
Fig. 10. — Plan du premier étage.
Ascenseur
Restaurant
A
B
Fig. 9. — Plan du rez-de-chaussée.
Office
Ascenseur
Bar
Boutique
Pâtisserie
A
B

Erreur de 300 mètres.

Fonçage des caissons de la pile N° 4 (13 Avril 1887)

Trour de 300 mètres

Maçonneries de la pile N° 3 (20 Avril 1887)

Tour de 300 mètres

Commencement du montage métallique de la pile N° 4 (18 Juillet 1887)

Tour de 300 mètres

Montage de la partie inférieure sur les pylônes en charpente (7 Décembre 1887)

Tour de 300 mètres

Vue d'ensemble des charpentes fixes du 1ᵉʳ étage (14 Janvier 1888)

Tour de 300 mètres

Montage des poutres horiz. sur l'échafaudage du milieu ; 26 Mars 1888.

Tour de 300 mètres

Montage des piliers au-dessus du 1er étage (15 Mai 1888)

Tour de 300 mètres

Montage de la deuxième plateforme (21 Août 1888)

Tour de 300 mètres

Montage de la partie supérieure (26 Décembre 1888)

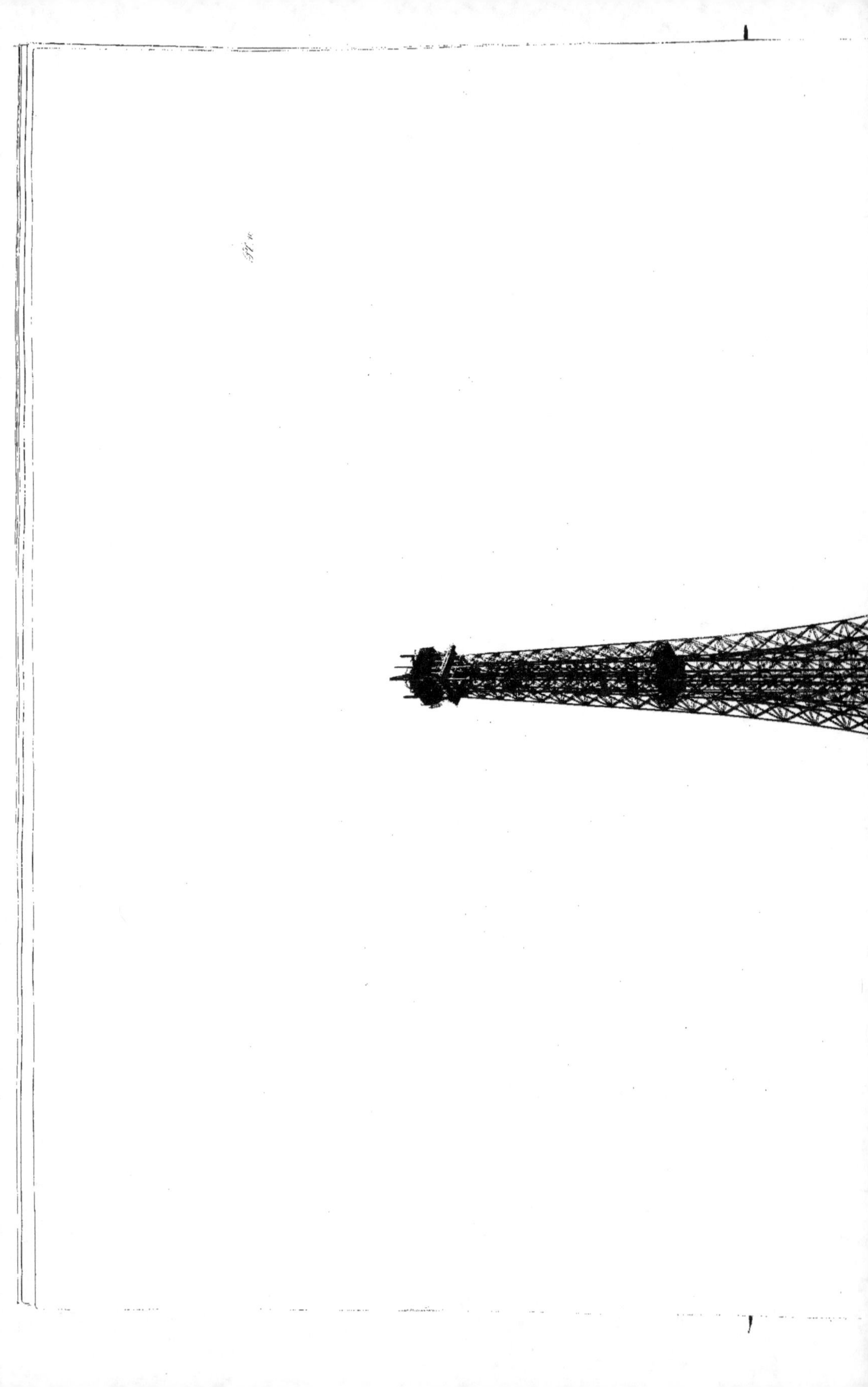

Tour de 300 mètres   Montage du Campanile (15 Mars 1889)

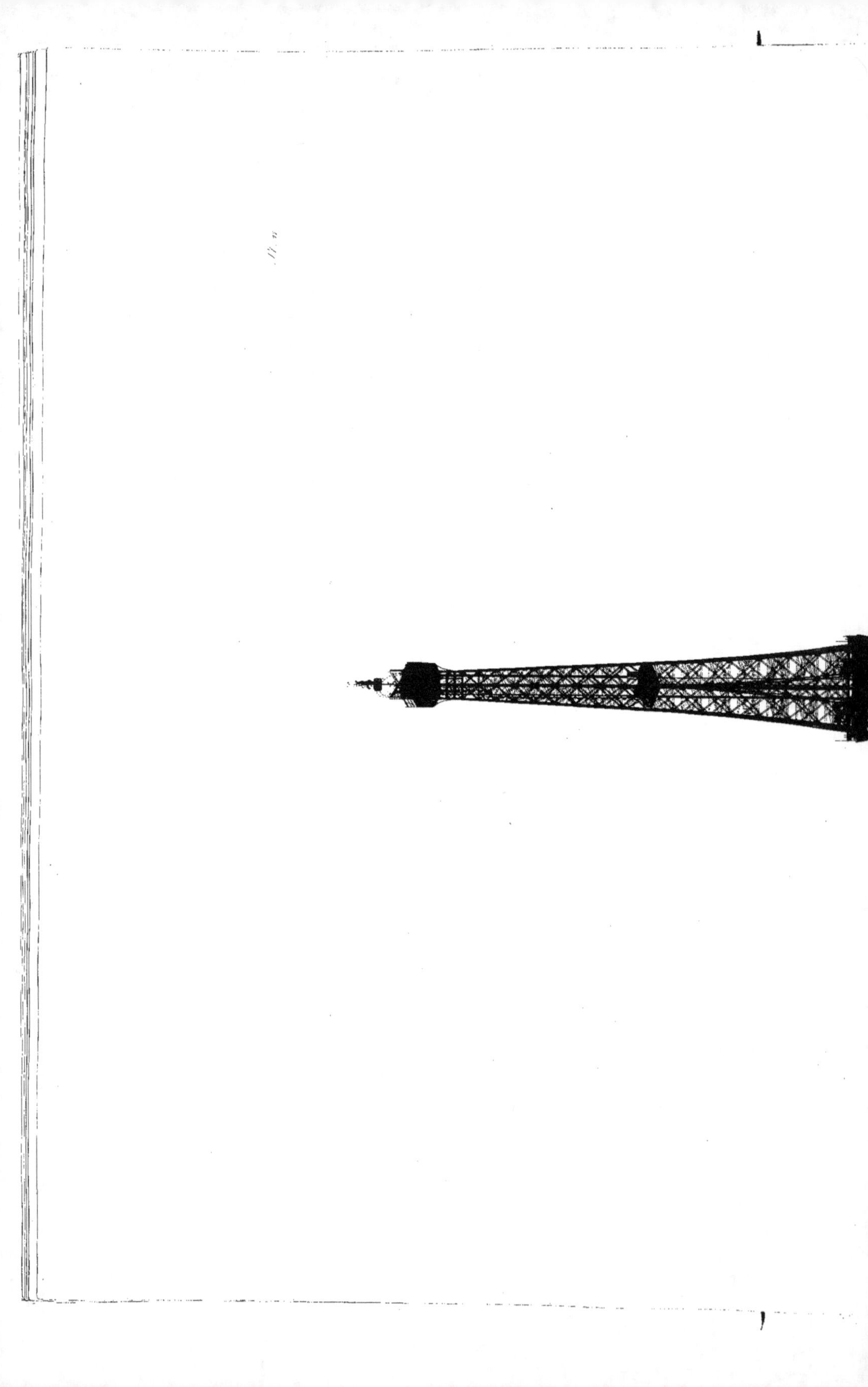

Tour de 300 mètres — Vue Générale

Vue prise de la 4me plateforme de la Tour
avec un objectif de 1m de foyer
Plaques orthochromatiques et écran jaune
Pose : 10 secondes

Notre Dame

Vue prise de la 2me plateforme de la Tour
avec un objectif de 1m de foyer
Instantané au 1/... de seconde

ANÉMOMÈTRE.-ENREGISTREUR DE LA COMPOSANTE VERTICALE DU VENT.-GIROUETTE. ANÉMO-CINÉMOGRAPHE.-THERMOMÈTRE

CINÉMOGRAPHE À INDICATIONS INSTANTANÉES

BAROMÈTRE TONNELOT

CARTE SPÉCIALE

DES

ENVIRONS DE PARIS

Indiquant les points visibles du haut

DE LA

TOUR EIFFEL

Les parties visibles sont indiquées par une teinte

ÉTABLIE PAR LE DIRECTEUR DU SERVICE D'OPTIQUE DE LA TOUR

RAOUL D'ESCLAIBES-D'HUST

Lieutenant-Colonel d'Artillerie, en retraite

Dessinée par A. FORTIER

LÉGENDE

Chefs-Lieux de Départements ....

Chefs-Lieux d'Arrondissements .... o

Chefs-Lieux de Cantons .... o

Communes ou Hameaux .... o

Châteaux ... Fermes ....

Tours et Pyramides ....

Ponts, Aqueducs, Viaducs ....

Champs de Courses et d'Entraînement

Champs de Manœuvres et Vélodromes

Échelle de

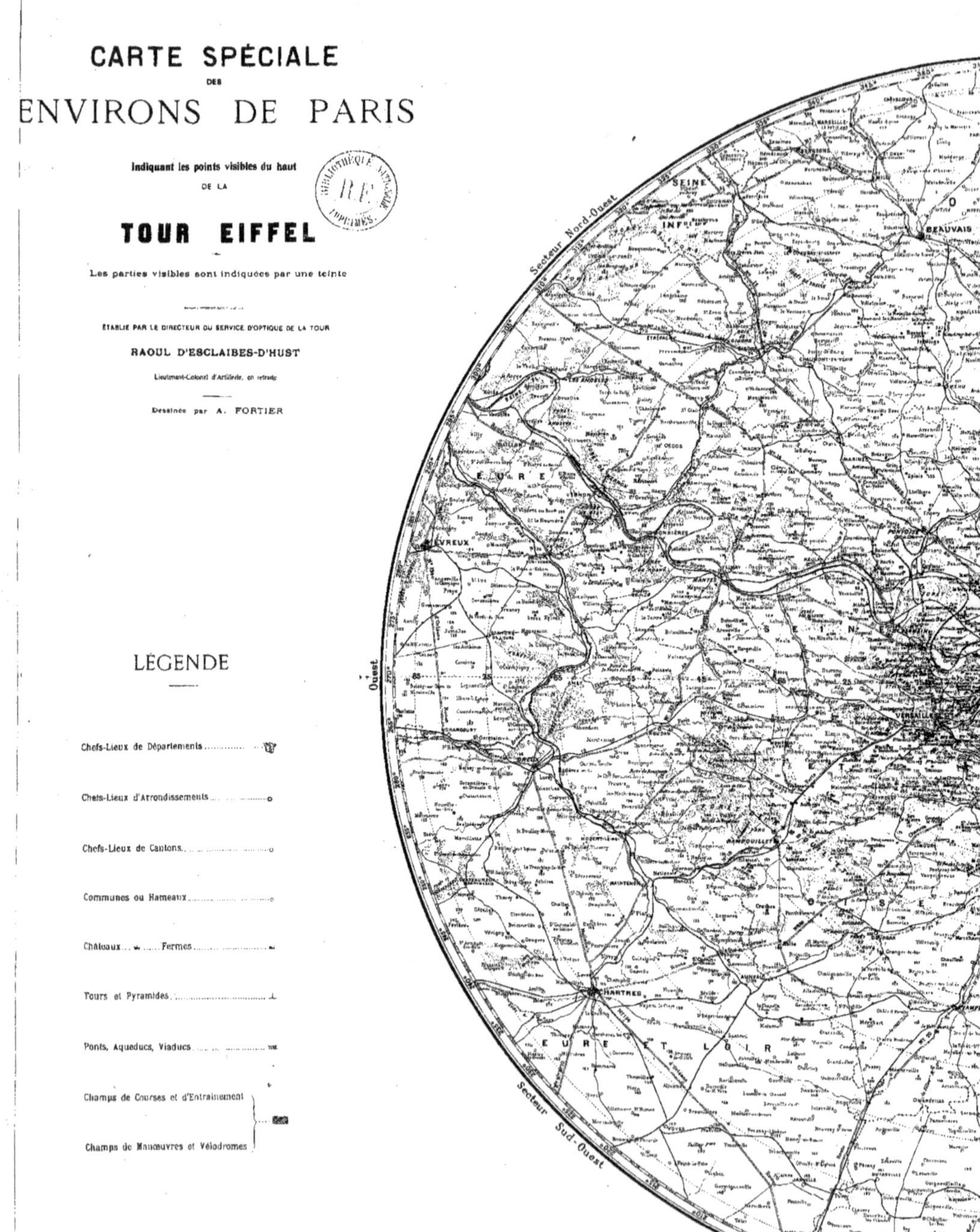

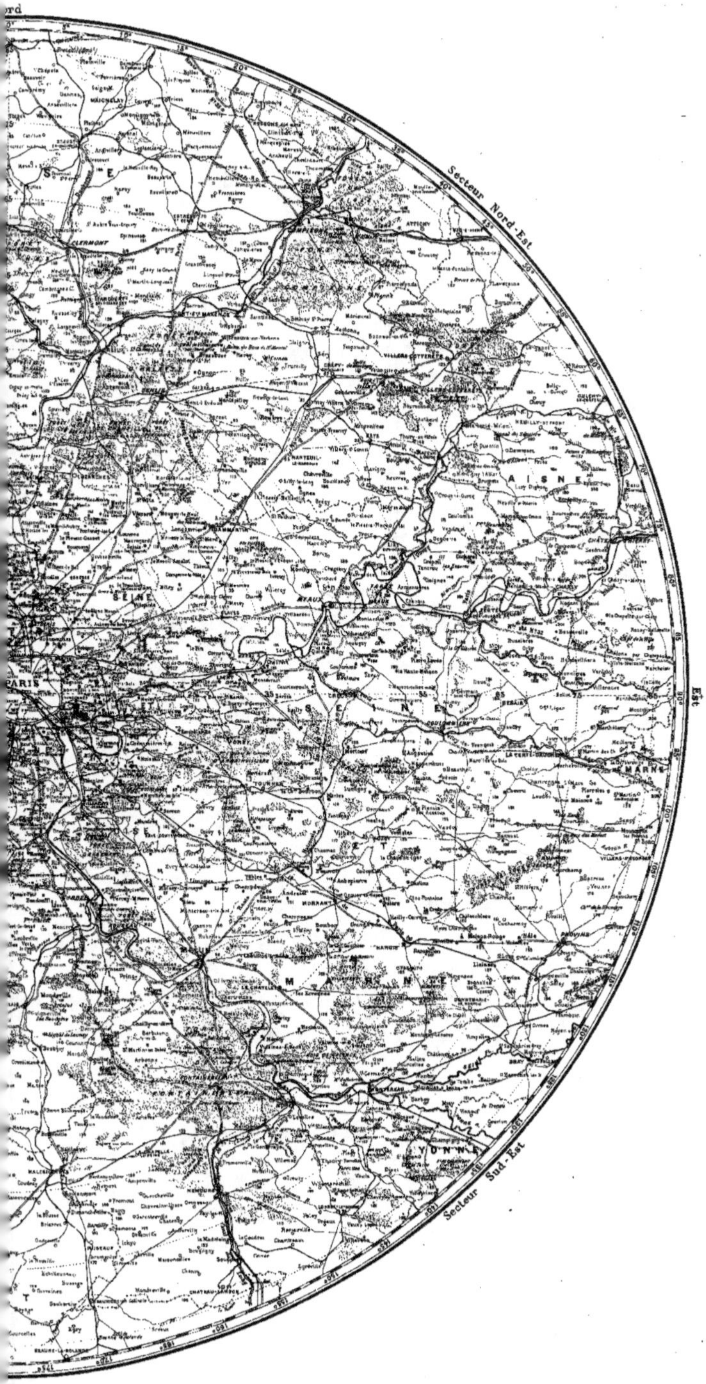

ORIENTATION DE LA TOUR EIFFEL

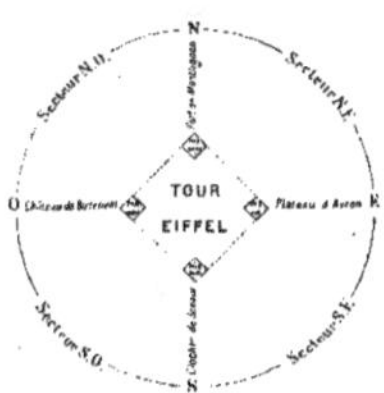

LÉGENDE

Bois et Forêts

Limites de Départements

Routes Nationales

Routes Départementales

Chemins de Fer

Fleuves et Rivières

Canaux — Conduites d'eau potable

Enceinte et anciens ouvrages de Défense

Nouveaux ouvrages id.

Impr. Photo A. [illegible], Rue du Fg-St-Denis, Paris.

ACHEVÉ D'IMPRIMER

PAR

LES IMPRIMERIES LEMERCIER

LE PREMIER JUIN MIL NEUF CENT